Klavierakkorde für Dummies

Maxime Pawlak und Renaud Pawlak

Klavierakkorde für dummies®

2. Auflage

Übersetzung aus dem Französischen von Oliver Fehn

WILEY-VCH GmbH

Klavierakkorde für Dummies

Bibliografische Information der Deutschen Nationalbibliothek
Die Deutsche Nationalbibliothek verzeichnet diese Publikation
in der Deutschen Nationalbibliografie; detaillierte bibliografische
Daten sind im Internet über http://dnb.d-nb.de abrufbar.

2. Auflage 2024

© 2024 Wiley-VCH GmbH, Boschstraße 12, 69469 Weinheim, Germany

Original French language edition Accords de Piano pour les Nuls © 2012 by Édition First All rights reserved including the right of reproduction in whole or in part in any form. This translation published by arrangement with John Wiley and Sons, Inc.

Copyright der französischsprachigen Originalausgabe Accords de Piano pour les Nuls © 2012 von Édition First Alle Rechte vorbehalten inklusive des Rechtes auf Reproduktion im Ganzen oder in Teilen und in jeglicher Form. Diese Übersetzung wird mit Genehmigung von John Wiley and Sons, Inc. publiziert.

Wiley, the Wiley logo, Für Dummies, the Dummies Man logo, and related trademarks and trade dress are trademarks or registered trademarks of John Wiley & Sons, Inc. and/or its affiliates, in the United States and other countries. Used by permission.

Wiley, die Bezeichnung »Für Dummies«, das Dummies-Mann-Logo und darauf bezogene Gestaltungen sind Marken oder eingetragene Marken von John Wiley & Sons, Inc., USA, Deutschland und in anderen Ländern.

Das vorliegende Werk wurde sorgfältig erarbeitet. Dennoch übernehmen Autoren und Verlag für die Richtigkeit von Angaben, Hinweisen und Ratschlägen sowie eventuelle Druckfehler keine Haftung.

Coverfoto: © Africa Studio - stock.adobe.com
Korrektur: Harriet Gehring, Köln
Satz: Straive, Chennai, India
Druck und Bindung: CPI Group (UK) Ltd, Croydon, CR0 4YY

Print ISBN: 978-3-527-72239-6
ePub ISBN: 978-3-527-84925-3

C9783527722396_011025

Bevollmächtigter Vertreter des Herstellers gemäß EU-Produktsicherheitsverordnung ist die Wiley-VCH GmbH, Boschstr. 12, 69469 Weinheim, Deutschland, E-Mail: Product_Safety@wiley.com.

Die Autoren

Maxime und **Renaud Pawlak** sind nicht nur Brüder, sondern auch beide Musiker. Die Pianisten, Gitarristen, Sänger und Schlagzeuger sind als Texter, Komponisten und Interpreten in verschiedenen Pop- und Folkbands tätig. Auch dem traditionellen französischen Chanson haben sie sich verschrieben.

Die Pawlak-Brüder ließen sich in Frankreich und den USA sowohl im Gitarrenspiel sowie in klassischem, modernem und Jazz-Piano unterrichten. Aufgrund dieser vielfältigen Ausbildung wissen sie, wie nützlich es ist, das Klavierspiel auf der Grundlage von Akkorden zu erlernen.

Auf einen Blick

Die Autoren		5
Einführung		19
Ein wenig Musiktheorie		25
Teil I:	Die C-Akkorde	55
Teil II:	Die D♭- und C♯-Akkorde	81
Teil III:	Die D-Akkorde	107
Teil IV:	Die E♭- und D♯-Akkorde	133
Teil V:	Die E-Akkorde	159
Teil VI:	Die F-Akkorde	185
Teil VII:	Die G♭- und F♯-Akkorde	211
Teil VIII:	Die G-Akkorde	237
Teil IX:	Die A♭- und G♯-Akkorde	263
Teil X:	Die A-Akkorde	289
Teil XI:	Die B- und A♯-Akkorde	315
Teil XII:	Die H-Akkorde	341
Stichwortverzeichnis		367

Inhaltsverzeichnis

Die Autoren... **5**
Einführung **19**
    Törichte Annahmen über den Leser............................... 19
        Sie sind Anfänger auf der Suche nach einer einfachen Lernmethode..... 20
        Sie sind bereits Musiker, am Klavier jedoch noch Anfänger 20
        Sie sind ein »abgebrochener« Pianist 20
        Sie sind bereits Pianist und wollen noch mehr lernen.................. 21
    Was dieses Buch Ihnen bringt..................................... 21
    Wie dieses Buch aufgebaut ist..................................... 22
        Die Titel 22
        Die Abbildungen... 23
        Die Notenschrift 23
        Symbole in diesem Buch.. 24

Ein wenig Musiktheorie **25**
    Notenschrift und Notation 25
    Was ist ein Akkord?.. 27
    Akkorde aufbauen und spielen 30
        Die rechte Hand 30
        Die linke Hand 31
    Abgewandelte Akkorde und Akkorderweiterungen..................... 31
        Abgewandelte Akkorde 31
        Die Akkorderweiterungen....................................... 33
    Was man sonst noch mit Akkorden machen kann 36
        Akkordumkehrungen... 36
        Wozu man Umkehrungen braucht 39
        Bassvariationen 41
    Akkorde auf dem Klavier spielen................................... 42
        Begleitung für Sänger und Soloinstrumente 42
        Mit Akkorden ein Notenblatt entziffern 42
        Ein Akkordschema entziffern 43
        Die richtige Verwendung der Klavierpedale......................... 44
    Akkorde in verschiedenen Stilrichtungen 45
        Pop- und Rockmusik 45
        Der Balladenstil 46
        Klassisches Piano 47
        Der Barpiano-Stil (Stride) 50
        Blues und Rock 'n' Roll.. 52
        Der Jazz-Stil 53

Teil I
Die C-Akkorde **55**

    C (Dur, maj, M, Δ) 56
    Cm (c-Moll, min, -) 57
    Cdim 59
    C7 60
    Cm7 (min7, -7) 62
    Cmaj7 (7M, Δ7) 64
    C2 – C9 (sus2, sus9) 66
    C4 (sus4, 11) 68
    C6 (13) 69
    C5 71
    Caug (♯5, +, 5+) 71
    Cm6 (min6, -6) 72
    C7/9 72
    C7/♭9 73
    C7/♯9 (7/9+, m7/♭11) 73
    Cmaj7/9 (M7/9, Δ7/9) 74
    Cm7/9 (min7/9, -7/9) 74
    C7sus4 75
    C7/11 75
    Cm7/11 (min7/11, -7/11) 76
    C7/♯11 76
    Cmaj7/♯11 (M7/♯11, Δ7/♯11) 77
    C7/♭5 77
    Co (dim♭7) 78
    Cø (dim7) – Cm7/♭5 (min7/♭5, -7/♭5) 78
    Caug7 (+7, 7/♯5, 7/5+) 79
    C7sus4/9 79
    C7/9/11 80
    C7/9/11/13 80

Teil II
Die D♭- und C♯-Akkorde **81**

    D♭ oder C♯ (Dur, maj, M, Δ) 82
    D♭m oder C♯m (d♭- oder c♯-Moll, min, -) 83
    D♭dim oder C♯dim 85
    D♭7 oder C♯7 86
    D♭m7 oder C♯m7 (min7, -7) 88
    D♭maj7 oder C♯maj7 (7M, Δ7) 90
    D♭2 – D♭9 oder C♯2 – C♯9 (sus2, sus9) 92
    D♭4 oder C♯4 (sus4, 11) 94
    D♭6 oder C♯6 (13) 95
    D♭5 oder C♯5 97
    D♭aug oder C♯aug (♯5, +, 5+) 97
    D♭m6 oder C♯m6 (min6, -6) 98
    D♭7/9 oder C♯7/9 98

D♭7/♭9 oder C♯7/♭9 99
D♭7/♯9 oder C♯7/♯9 (7/9+, m7/♭11)....................... 99
D♭maj7/9 oder C♯maj7/9 (M7/9, Δ7/9)..................... 100
D♭m7/9 oder C♯m7/9 (min 7/9, -7/9)...................... 100
D♭7sus4 oder C♯7sus4 101
D♭7/11 oder C♯7/11 101
D♭m7/11 oder C♯m7/11 (min7/11).......................... 102
D♭7/♯11 oder C♯7/♯11.................................... 102
D♭maj7/♯11 oder C♯maj7/♯11 (M7/♯11, Δ7/♯11) 103
D♭7/♭5 oder C♯7/♭5 103
D♭o oder C♯o (dim♭7) 104
D♭ø oder C♯ø (dim7) – D♭m7/♭5 oder C♯m7/♭5 (min7/♭5, -7/♭5) ... 104
D♭aug7 oder C♯aug7 (+7, 7/♯5, 7/5+)..................... 105
D♭7sus4/9 oder C♯7sus4/9 105
D♭7/9/11 oder C♯7/9/11.................................. 106
D♭7/9/11/13 oder C♯7/9/11/13............................ 106

Teil III
Die D-Akkorde **107**
D (Dur, maj, M, Δ)....................................... 108
Dm (d-Moll, min, -)...................................... 109
Ddim 111
D7... 112
Dm7 (min7, -7)... 114
Dmaj7 (7M, Δ7)... 116
D2 – D9 (sus2, sus9)..................................... 118
D4 (sus4, 11).. 120
D6 (13).. 121
D5... 123
Daug (♯5, +, 5+) 123
Dm6 (min6, -6)... 124
D7/9... 124
D7/♭9 125
D7/♯9 (7/9+, m7/♭11)..................................... 125
Dmaj7/9 (M7/9, Δ7/9)..................................... 126
Dm7/9 (min7/9, -7/9)..................................... 126
D7sus4... 127
D7/11.. 127
Dm7/11 (min7/11, -7/11) 128
D7/♯11... 128
Dmaj7/♯11 (M7/♯11, Δ7/♯11) 129
D7/♭5 129
Do (dim♭7)... 130
Dø (dim7) – Dm7/♭5 (min7/♭5, -7/♭5) 130
Daug (+7, 7/♯5, 7/5+) 131
D7sus4/9... 131
D7/9/11.. 132
D7/9/11/13 132

Teil IV
Die E♭ - und D♯-Akkorde **133**

E♭ oder D♯ (Dur, maj, M, Δ)	134
E♭m oder D♯m (e♭- oder d♯-Moll, min, -)	135
E♭dim oder D♯dim	137
E♭7 oder D♯7	138
E♭m7 oder D♯m7 (min7, -7)	140
E♭maj7 oder D♯maj7 (7M, Δ7)	142
E♭2 – E♭9 oder D♯2 – D♯9 (sus2, sus9)	144
E♭4 oder D♯4 (sus4, 11)	146
E♭6 oder D♯6 (13)	147
E♭5 oder D♯5	149
E♭aug oder D♯aug (♯5, +, 5+)	149
E♭m6 oder D♯m6 (min6, -6)	150
E♭7/9 oder D♯7/9	150
E♭7/♭9 oder D♯7/♭9	151
E♭7/♯9 oder D♯7/♯9 (7/9+, m7/♭11)	151
E♭maj7/9 oder D♯maj7/9 (M7/9, Δ7/9)	152
E♭m7/9 oder D♯m7/9 (min 7/9, -7/9)	152
E♭7sus4 oder D♯7sus4	153
E♭7/11 oder D♯7/11	153
E♭m7/11 oder D♯m7/11 (min7/11, -7/11)	154
E♭7/♯11 oder D♯7/♯11	154
E♭maj7/♯11 oder D♯maj7/♯11 (M7/♯11, Δ7/♯11)	155
E♭7/♭5 oder D♯7/♭5	155
E♭o oder D♯o (dim♭7)	156
E♭ø oder D♯ø (dim♭7) – E♭m7/♭5 oder D♯m7/♭5 (min7/♭5, -7/♭5)	156
E♭aug7 oder D♯aug7 (+7, 7/♯5, 7/5+)	157
E♭7sus4/9 oder D♯7sus4/9	157
E♭7/9/11 oder D♯7/9/11	158
E♭7/9/11/13 oder D♯7/9/11/13	158

Teil V
Die E-Akkorde **159**

E (Dur, maj, M, Δ)	160
Em (e-Moll, min, -)	161
Edim	163
E7	164
Em7 (min7, -7)	166
Emaj7 (7M, Δ7)	168
E2 – E9 (sus2, sus9)	170
E4 (sus4, 11)	172
E6 (13)	173
E5	175
Eaug (♯5, +, 5+)	175
Em6 (min6, -6)	176
E7/9	176
E7/♭9	177

E7/♯9 (7/9+, m7/♭11).. 177
Emaj7/9 (M7/9, Δ7/9) 178
Em7/9 (min7/9, -7/9) 178
E7sus4... 179
E7/11 179
Em7/11(min7/11, -7/11) 180
E7/♯11 180
Emaj7/♯11 (M7/♯11, Δ7/♯11)....................................... 181
E7/♭5.. 181
Eo (dim♭7) 182
Eø (dim7) – Em7/♭5 (min7/♭5, -7/♭5)............................... 182
Eaug7 (+7, 7/♯5, 7/5+).. 183
E7sus4/9 183
E7/9/11 184
E7/9/11/13 184

Teil VI
Die F-Akkorde... **185**

F (Dur, maj, M, Δ)... 186
Fm (f-Moll, min, -)... 187
Fdim... 189
F7 190
Fm7 (min7, -7)... 192
Fm7 (min7, -7) – erste Umkehrung 193
Fmaj7 (7M, Δ7) 194
F2 – F9 (sus2, sus9) 196
F4 (sus4, 11) 198
F6 (13) 199
F5 201
Faug (♯5, +, 5+)... 201
Fm6 (min6, -6)... 202
F7/9 202
F7/♭9... 203
F7/♯9 (7/9+, m7/♭11) 203
Fmaj7/9 (M7/9, Δ7/9).. 204
Fm7/9 (min7/9, -7/9) 204
F7sus4 205
F7/11 205
Fm7/11 (min7/11) 206
F7/♯11 206
Fmaj7/♯11 (M7/♯11, Δ7/♯11)....................................... 207
F7/♭5... 207
Fo (dim♭7) 208
Fø (dim7) – Fm7/♭5 (min7/♭5, -7/♭5)............................... 208
Faug7 (+7, 7/♯5, 7/5+).. 209
F7sus4/9 209
F7/9/11 210
F7/9/11/13... 210

Teil VII
Die G♭ - und F#-Akkorde **211**

   G♭ oder F# (Dur, maj, M, Δ) 212
   G♭m oder F#m (g♭- oder f#-Moll , min, -) 213
   G♭dim oder F#dim 215
   G♭7 oder F#7 216
   G♭m7 oder F#m7 (min7, -7) 218
   G♭maj7 oder F#maj7 (Δ7) 220
   G♭2 – G♭9 oder F#2 – F#9 (sus2, sus9) 222
   G♭4 oder F#4 (sus4, 11) 224
   G♭6 oder F#6 (13) 225
   G♭5 oder F#5 227
   G♭aug oder F#aug (#5, +, 5+) 227
   G♭m6 oder F#m6 (min6, -6) 228
   G♭7/9 oder F#7/9 228
   G♭7/♭9 oder F#7/♭9 229
   G♭7/#9 oder F#7/#9 (7/9+, m7/♭11) 229
   G♭maj7/9 oder F#maj7/9 (M7/9, Δ7/9) 230
   G♭m7/9 oder F#m7/9 (min 7/9, -7/9) 230
   G♭7sus4 oder F#7sus4 231
   G♭7/11 oder F#7/11 231
   G♭m7/11 oder F#m7/11 (min7/11, -7/11) 232
   G♭7/#11 oder F#7/#11 232
   G♭maj7/#11 oder F#maj7/#11 (M7/#11, Δ7/#11) 233
   G♭7/♭5 oder F#7/♭5 233
   G♭o oder F#o (dim♭7) 234
   G♭ø oder F#ø – G♭m7/♭5 oder F#m7/♭5 (min7/♭5, -7/♭5) 234
   G♭aug7 oder F#aug7 (#7, 7/#5, 7/5+) 235
   G♭7sus4/9 oder F#7sus4/9 235
   G♭7/9/11 oder F#7/9/11 236
   G♭7/9/11/13 oder F#7/9/11/13 236

Teil VIII
Die G-Akkorde **237**

   G (Dur, maj, M, Δ) 238
   Gm (g-Moll, min, -) 239
   Gdim 241
   G7 242
   Gm7 (min7, -7) 244
   Gmaj7 (7M, Δ7) 246
   G2 – G9 (sus2, sus9) 248
   G4 (sus4, 11) 250
   G6 (13) 251
   G5 253
   Gaug (#5, +, 5+) 253
   Gm6 (min6, -6) 254

G7/9	254
G7/♭9	255
G7/♯9 (7/9+, m7/♭11)	255
Gmaj7/9 (M7/9, Δ7/9)	256
Gm7/9 (min7/9, -7/9)	256
G7sus4	257
G7/11	257
Gm7/11 (min7/11, -7/11)	258
G7/♯11	258
Gmaj7/♯11 (M7/♯11, Δ7/♯11)	259
G7/♭5	259
Go (dim♭7)	260
Gø (dim7) – Gm7/♭5 (min7/♭5, -7/♭5)	260
Gaug7 (+7, 7/♯5, 7/5+)	261
G7sus4/9	261
G7/9/11	262
G7/9/11/13	262

Teil IX
Die A♭ - und G♯-Akkorde **263**

A♭ oder G♯ (Dur, maj, M, Δ)	264
A♭m oder G♯m (a♭- oder g♯-Moll, min, -)	265
A♭dim oder G♯dim	267
A♭7 oder G♯7	268
A♭m7 oder G♯m7 (min7, -7)	270
A♭maj7 oder G♯maj7 (7M, Δ7)	272
A♭2 – A♭9 oder G♯2 – G♯9 (sus2, sus9)	274
A♭4 oder G♯4 (sus4, 11)	276
A♭6 oder G♯6 (13)	277
A♭5 oder G♯5	279
A♭aug oder G♯aug (♯5, +, 5+)	279
A♭m6 oder G♯m6 (min6, -6)	280
A♭7/9 oder G♯7/9	280
A♭7/♭9 oder G♯7/♭9	281
A♭7/♯9 oder G♯7/♯9 (7/9+, m7/♭11)	281
A♭maj7/9 oder G♯maj7/9 (M7/9, Δ7/9)	282
A♭m7/9 oder G♯m7/9 (min 7/9, -7/9)	282
A♭7sus4 oder G♯7sus4	283
A♭7/11 oder G♯7/11	283
A♭m7/11 oder G♯m7/11 (min7/11, -7/11)	284
A♭7/♯11 oder G♯7/♯11	284
A♭maj7/♯11 oder G♯maj7/♯11 (M7/♯11, Δ7/♯11)	285
A♭7/♭5 oder G♯7/♭5	285
A♭o oder G♯o (dim♭7)	286
A♭ø oder G♯ø – A♭m7/♭5 oder G♯m7/♭5 (min7/♭5, -7/♭5)	286
A♭aug7 oder G♯aug7 (+7, 7/♯5, 7/5+)	287

A♭7sus4/9 oder G♯7sus4/9 287
A♭7/9/11 oder G♯7/9/11 288
A♭7/9/11/13 oder G♯7/9/11/13 288

Teil X
Die A-Akkorde **289**

A (Dur, maj, M, Δ) 290
Am (a-Moll, min, -) 291
Adim 293
A7 294
Am7 (min7, -7) 296
Amaj7 (7M, Δ7) 298
A2 – A9 (sus2, sus9) 300
A4 (sus4, 11) 302
A6 (13) 303
A5 305
Aaug (♯5, +, 5+) 305
Am6 (min6, -6) 306
A7/9 306
A7/♭9 307
A7/♯9 (7/9+, m7/♭11) 307
Amaj7/9 (M7/9, Δ7/9) 308
Am7/9 (min7/9, -7/9) 308
A7sus4 309
A7/11 309
Am7/11 (min7/11, -7/11) 310
A7/♯11 310
Amaj7/♯11 (M7/♯11, Δ7/♯11) 311
A7/♭5 311
Ao (dim♭7) 312
Aø (dim7) – Am7/♭5 (min7/♭5, -7/♭5) 312
Aaug7 (+7, 7/♯5, 7/5+) 313
A7sus4/9 313
A7/9/11 314
A7/9/11/13 314

Teil XI
Die B- und A♯-Akkorde **315**

B oder A♯ (Dur, maj, M, Δ) 316
Bm oder A♯m (b- oder a♯-Moll, min, -) 317
Bdim oder A♯dim 319
B7 oder A♯7 320
Bm7 oder A♯m7 (min7, -7) 322
Bmaj7 oder A♯maj7 (7M, Δ7) 324
B2 – B9 oder A♯2 – A♯9 (sus2, sus9) 326
B4 oder A♯4 (sus4, 11) 328

B6 oder A♯6 (13) 329
B5 oder A♯5 331
Baug oder A♯aug (♯5, +, 5+) 331
Bm6 oder A♯m6 332
B7/9 oder A♯7/9 332
B7/♭9 oder A♯7/♭9 333
B7/♯9 oder A♯7/♯9 (7/9+, m7/♭11) 333
Bmaj7/9 oder A♯maj7/9 (M7/9, Δ7/9) 334
Bm7/9 oder A♯m7/9 (min7/9, -7/9) 334
B7sus4 oder A♯7sus4 335
B7/11 oder A♯7/11 335
Bm7/11 oder A♯m7/11 (min7/11, -7/11) 336
B7/♯11oder A♯7/♯11 336
Bmaj7/♯11 oder A♯maj7/♯11 (M7/♯11, Δ7/♯11) 337
B7/♭5 oder A♯7/♭5 337
Bo oder A♯o (dim♭7) 338
Bø oder A♯ø (dim7) – Bm7/♭5 oder A♯m7/♭5 (min7/♭5, -7/♭5) 338
Baug7 oder A♯aug7 (+7, 7/♯5, 7/5+) 339
B7sus4/9 oder A♯7sus4/9 339
B7/9/11 oder A♯7/9/11 340
B7/9/11/13 oder A♯7/9/11/13 340

Teil XII
Die H-Akkorde **341**
H (Dur, maj, M, Δ) 342
Hm (h-Moll, min, -) 343
Hdim 345
H7 346
Hm7 (min7, -7) 348
Hmaj7 (7M, Δ7) 350
H2 – H9 (sus2, sus9) 352
H4 (sus4, 11) 354
H6 (13) 355
H5 357
Haug (♯5, +, 5+) 357
Hm6 (min6, -6) 358
H7/9 358
H7/♭9 359
H7/♯9 (7/9+, m7/♭11) 359
Hmaj7/9 (M7/9, Δ7/9) 360
Hm7/9 (min7/9, -7/9) 360
H7sus4 361
H7/11 361
Hm7/11 (min7/11, -7/11) 362
H7/♯11 362
Hmaj7/♯11 (M7/♯11, Δ7/♯11) 363

H7/♭5 363
Ho (dim♭7) 364
Hø (dim7) – Hm7/♭5 (min7/♭5, -7/♭5) 364
Haug7 (+7, 7/♯5, 7/5+) 365
H7sus4/9 365
H7/9/11 366
H7/9/11/13 366

Stichwortverzeichnis 367

Einführung

Ein Klavier ist eins der schönsten Geschenke, die man sich selbst machen kann. Doch wenn die erste Euphorie über das neue Instrument verflogen ist, wenn man genug herumprobiert und ziellos vor sich hin improvisiert hat, fängt die eigentliche Arbeit erst an, denn nun muss geübt werden – und das kann sehr quälend und zeitaufwendig sein. Auf einmal spüren wir, wie hart und steinig der Weg zum ersten Stück ist: Wir müssen Musiktheorie büffeln, ein Gefühl für Rhythmus entwickeln und unsere Hände an die Tastatur gewöhnen.

Kein Wunder also, dass sich – vor allem in Zeiten des Internets – die verschiedensten Lernmethoden herausgebildet haben, um möglichst schnell zu hörbaren Klavierkünsten zu gelangen. Da gibt es das Spielen nach Nummern, da gibt es Thomas Forschbachs Methode, ein Stück in winzige Passagen aufzuteilen und jede gesondert zu üben. Manche dieser Ansätze sind gar nicht mal schlecht. Wir aber wollen hier etwas anderes versuchen. Denn immer mehr Klavierlehrer – ob ganz real, in Büchern oder im Internet – haben entdeckt, dass es einfacher ist, sich von Anfang an mit der Theorie der Akkorde zu beschäftigen als jede Note einzeln einzupauken.

In diesem Buch lernen Sie, Akkorde zu analysieren und zu spielen, die Sie für jede musikalische Stilrichtung gut gebrauchen können. Darüber hinaus ist das Buch ein Nachschlagewerk für die bekanntesten Akkordformen zu jedem der zwölf Töne – und das ist weitaus mehr als nur Dur und Moll.

Wir hoffen, dass gerade Anfänger mit diesem Buch leichter und mit mehr Spaß lernen werden. Aber auch Leser, die ihre Klavierausbildung entmutigt aufgegeben haben, finden hier die Chance, ihr Instrument unter einem völlig neuen Blickwinkel zu betrachten. Diejenigen wiederum, die bereits ein Instrument (wie etwa Gitarre) spielen und mit den Akkorden schon einigermaßen vertraut sind, können mit diesem Buch ins Klavierspiel einsteigen, ohne noch einmal bei Adam und Eva anfangen zu müssen. Und für alle, die den »klassischen Weg« gegangen sind, bietet das Buch eine hervorragende Ergänzung ihres bereits bestehenden Könnens.

Möge *Klavierakkorde für Dummies* dem Piano viele neue Freunde und begeisterte Spieler bescheren.

Törichte Annahmen über den Leser

Dieses Buch richtet sich an eine Vielzahl verschiedener Leser mit den verschiedensten Vorerfahrungen. Wir sind sicher, dass auch Sie zu einer der folgenden Gruppen gehören.

Sie sind Anfänger auf der Suche nach einer einfachen Lernmethode

Mit den traditionellen Lernmethoden dauert es oft Jahre, bis Sie Resultate erzielen, die sich wirklich vorweisen lassen. Mit der Akkordmethode jedoch gehen Sie ganz anders an die Sache ran.

Nehmen wir als Beispiel die Gitarre: Wenn Sie nicht gerade vorhaben, Klassik zu spielen, werden Sie am Anfang vor allem Akkorde lernen. Und zwar wirklich brauchbare Akkorde. Es ist ein tolles Gefühl, wenn Sie schon nach wenigen Stunden Songs wie *Let It Be* oder *Imagine* begleiten und vor Ihren Freunden und Bekannten damit angeben können. Und die Wahrscheinlichkeit, dass Sie am Ball bleiben, ist mit solchen Songs weitaus größer als wenn Sie wochenlang immer nur die C-Dur-Tonleiter zum Besten geben können. Das Wichtigste ist aber: Wenn Sie mit Akkorden beginnen, begreifen Sie auch, *warum* man bestimmte Töne oft zusammenspielt und andere so gut wie nie. Wenn Sie nur stur vom Notenblatt spielen, ist das nicht der Fall. Später, wenn Sie ziemlich fest im Sattel sind, können Sie sich dann mit Tonleitern und technischen Übungen beschäftigen. Auch klassische Stücke sind dann nicht mehr das ganz große Tabu.

Tja, wenn das beim Gitarrenspiel so hervorragend klappt – warum nicht auch beim Piano? Akkorde versteht man auf dem Klavier sowieso leichter als auf der Gitarre, und auch die Finger werden dabei nicht so strapaziert. Falls die klassische Musik Sie reizt, können Sie später immer noch auf traditionelle Methoden zurückgreifen.

Sie sind bereits Musiker, am Klavier jedoch noch Anfänger

Falls Sie bereits Musiker sind, stehen die Chancen gut, dass Sie mit der Akkordmethode des Klavierspiels sehr gut zurechtkommen.

Sie kennen bereits die Grundlagen der Musiktheorie, haben ein gutes Rhythmusgefühl und ein musikalisches Gehör. Wenn Sie zum Beispiel Gitarrist sind, kennen Sie auch die Akkorde, haben sie schon praktisch angewandt und näher analysiert. Das ist im Grunde schon die halbe Miete.

Möglicherweise haben Sie auch schon mal einen Sänger oder sich selbst beim Singen begleitet.

Uns ist aufgefallen, dass Leute wie Sie die Akkordmethode als besonders leicht und angenehm empfinden. Wenn Sie sich ein wenig Mühe geben, werden Sie in wenigen Wochen bereits die ersten kompletten Stücke spielen.

Sie sind ein »abgebrochener« Pianist

In diesem Fall gehören Sie zu einer Vielzahl von Musikern, die unterwegs den Mut verloren und mit dem Klavierspielen aufgehört haben. Und auch wenn seitdem schon Jahrzehnte vergangen sind: Irgendwo in Ihrem Kopf sitzen sie noch: die Tonleitern, die Rhythmen, das gesamte Wissen, über das man als Pianist verfügen sollte.

Gute Nachricht für Sie: Ihnen wird das Spielen nach Akkorden ganz besonderen Spaß machen. Nur ein paar Tage, und schon werden Sie mit der neuen Methode Ihre ersten Stücke spielen. Unterschätzen Sie die Akkorde nicht: Selbst klassische Pianisten empfinden es als die reinste Erholung, wenn sie irgendwann das Spiel mit Akkorden entdecken.

Sie sind bereits Pianist und wollen noch mehr lernen

Wenn Sie bereits Klavier spielen und ohne allzu große Mühe eine Partitur entziffern können, dann sind Akkorde vermutlich Ihre Buhmänner. Sie würden sich gern sicherer fühlen, wenn sie Ihnen auf dem Notenblatt begegnen, und sie im günstigsten Fall wie im Schlaf spielen können.

Kann durchaus sein, dass Sie sich beim Spielen eines modernen Stücks schon öfter gefragt haben, was man mit diesen seltsamen Buchstaben oberhalb des Liniensystems anfangen soll.

In diesem Buch werden Sie lernen, wie Akkorde eigentlich aufgebaut sind. Und mithilfe des zweiten Teils, in dem sie alle aufgelistet sind, können Sie sie auch praktisch umsetzen.

Sie werden flüssiger spielen, wenn Sie Akkorde rasch entziffern können und vor allem auch wissen, was sie bedeuten. Sie kennen doch sicher ein paar moderne Stücke? Versuchen Sie, sie allein mithilfe der Akkorde zu entziffern – es wird Ihnen beim Spielen anderer aktueller Musik sehr nützlich sein.

Ihr Spiel wird auch vielfältiger werden, wenn Sie traditionelle Stücke mit Akkorddiagrammen versehen. Es hilft beim Musizieren in einer Band oder bei der Begleitung eines Sängers in zahlreichen Stilrichtungen, vor allem der Jazzmusik.

 Im Buch wird bewusst auf Gendern verzichtet, da dies den Lesefluss stören und von der eigentlichen Botschaft ablenken könnte. Zudem sollen sich keine Gruppen ausgeschlossen fühlen. Stattdessen wird entweder die neutrale Form verwendet oder darauf geachtet, stereotype Rollenverteilungen zu vermeiden.

Was dieses Buch Ihnen bringt

In diesem Buch werden wir Ihnen alles Wissenswerte erklären, das Sie beim Akkordspiel brauchen, und zwar Schritt für Schritt und in klaren, einfachen Worten.

So gibt es zum Beispiel ein Kapitel, in dem wir uns den Akkorden auf theoretische Weise nähern: Wie sind sie aufgebaut? Wie spielt man Akkorde zweihändig? Was sind Akkorderweiterungen? Oder Akkordumkehrungen? Und wie können wir sie mit Basstönen verbinden?

Nachdem wir ein wenig Theorie gepaukt haben, geht's ans Eingemachte: Wir setzen uns ans Klavier und spielen selbst. Wir lernen, wie man einen Sänger oder ein anderes Instrument begleitet und wie wir unser Spiel der jeweiligen Stilrichtung anpassen können – egal, ob Pop, Rock, Ballade, Klassik, Barpiano, Walzer, Blues oder Jazz.

Sie lernen, die Notenschrift auf der Basis von Akkorden zu lesen, beschäftigen sich mit der Deutung von Akkorddiagrammen und finden heraus, wie man beim Spiel mit Akkorden das Klavierpedal gewinnbringend einsetzen kann.

Wir bitten Sie, diese Abschnitte sehr genau und immer wieder zu lesen. Beschäftigen Sie sich bitte auch eingehend mit den Beispielen für die Begleitung und versuchen Sie, so viel wie möglich davon praktisch auszuführen.

Und – wie schon erwähnt: Dieses Buch bietet auch eine ziemlich umfassende Sammlung aller wichtigen Akkorde. Natürlich mussten wir uns dabei beschränken, denn Akkorde gibt es wie Sand am Meer. Aber was Sie beim Spielen wirklich brauchen, das werden Sie hier finden. Sie werden auch auf unterschiedliche Fingersätze stoßen, von ganz leicht bis hin zu ziemlich fortgeschritten. Die Umkehrungen und Erweiterungen, die bei den Beschreibungen der einzelnen Akkorde nicht auftauchen, können Sie mithilfe des theoretischen Teils selbst konstruieren – oder Sie wählen einfach ein bestimmtes Beispiel, das dort verzeichnet ist, und bauen sie nach diesem Muster auf.

Das Buch ist ein unerlässliches Nachschlagewerk, um angesichts schwieriger Akkorde nicht kapitulieren zu müssen, die Sie für das Spiel nach der Akkordmethode eigentlich gern in Ihr Repertoire aufgenommen hätten. Sie werden es immer wieder zur Hand nehmen: wenn es darum geht, welcher Fingersatz für einen bestimmten Akkord ideal ist; wenn Sie überprüfen wollen, welche Noten auf jeden Fall gespielt werden müssen; wenn Sie einen theoretischen Zusammenhang noch einmal genau studieren wollen; wenn Ihnen nicht klar ist, wie Sie die Akkorde bei einem bestimmten Musikstil einsetzen müssen.

Eine methodische Harmonie- oder Musiklehre stellt dieses Buch allerdings nicht dar. Zu diesem Zweck empfehlen wir Ihnen die Bücher *Harmonielehre für Dummies*, *Musiktheorie für Dummies* und *Übungsbuch Musiktheorie für Dummies* (alle erschienen bei Wiley-VCH).

Wie dieses Buch aufgebaut ist

Hier eine kleine Übersicht, damit Sie sich in *Klavierakkorde für Dummies* möglichst schnell zurechtfinden. Nach einem Kapitel mit etwas Musiktheorie enthält das Buch zwölf Teile zu den verschiedenen Akkordserien.

Die Titel

Jede Akkordserie beginnt mit einer Titelseite, auf der vermerkt ist, um welche Note samt ihren Akkorden es auf den nächsten Seiten gehen soll. Zu jedem Akkord ist die genaue Bezeichnung angegeben; alternative Notationen dienen vor allem zur Information, denn die Möglichkeit, ihnen zu begegnen, besteht auf jeden Fall.

Wir haben uns (wie in allen Dummies-Büchern) nicht für die internationale, sondern die deutsche Notation entschieden, das heißt: Das internationale B heißt bei uns H, das internationale B♭ hingegen B. Das sind auch die Bezeichnungen, denen Sie auf inländischen Notenblättern sowie im Klavierunterricht begegnen werden.

Jeweils zu Beginn führen wir, in Klammern stehend, alternative Bezeichnungen der Akkord*arten* auf. Ein Beispiel: Cm7 (min7, -7). Der dazugehörige Akkord spricht sich c-Moll 7. Denken Sie daran, dass die von uns gewählten Hauptbezeichnungen die in der Musikliteratur verbreitetsten sind.

Es gibt fast ebenso viele Arten der Notation wie es Stile und musikalische Schulen gibt. Klassische Musiker machen es anders als Popmusiker, Deutschland macht es anders als England, und manchmal reicht es schon, wenn einer die Notation des anderen abschreibt, damit Abweichungen auftreten. Würden wir sämtliche Formen der Notation berücksichtigen, wäre unser Buch sicher dreimal so dick – deshalb haben wir uns auf die gängigsten Varianten beschränkt. Aber keine Angst: Gespielt wird in allen Fällen das Gleiche, und schon nach einiger Zeit lernt man, ganz intuitiv »umzudenken«.

Die Abbildungen

Zu jedem Akkord finden Sie ein Foto, das zeigt, wie er am Klavier gespielt wird. Da aus solchen Fotos oft nur vage hervorgeht, welche Note gespielt wird und welche nicht, zeigen wir Ihnen jeweils auch eine gezeichnete Klaviertastatur, die sämtliche Zweifel beseitigt.

Auch der Fingersatz (das heißt, welcher Finger welche Taste spielt) lässt sich aus diesen Zeichnungen klar ersehen, und Sie können genau erkennen, welche Note gespielt werden muss.

Für die meisten Akkorde gibt es keinen festen, in Stein gemeißelten Fingersatz. Wir haben daher eine Auswahl getroffen, die sich auch für die Songbegleitung gut eignet. Klassische Musiker, die sich vor allem an der Abfolge der Akkorde und den Spielanweisungen auf dem Notenblatt orientieren, können unser Beispiel gern nach eigenem Verständnis abwandeln.

Die Notenschrift

Zu jedem Akkord finden Sie auch eine Darstellung in Notenschrift, die Ihnen sagt, welche Noten zu spielen sind. Sie ist für Musiker gedacht, die mit der Musiktheorie ausreichend vertraut sind, um die Notation zu entziffern.

In manchen dieser Darstellungen stoßen Sie auf Noten, die durch ein X gekennzeichnet sind. Es handelt sich dabei um Noten, die zwar zum Akkord gehören, aber nicht unbedingt gespielt werden müssen, sei es nun, um einen »überladenen« Klang zu vermeiden, sei es, weil sie musikalisch gesehen nichts Neues zu dem betreffenden Akkord beitragen.

Falls Sie keinerlei musiktheoretische Kenntnisse haben – es ist nicht schlimm, wenn Sie die Notation nicht entziffern können, da die beteiligten Noten auch im Text erwähnt werden und Sie dort nachschlagen können, wo sie auf dem Klavier zu finden sind.

Symbole in diesem Buch

Die im Buch auftauchenden Icons oder Symbole wollen Ihnen die Lektüre mit Hinweisen auf wichtige Informationen noch mehr erleichtern:

 Dieses Symbol bedeutet: Hier finden Sie grundlegende Informationen, die Sie sich merken sollten. Was hier steht, können Sie immer wieder gut gebrauchen.

 Immer, wenn Sie auf dieses Symbol stoßen, sollten Sie wissen: Hier finden sich Info-Brocken zu einem Thema, das insgesamt zu komplex ist, um es im Buch erschöpfend zu behandeln. Für Ihre Zwecke reicht das aber völlig aus.

 Neben diesem Symbol finden Sie Material, das zwar nicht unverzichtbar ist, aber nützlich. Oft wird hier zu einem anderen Abschnitt im Buch oder auf zusätzliche Lektüre verwiesen, wo Sie das angeschnittene Thema vertiefen können.

> **IN DIESEM KAPITEL**
>
> Notenschrift und Notation
>
> Akkorde spielen, abwandeln und umkehren
>
> Akkorde in verschiedenen Stilrichtungen

Ein wenig Musiktheorie

In diesem Kapitel werden Sie mit dem theoretischen und praktischen Wissen vertraut gemacht, um selbst Akkorde am Klavier aufbauen zu können. Dieses Buch besteht ja hauptsächlich aus einer Auflistung sämtlicher Akkorde in einer logischen Reihenfolge. Um diese Logik jedoch nachvollziehen zu können, müssen Sie wissen, wie Akkorde aufgebaut sind. In diesem Kapitel lernen Sie nicht nur, die innere Logik eines Akkords zu begreifen, sondern auch, wie Sie ihn selbstständig einsetzen und in ein musikalisches Gesamtgefüge einbauen können. Natürlich werden Sie dann auch in der Lage sein, Ihre eigenen Akkordpositionen zu kreieren. Die Tonkombinationen lassen sich am Klavier ja auf verschiedene Weise herstellen – aber das kann man nicht alles in einem Buch aufführen, das ist Aufgabe des Lesers. Ganz nebenbei lernen Sie hier auch eine Reihe musikalischer Grundsätze, mit deren Hilfe Sie besser begreifen werden, wie Notenschrift funktioniert und wie man sie umsetzt.

Notenschrift und Notation

Bevor wir uns den Akkorden widmen, empfiehlt es sich, sich die Notenfolge der Stammtonleiter noch einmal ins Gedächtnis zu rufen (die Stammtonleiter ist die, die Sie vielleicht noch aus der Schule kennen). Sie lautet **C – D – E – F – G – A – H**, danach geht es wieder mit dem C los. Auf dieser Tonleiter gründen die meisten Stücke der westlichen Musik. Wenn Sie aber in einem französischen Musikbuch blättern, finden Sie weitaus häufiger die Bezeichnungen **do – ré – mi – fa – sol – la – ti**. Diese Ersetzung von Notennamen durch Tonsilben nennt man *Solmisation* (das müssen Sie sich aber nicht merken). Die Stammtonleiter mit den Notenbezeichnungen hat den Vorteil, dass sie dem Alphabet folgt, und zwar beginnend mit C (das H anstelle des B ist die Ausnahme, die die Regel bestätigt). Sie ist identisch mit der C-Dur-Tonleiter.

26　Ein wenig Musiktheorie

- ✔ C = do
- ✔ D = ré
- ✔ E = mi
- ✔ F = fa
- ✔ G = sol
- ✔ A = la
- ✔ H = si

Das sind die Noten, die Sie auf den weißen Tasten eines jeden Klaviers finden. Denken Sie daran: Von einer Klaviertaste zur nächsten (die schwarzen mitgerechnet) ist es genau ein Halbtonschritt. Aus diesem Grund haben alle Notenbezeichnungen auf den schwarzen Tasten ein Versetzungszeichen (also entweder ein ♯, das die vorangegangene Note um einen Halbton erhöht, oder ein ♭, das die folgende Note um einen Halbton erniedrigt). (Falls Sie mit dem deutschen B Schwierigkeiten haben, interpretieren Sie es einfach als A♯ oder als H♭.)

Ein D♭ lässt sich also gleichsetzen mit einem C♯. Es ist auf dem Klavier der gleiche Ton, auch wenn er als Note anders notiert wird – dem Ohr ist das egal. Welches von beiden notiert wird, folgt bestimmten Regeln, die wir in diesem Buch nicht näher behandeln werden.

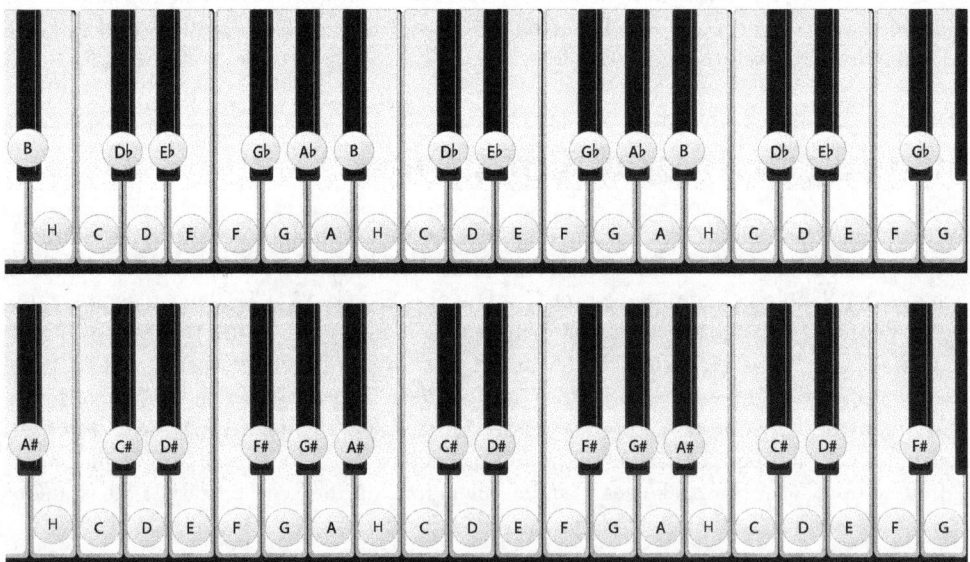

Eine Durtonleiter, die sieben verschiedene Noten enthält, hat also insgesamt zwölf Töne im Abstand von je einem Halbton. Die meisten Tonleiternoten sind einen Ganztonschritt voneinander entfernt, bis auf zwei Ausnahmen, die nur einen Halbtonschritt betragen. Das gilt für jede Durtonleiter! Nehmen Sie sich noch einmal die C-Dur-Tonleiter vor und versuchen Sie herauszufinden, wo sich diese beiden Halbtonschritte befinden. Richtig – zwischen E und F sowie zwischen H und C (das erkennen Sie daran, dass sich zwischen diesen Tasten keine schwarze Taste befindet).

Wie spricht man alterierte Töne wie D♯ oder D♭ eigentlich aus? Am besten ganz traditionell als Dis oder Des. Falls jemand Probleme mit der Zuordnung hat – die nachfolgende Tabelle hilft:

So wird der Ton geschrieben	Und so wird er ausgesprochen
C♯	Cis
D♭	Des
D♯	Dis
E♭	Es
F♯	Fis
G♭	Ges
G♯	Gis
A♭	As
A♯	Ais

Tabelle 1.1: Die Namen der alterierten (erhöhten oder erniedrigten) Töne

Wir halten uns in diesem Buch vorwiegend an die Schreibweise mit dem Kreuz und dem ♭. Lediglich bei der Aufzählung der einzelnen Akkordtöne haben wir die ausgesprochene Version (Cis, Des und so weiter) – auch aus Gründen der leichten Lesbarkeit – vorgezogen.

Mithilfe der Tonleitern können Sie auch verstehen, was eine Oktave ist. Das Wort **Oktave** bezeichnet den Abstand zwischen einer Note und der nächsten Note gleichen Namens, also C-C, D-D oder A-A. Wenn Sie die Oktave zu einer Note spielen, spielen Sie diese Note zwölf Halbtöne höher (oder tiefer, wenn es in die Gegenrichtung geht).

Was ist ein Akkord?

In der Regel besteht ein Musikstück aus Melodie und Begleitung.

Die Melodie – das ist eine Notenfolge, das eigentliche Lied, zu dem der Text gesungen wird. Wenn Sie »a cappella« singen, ist kein weiteres Instrument beteiligt. Sie singen dann also nur die Melodie.

Die Begleitung – das sind die Noten, die auf einem Instrument gespielt werden, um die Melodie zu untermalen. So wie ein Roman aus einer Folge von Worten besteht, so besteht die Begleitung aus einer Reihe von Akkorden, um die »Geschichte« zu erzählen, für die die Melodie die Grundlage darstellt. Normalerweise wird die Begleitung tiefer gespielt als die Melodie, da das menschliche Ohr vor allem die hohen Töne heraushört. Auf dem Klavier, dessen Noten von links nach rechts immer höher werden, spielt man die Begleitung üblicherweise mit der linken, die Melodie mit der rechten Hand.

Ein Akkord umfasst eine Reihe von Tönen, die entweder alle gleichzeitig oder nacheinander gespielt werden, um eine musikalische »Botschaft« zu vermitteln. Es gibt verschiedene Arten von Akkorden, von denen jede anders heißt und ihre eigene musikalische Färbung hat. Eine Akkordart bestimmt sich nicht durch die Namen der daran beteiligten Noten, sondern durch die *Abstände (Intervalle)* zwischen diesen Noten. Man muss also wissen, wie viele Ton- oder Halbtonschritte sich zwischen den einzelnen Noten befinden.

In der abendländisch-klassischen Musik kommen hauptsächlich die sogenannten »vollkommenen« Akkorde zum Einsatz. Darunter versteht man Akkorde, deren Töne harmonisch aufeinander abgestimmt sind und keine Dissonanzen aufweisen.

Solche vollkommenen Akkorde bestehen aus drei verschiedenen Tönen, und nur zwei dieser Akkordarten sind in der gesamten abendländischen Klassik im Gebrauch: **die Durakkorde und die Mollakkorde.**

Sowohl Dur- als auch Mollakkorde bestehen aus jeweils drei Tönen mit folgenden Bezeichnungen:

- ✔ **Grundton (die Tonika)**: Er wird in den Schemata als (1) notiert. Das ist die Note, die dem Akkord seinen Namen gibt, also die Bezugsnote.

- ✔ **Terz** (als (3) notiert): Ist sie um vier Halbtöne (oder zwei Ganztöne) höher als der Grundton, spricht man von einer großen Terz. Handelt es sich nur um drei Halbtöne (oder anderthalb Ganztöne), nennt man sie kleine Terz. Diese Terz ist es, die den Akkordtypus bestimmt: Ist sie groß, handelt es sich um einen Durakkord. Ist sie klein, haben wir es mit einem Mollakkord zu tun.

- ✔ **Quinte** (als (5) notiert): Sie befindet sich immer sieben Halbtöne über dem Grundton, egal ob es sich um einen Dur- oder Mollakkord handelt. Man nennt sie auch die *reine* Quinte.

Wo kommen diese Namen her? Ganz einfach: Eine Durtonleiter enthält sieben Noten, die erste davon ist die Tonika, oft auch Prime genannt. Die Bezeichnung »Prime« kommt aus dem Lateinischen und bedeutet »die Erste«. Auf ähnliche Weise werden dann auch alle anderen Töne der Tonleiter benannt: Die dritte ist die *Terz*, die fünfte davon die *Quinte* (auch diese Bezeichnungen sind lateinischen Ursprungs). Die Terz ist bei der Durtonleiter eine große Terz, und wenn man einen C-Dur-Akkord notiert, schreibt man normalerweise einfach »C«. Bei einem Mollakkord hingegen ist die Terz immer klein (also einen Halbton tiefer als beim Durakkord). Den Mollakkord notiert man mit einem *m* hinter dem Notennamen (zum Beispiel Cm = c-Moll-Akkord).

Hier erst ein Beispiel für einen C-Dur-, danach für einen c-Moll-Akkord:

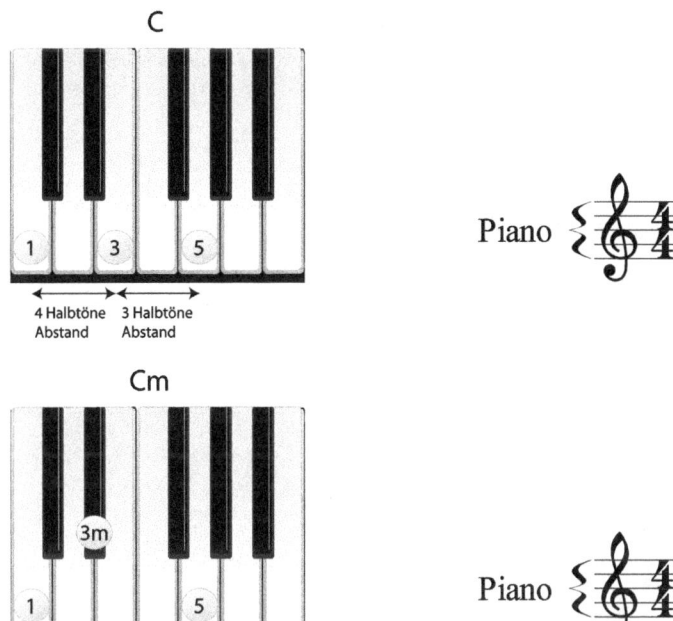

Nun das Ganze noch mal am Beispiel D:

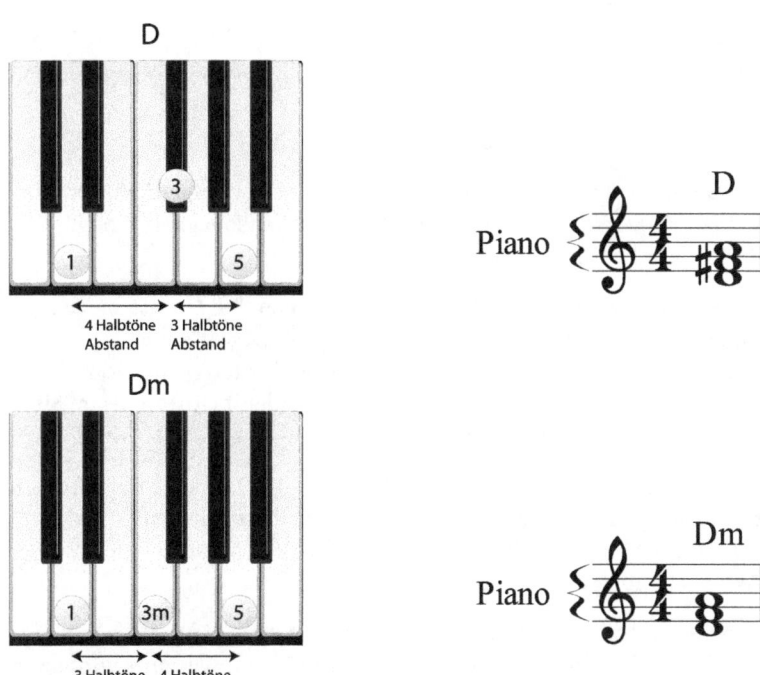

Was die Notation der Akkorde anbetrifft: Da gibt es je nach Musikstil oft erhebliche Unterschiede. In der Jazzmusik zum Beispiel wird der d-Moll-Akkord nicht Dm geschrieben, sondern D-. Manchmal findet man auch Bezeichnungen wie Dmin statt Dm. Und auch der Durakkord hat kein einheitliches Gesicht: Gelegentlich werden Sie zum Beispiel für den C-Dur-Akkord neben anderen auch die Kurzform C∆ finden.

Akkorde aufbauen und spielen

Die nachfolgend beschriebenen Fingersätze sind die jeweils gängigsten. Bei verschiedenen Stilrichtungen und Stücken können sie aber je nach Bedarf variiert werden. Ein guter Fingersatz ist immer so gewählt, dass die Hand sich bei den Übergängen möglichst wenig bewegen muss, damit der Rhythmus und die Spielflüssigkeit stets sicher beibehalten werden können.

Die rechte Hand

1. Der rechte Daumen liegt auf der Taste mit dem Akkordnamen (dem Grundton). Bei einem C-Dur-Akkord ist das die Taste C, ebenso wie bei einem c-Moll-Akkord (siehe Bild nächste Seite).

2. Die zweite Akkordnote (die Terz) können Sie abzählen: Bei Dur ist sie vier Tasten vom Grundton entfernt, bei Moll drei Tasten. Da wir einen C-Dur-Akkord bilden wollen, liegt die Terz also vier Tasten rechts vom Grundton (Achtung, weiße *und* schwarze Tasten zählen!) Dorthin legen Sie Ihren Zeigefinger. Beim C-Dur-Akkord ist das die E-Taste.

3. Die dritte Akkordnote (die Quinte) befindet sich beim Durakkord drei Tasten (beim Mollakkord vier Tasten) weiter rechts als die zweite. Auf diese Taste legen Sie Ihren Mittelfinger. Sowohl beim C-Dur- als auch beim c-Moll-Akkord handelt es sich um die Taste G.

4. Nun können Sie auch den Grundton ein weiteres Mal hinzufügen, indem Sie das nächsthöhere C mit dem kleinen Finger spielen. Diese Variante wird sogar empfohlen, damit Sie auch Ihren kleinen Finger trainieren und er für Akkorde mit vier Noten gut gerüstet ist.

Die linke Hand

1. Platzieren Sie den kleinen Finger der linken Hand auf der Taste mit dem Namen des Akkords, den Sie spielen wollen (dem Grundton), also zum Beispiel bei einem C-Akkord auf dem C.

2. Für die Terz (die Note E) verwenden Sie den Mittelfinger nach dem gleichen Schema wie für die rechte Hand (allerdings müssen Sie jetzt spiegelbildlich denken). Denken Sie daran: Der Durakkord hat eine Taste mehr zwischen Grundton und Terz als der Mollakkord.

3. Die Quinte (in unserem Fall das G) wird mit dem Zeigefinger gespielt.

4. Auch hier können Sie den Grundton verdoppeln, und zwar indem Sie das nächsthöhere C mit dem Daumen spielen.

Abgewandelte Akkorde und Akkorderweiterungen

Die vollkommenen Akkorde, die wir Ihnen vorgestellt haben, bilden nur einen Bruchteil der heutzutage in der Musik verwendeten Akkorde. Es gibt noch jede Menge anderer Akkorde, die reichhaltiger und weniger harmonisch sind und mit deren Hilfe sich auch subtilere und weniger eindeutige Worte und Klänge belegen lassen. Man spricht in diesem Fall von abgewandelten Akkorden und Akkorderweiterungen.

Abgewandelte Akkorde

Die abgewandelten Akkorde verstoßen gegen die klassischen Regeln der Dur- und Moll-Akkordkonstruktion und weisen in der Regel keine reine Quinte auf. Man unterscheidet zwischen verminderten und übermäßigen Akkorden. Die verminderten Akkorde notiert man als **Cdim** (oder **Co**), die übermäßigen als **Caug** (oder **C5+**), je nach Stilrichtung auch anders.

Um einen verminderten Akkord zu spielen, müssen Sie beim c-Moll-Akkord den Finger, der auf der Taste mit der Quinte liegt, um einen Halbton nach links verschieben. Dadurch wird auch die Terz zwischen der Akkordterz und der Quinte zu einer kleinen Terz. Hier das Ganze bildlich verdeutlicht:

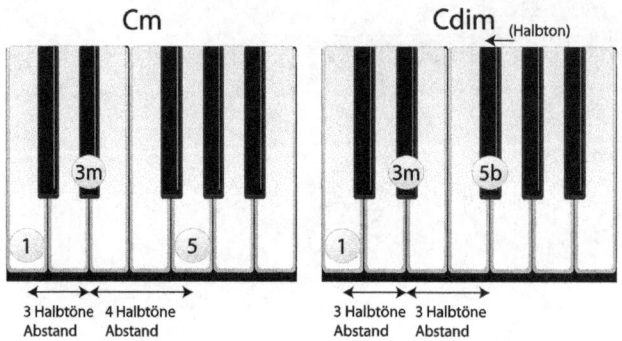

 Um einen übermäßigen Akkord zu spielen, müssen Sie beim C-Dur-Akkord den Finger, der auf der Taste mit der Quinte liegt, um einen Halbton nach rechts verschieben. Dadurch wird auch die Terz zwischen der Akkordterz und der Quinte zu einer großen Terz. Hier das Ganze bildlich verdeutlicht:

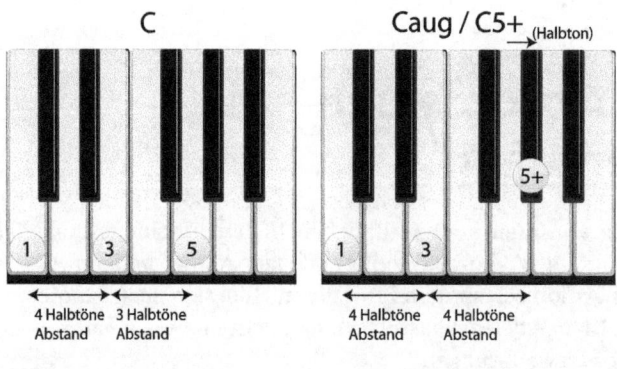

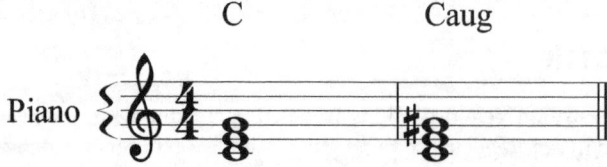

Wenn Sie übermäßige und verminderte Akkorde spielen, werden Sie feststellen, dass sie – verglichen mit den Dur- und Mollakkorden – nicht gerade ein Ohrenschmaus sind. Das ist völlig normal. Man bezeichnet sie auch als *dissonante Akkorde*. Dissonante Akkorde dienen dazu, Spannung aufzubauen, und sie schreien förmlich nach einem vollkommenen Akkord, der diese Spannung auflöst. Sie werden üblicherweise nicht über einen längeren Zeitraum gespielt. Deshalb bezeichnet man sie auch als Übergangs- oder *Durchgangsakkorde*.

Die Akkorderweiterungen

Akkorderweiterungen heißen deshalb so, weil sie in der Regel auf der Grundform eines vollkommenen oder abgewandelten Akkords aufbauen (Dur, Moll, vermindert oder übermäßig), zu der dann noch ein bis mehrere zusätzliche Töne hinzukommen. Dabei handelt es sich stets um *andere* Noten, nicht etwa um bereits im Akkord enthaltene auf einer anderen Oktave. Denken wir daran: Ein Dreiklang besteht immer aus drei Tönen: dem Grundton (1), der Terz (3) und der Quinte (5). Diese drei Noten entstammen immer der Tonleiter, die nach dem Grundton benannt wurde (also bei einem C-Akkord der C-Tonleiter und so weiter). Ebenso verhält es sich mit den Akkorderweiterungen, die entweder Stufe 2, 4, 6 oder 7 der Tonleiter sein können. Man spricht dann von der Sekunde, der Quarte, der Sexte oder der Septime. Darüber hinaus können diese Noten alteriert (das heißt, erhöht oder erniedrigt) werden. Eine große Septime zum Beispiel ist eine Septime plus Halbton. Und dann kann man auch noch tonleitereigene Noten aus der nächsthöheren Oktave hinzunehmen. Dann erhält man etwa die None, die Undezime oder die Tredezime.

Doch ein kleines Bild sagt mehr als tausend Worte. Die Abbildung unten zeigt Ihnen alle Töne, die bei einem Grundton C möglich sind.

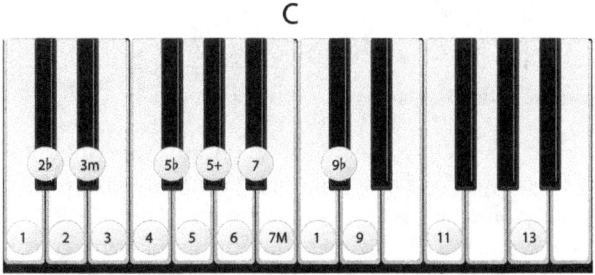

Sämtliche Akkorde folgen dem gleichen Prinzip. Hier ein Beispiel für D:

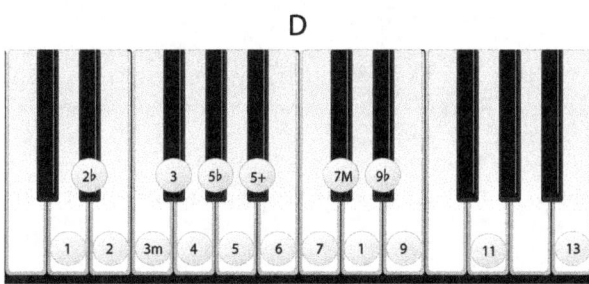

Mithilfe dieser Schemata sind wir nun in der Lage, alle nur denkbaren Akkorderweiterungen selbst zu konstruieren. So besteht der Akkord Cm7 zum Beispiel aus den Noten C-E♭-G-B.

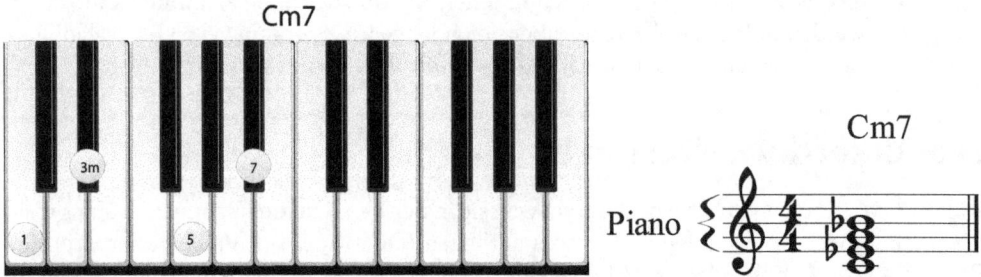

Wie Sie feststellen, ist die Septime eines Akkords eine kleine Septime (im Gegensatz zur Terz, bei der es sich um eine große Terz handelt). Das kommt daher, dass der Septakkord in sämtlichen musikalischen Stilrichtungen reichlich verwendet wird, vor allem im Jazz und Blues. In der folgenden Abbildung begegnen wir nun jedoch einem Septakkord mit großer Septime (in der Abbildung sehen Sie auf der Taste ein großes M). Ihn bezeichnen wir nicht als C7-, sondern als Cmaj7-Akkord.

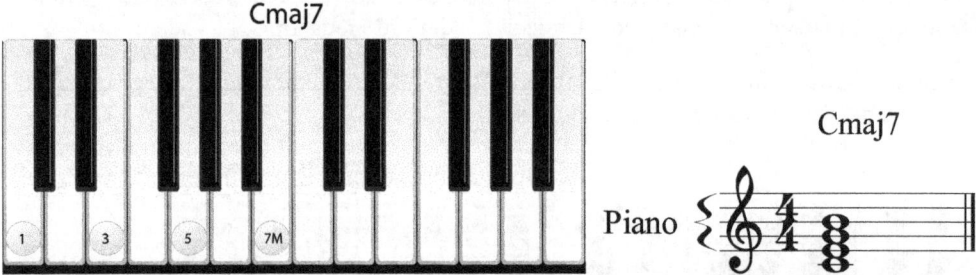

Es gilt auch zu berücksichtigen, dass die None, Undezime und Tredezime des Akkords vom Ton her (nicht von der Tonhöhe!) identisch sind mit der Sekunde, Quarte und Sexte. Sie sollten auch als None, Undezime und Tredezime notiert werden, da sie ja der nächsthöheren Tonleiter entstammen und somit genau eine Oktave höher sind. Auch wenn es in vielen Fällen dem Interpreten überlassen wird, was von beiden er spielt – das Ergebnis ist nicht völlig identisch. Man braucht schon ein geschultes Ohr, um herauszufinden, welche von beiden Varianten die geeignete ist.

Um rasch herauszufinden, mit welchen Noten ein Akkord sich erweitern lässt, sollte man den Grundton, die Terz und die Quinte jedes Akkordes abrufbereit im Kopf haben. Nur so lässt sich unabhängig arbeiten.

Beispiel: Um den Akkord D4 (auch Dsus4) zu bilden, muss die große Terz um einen Halbton erhöht werden.

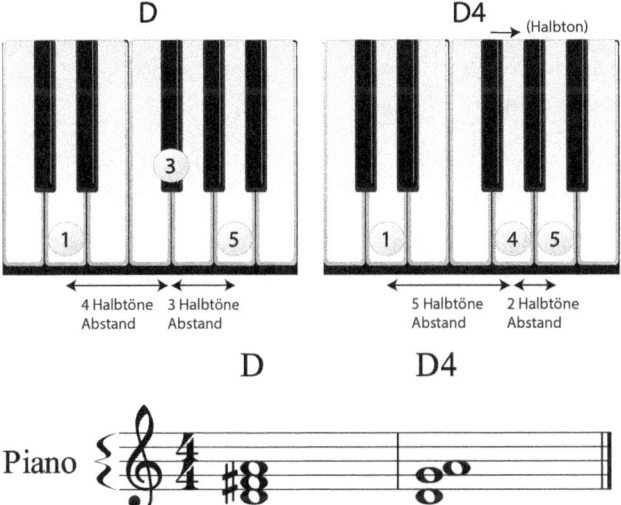

Um hingegen den Akkord D9 (Dsus9) zu bilden, muss die kleine Terz um einen Halbton erniedrigt werden. Streng genommen handelt es sich eigentlich um ein D2 (Dsus2), doch die Bezeichnung Dsus9 hat sich derart eingebürgert (zum Beispiel beim Jazz oder Bossa Nova), dass die zweite Lesart nur selten verwendet wird.

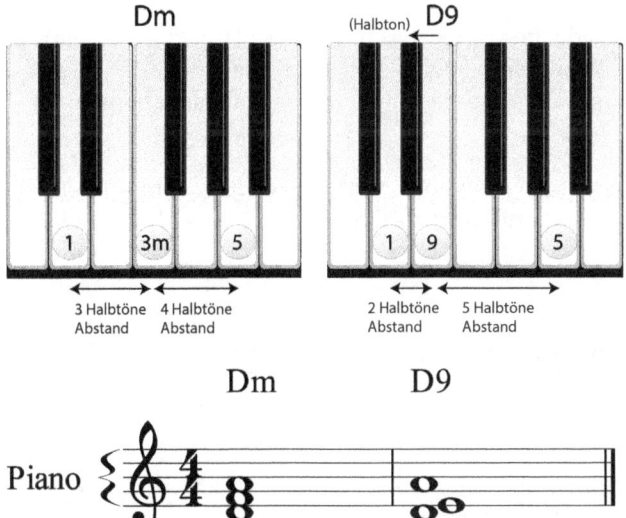

Beachten Sie, dass es sowohl beim D4- als auch beim D9-Akkord nicht notwendig ist, die Terz zu spielen. Natürlich kann man sie spielen, um bestimmte musikalische Effekte zu erzielen – doch die Akkorde heißen dann Dadd4 und Dadd9 – ein Hinweis darauf, dass zusätzlich zur Akkorderweiterung die große Terz gespielt wird. Bei einem Mollakkord reicht die Schreibweise Dm4 oder Dm9, um auf das Spielen der kleinen Terz hinzuweisen.

Abschließend eine Liste mit den häufigsten Tonleiterstufen zur Akkorderweiterung. Prägen Sie sich diese Notenstufen unbedingt ein! Natürlich sind auch Kombinationen möglich, um Akkorde mit fünf oder sechs verschiedenen Tönen zu erhalten, ja oft sogar noch mehr.

- **7 (kleine Septime):** Befindet sich zwei Halbtöne (Tasten) unterhalb des Grundtons. In allen Stilrichtungen sehr beliebt. Beim Jazz oder Blues fügt man die kleine Septime fast automatisch hinzu, solange nicht bereits eine große Septime vorgeschrieben ist.

- **maj7 (große Septime):** Befindet sich einen Halbton unterhalb des Grundtons.

- **5♭ und 5♯ (verminderte und übermäßige Quinte):** Ein Halbton (eine Taste) unter- oder oberhalb der Quinte. Sie kennen sie bereits aus dem Abschnitt über verminderte und übermäßige Akkorde. Sie eignen sich hervorragend als Durchgangsakkorde.

- **2 = 9 (Sekunde oder None):** Zwei Halbtöne über dem Grundton oder einen Halbton unter der kleinen Terz. Vorsicht, in der Folk-, Pop und Rockmusik spielt man die Terz in einem Nonenakkord nur selten. Im Jazz wird der Nonenakkord fast schon gesetzmäßig mit der Septime gespielt. Im Bossa-Stil begegnet man dieser Akkorderweiterung sogar noch öfter.

- **4 = 11 (Quarte oder Undezime):** Einen Halbton über der großen Terz. Im Allgemeinen spielt man die Terz nicht zusammen mit einer Quarte. In der Rockmusik wird sie oft als Durchgangsakkord verwendet, als »Lockruf« für einen daraufolgenden Durakkord (versuchen Sie es mit C4 und C)

- **6 = 13 (Sexte oder Tredezime):** Findet sich einen Ganzton (zwei Tasten) oberhalb der Quinte. Wird sehr häufig in der Bluesbegleitung mit Septimen verwendet (der Bass spaziert oft zwischen der Quinte und der Septime an der Sexte vorbei).

- **9♭ (erniedrigte None):** Einen Halbton über dem Grundton. Sehr oft mit der Septime als Durchgangsakkord (nicht als Einzelakkord) in der Jazzmusik anzutreffen.

Was man sonst noch mit Akkorden machen kann

Wenn Sie die letzten Abschnitte aufmerksam gelesen haben, wissen Sie jetzt auf alle Fälle, aus welchen Noten sich ein Akkord zusammensetzt. Es gibt jedoch noch verschiedene Möglichkeiten, diese Akkorde zu gliedern, zu verändern und einzuordnen. Am wichtigsten sind die Akkordumkehrungen und die Bassvariationen.

Akkordumkehrungen

Damit Sie verstehen, was eine Akkordumkehrung ist, sollten Sie sich daran erinnern, dass man im Rahmen eines Akkords eine bestimmte Note sowohl eine Tonleiter höher als auch tiefer spielen kann. Ein Beispiel: Wenn Sie den Grundton F eines F-Akkords um eine Oktave nach oben verschieben, kommen Sie wiederum auf ein F.

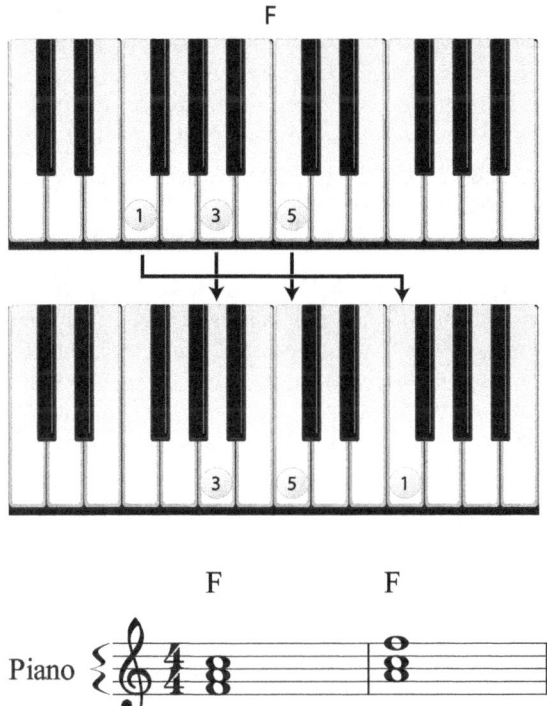

Auch wenn Sie zum Beispiel die Quinte eines D-Akkords nach unten verschieben, erhalten Sie wieder ein A.

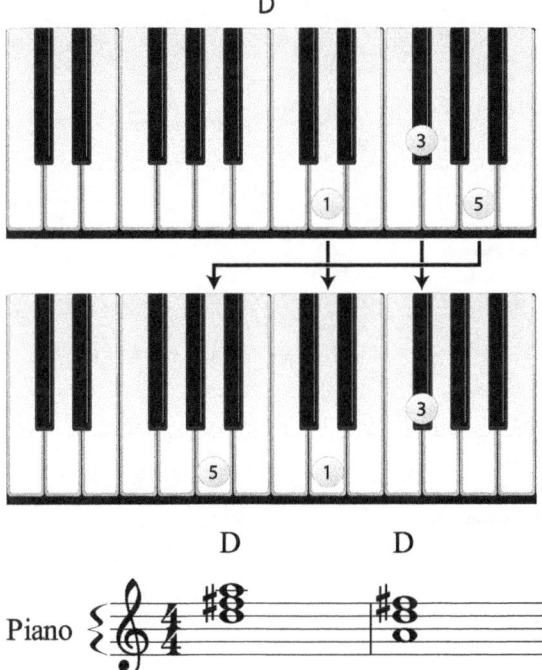

Es handelt sich also um ein und denselben Akkord. Dennoch ist die musikalische Wirkung eine andere. Wenn man einen Akkord spielt, nimmt unser Ohr stets die höchste Note am deutlichsten wahr. Das ist der melodische Teil des Akkords. Insbesondere dann, wenn wir ein musikalisches Ensemble hören, kommt die Melodie meist von einem relativ hoch gestimmten Instrument (Geige, Oboe, E-Gitarre und so weiter). So entsteht – je nach der Note, die Sie zur höchsten machen – eine völlig andere Färbung, ein völlig anderer Effekt. Sie können sogar durch die richtige Auswahl der Umkehrungen die Melodie aus den Akkorden hervortreten lassen oder sie auf diese Weise zumindest deutlicher akzentuieren.

Einen Akkord mit drei Noten können Sie entweder in der »Normalposition« oder als einen von zwei möglichen Umkehrungen spielen. Die Bezeichnung richtet sich dabei nach der ersten Akkordnote. Wenn wir also ein normales F als Grundton durch ein hohes F ersetzen, wird die Terz zur tiefsten, die Oktave zur höchsten Akkordnote. Deshalb spricht man bei dieser **ersten Umkehrung** von der *Oktavlage*. Wenn man andererseits die Quinte eines D-Akkords nach unten verlagert, wird die Terz zum höchsten Ton, deshalb heißt die **zweite Umkehrung** auch *Terzlage*. In der folgenden Abbildung sehen Sie die Umkehrungen für einen F-Akkord, die man erhält, indem man bei jeder Umkehrung die jeweils tiefste Note um eine Oktave erhöht.

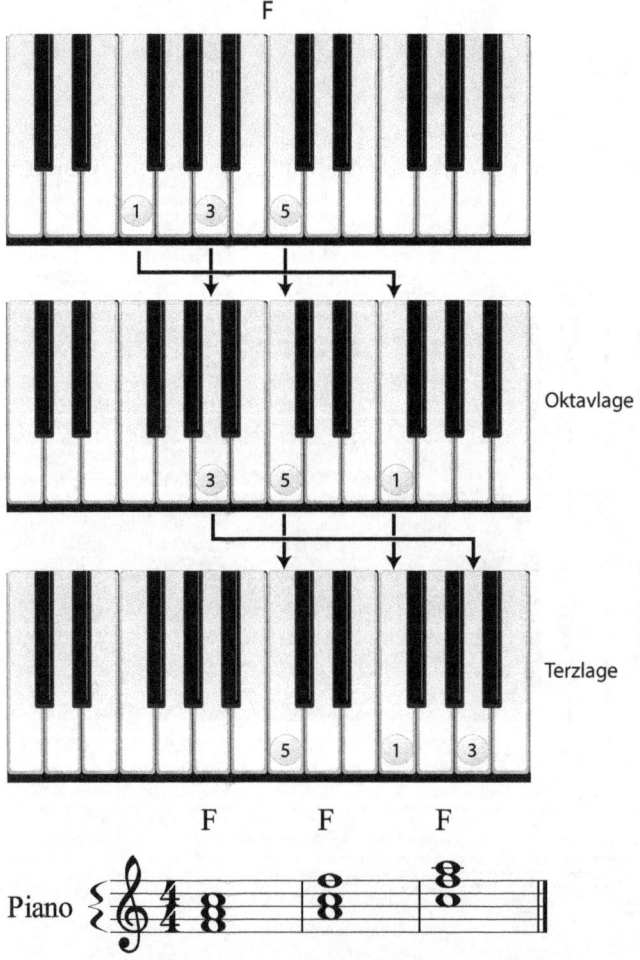

Auf die gleiche Weise gehen Sie bei allen Akkorden vor, zu denen Sie eine Umkehrung bilden wollen. Natürlich funktioniert das Spiel auch in der Gegenrichtung, also indem man die jeweiligen Töne um eine Oktave erniedrigt. In diesem Fall beginnt man mit der Quinte, danach ist die Terz an der Reihe.

Wozu man Umkehrungen braucht

Neben dem melodischen Aspekt haben die Akkordumkehrungen noch einen zweiten großen Vorteil: Sie erleichtern das Spielen, indem sie den Akkordwechsel auf der Tastatur erleichtern. Stellen wir uns zum Beispiel ein Stück vor, in dem die Akkordfolge **F-Am-F-C** vorkommt. Ohne Umkehrungen wären dies nacheinander folgende Fingersätze:

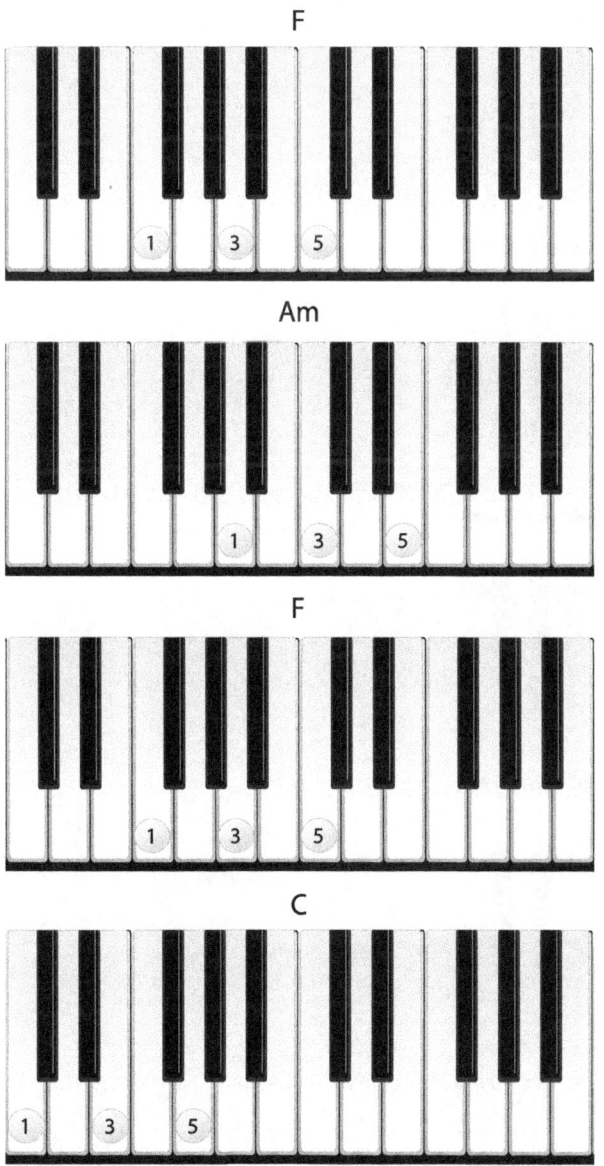

Sie müssten also insgesamt dreimal die Handstellung verändern. Es ist sehr schwer, dabei im Fluss zu bleiben.

Wenn Sie hingegen auf Umkehrungen zurückgreifen, müssen Sie die rechte Hand nur minimal verändern, was ein flüssigeres Spiel ermöglicht. Nehmen wir uns dazu die alte Akkordfolge noch einmal vor:

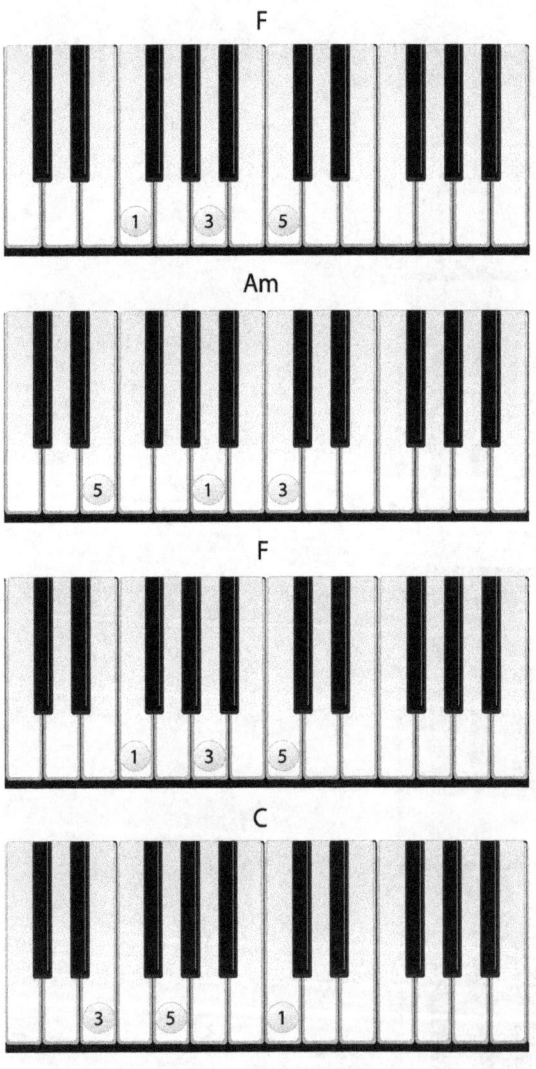

Sie haben es sicher schon festgestellt: Da wir für den Akkord Am die zweite Umkehrung und für den Akkord C die erste Umkehrung verwenden, müssen wir, um vom F zum Am zu wechseln, nur den Daumen von F nach E versetzen. Um von F nach C zu wechseln, müssen wir dann nur noch den Daumen und Zeigefinger zum E und G hinbewegen. Der Mittelfinger bleibt die ganze Zeit über auf der C-Taste liegen, als fester Bezugspunkt sozusagen, der verhindert, dass man sich bei den Übergängen zu oft vertut.

Würden Sie von einem F in einer anderen Position ausgehen, müssten Sie ein paar schwierige Kunststückchen hinlegen. Versuchen Sie zum Beispiel einmal, mit der zweiten Umkehrung anzufangen und herauszufinden, bei welchen Umkehrungen die Hand möglichst wenig bewegt werden muss.

Es gibt also für jeden Dreinoten-Akkord (Dreiklang) auch drei verschiedene Umkehrungen (Grundstellung mitgerechnet). Wie viele Umkehrungen gibt es dann für einen Viernoten-Akkord (Vierklang)? Natürlich vier. Viele dieser Umkehrungen finden Sie auch bei den einzelnen Akkordbeschreibungen (sehen Sie zum Beispiel mal bei F7 nach).

Vierklänge oder gar Fünfklänge haben vier beziehungsweise fünf verschiedene Umkehrungen – und sogar noch mehr Kombinationen, wenn man bestimmte Noten auf unterschiedlichen Oktaven ersetzt, vor allem, wenn man dazu beide Hände verwendet. Alle denkbaren Umkehrungen einzeln aufzulisten, wäre jedoch nicht sehr konstruktiv. In diesem Buch beschränken wir uns bei den Basisakkorden auf die am häufigsten verwendeten Positionen, bei den komplizierteren Akkorden auf die Grundform.

Bassvariationen

Normalerweise entspricht die tiefste Note, die man auf dem Klavier spielt, dem Grundton und wird mit der linken Hand gespielt. Man kann diese Bassnote jedoch entsprechend der Stilrichtung immer wieder austauschen, sodass eine Melodielinie entsteht. In diesem Fall spricht man von einem *Basslauf*. Solche Bassläufe werden komplett mit der linken Hand gespielt; man kann sie, sofern man in einer Band oder Combo spielt, jedoch auch einem anderen Instrument überlassen (zum Beispiel dem Kontrabass).

Da die Bassnote ein wichtiger Bestandteil eines Akkords ist, kann man es auch als Umkehrung oder als Akkorderweiterung betrachten, wenn sie nicht identisch ist mit dem Grundton. Da eine Bassnote deutlich anders klingt als eine hohe Note, hat man sich angewöhnt, diese Note im Akkord gesondert zu notieren. Ein Beispiel: C/E steht für einen C-Dur-Akkord mit einem E als Bassnote, was gewissermaßen einer ersten Umkehrung entspricht (mit der Terz als tiefstem Ton). Oder: Wenn Sie ein F als Bassnote zu einem C-Akkord spielen, notiert man ihn nicht als C4 (auch wenn das F die Quarte des Akkords ist), sondern als C/F. Aufgepasst: In einer Band ist es immer das tiefste Instrument, das den Bass spielt. Wenn ein Pianist mit einer Kontrabassistin zusammenspielt, braucht er sich also um die Bassangaben für die Akkorde nicht zu kümmern.

Wenn beim Jazz eine melodische Improvisation über die Bassnoten gespielt wird, spricht man von einem *Walking Bass*.

Akkorde auf dem Klavier spielen

Im vorigen Abschnitt haben Sie gelernt, wie Sie die verschiedenen Akkordarten, denen man begegnet, selbst aufbauen können. Und wenn dieses Buch Ihnen gehört, können Sie durchaus behaupten, eine Liste der gängigsten Akkorde Ihr Eigen zu nennen. In diesem Kapitel wollen wir uns nun damit beschäftigen, wie Sie Akkorde am Piano einsetzen und darbieten können. Selbst wenn Sie theoretisch wissen, wo die Akkordnoten zu finden sind, gibt es verschiedene Möglichkeiten, einen Akkord zu interpretieren, je nachdem, welchen Stil Sie spielen und was für eine Wirkung Sie erzielen wollen.

Begleitung für Sänger und Soloinstrumente

Woran Sie denken sollten: Akkorde sind in erster Linie zur Melodiebegleitung gedacht. Einem Musikstück ohne Begleitung fehlt irgendwie etwas. Wenn Sie jedoch den musiktheoretischen Teil dieses Buch gelesen und gelernt haben, wie man Akkorde am besten präsentiert, sollte es Ihnen leichtfallen, einen Sänger oder eine Sängerin zu begleiten – so wie das auch eine Gitarre tut. Aber auch an jedes andere Musikinstrument wie etwa ein Saxofon, eine Trompete, eine Geige, eine E-Gitarre und so weiter, dürfen Sie sich dann als Begleitmusiker wagen. Im Internet können Sie unzählige Stücke auf der Grundlage von Akkorden entdecken. In vielen davon werden Sie nur die Akkorde und den Text finden, nicht einmal die Melodienoten werden Ihnen angezeigt. Das ist Ihr eigener Job: herauszufinden, welche Noten zu spielen sind und wie es am besten klingt.

Mit Akkorden ein Notenblatt entziffern

Bei Stücken, die auf der Grundlage von Akkorden gespielt werden, finden sich die Akkordbezeichnungen oberhalb des Textes. Solange dort also keine neue Information erscheint, spielen Sie weiterhin den bisherigen Akkord. Damit Sie das nicht übersehen, ist die betreffende Textstelle normalerweise unterstrichen und fett gedruckt. Vergessen Sie nicht, dass dies der Interpretation eine Menge Spielraum lässt, und der Akkordwechsel kann durchaus etwas anders vonstattengehen als angegeben.

Einen Akkordwechsel müssen Sie erst vornehmen, wenn er auf dem Blatt angezeigt wird. Solange spielen Sie den zuletzt angegebenen Akkord.

Hier ein Beispiel für diese Art von Notation (Achtung, nicht zum Mitspielen gedacht!):

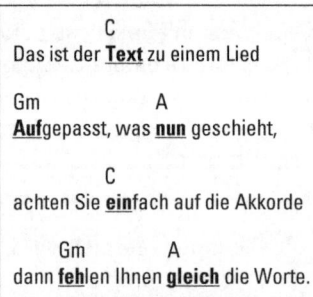

Wäre das ein echtes Lied, wären drei Akkorde zu spielen: C, Gm und A. Der neue Akkord beginnt genau in dem Moment, in dem die unterstrichenen Silben gesungen werden. Da sie außerdem noch fett gedruckt sind, kann man die richtige Stelle nur schlecht »verpassen«. Aber Vorsicht, das ist nicht auf jedem Textblatt so!

Um eine Partitur auf der Basis von Akkorden zu lesen, müssen Sie also in der Lage sein, zwei Informationen gleichzeitig aufzunehmen: den Liedtext und die zu spielenden Akkorde.

Eine Partitur richtig lesen

Das Schwierigste ist, den Akkord schnell und rechtzeitig zu wechseln. Schielen Sie lieber schon vorher mal an die betreffende Stelle – und seien Sie sich auch schon vorher im Klaren darüber, was Sie beim Wechsel mit Ihren Fingern anstellen müssen. Das ermöglicht Ihnen ein flüssiges Spiel.

Ein Akkordschema entziffern

Akkordschemata sind eine gängige Methode, um die Akkorde eines Stückes und somit seine harmonische Struktur abzubilden. Man verwendet sie hauptsächlich beim Blues oder Jazz. Diese beiden Musikstile bieten am meisten Raum für Improvisationen, und die Akkordlinien sind gewissermaßen der Sockel, auf dem Sie sich als Musiker ausruhen können, um Ihre Improvisationen einander anzupassen, ohne sich fortwährend auf eine genau festgelegte Melodielinie beziehen zu müssen. Viele Jazznummern enthalten übrigens gar keinen Gesangsteil, was eine Verwendung der zuvor besprochenen Notation ohnehin ausschließt.

Ein Akkordschema besteht also aus einer Reihe von Takten, die durch miteinander verbundene Rechtecke symbolisiert werden, von denen jedes für einen bestimmten Akkord steht. Bei einem Vierertakt umfasst jeder Takt vier Zählzeiten, bei einem Dreiertakt drei Zählzeiten, und so weiter – genau wie in einer klassischen Partitur.

Wenn Sie sich die Struktur eines Musikstücks ansehen, fällt Ihnen auf, dass die Akkorde wesentlich seltener wechseln als die Noten. Bei den meisten einfachen Stücken wird also auf jeden Takt, sprich jedes Rechteck nur ein einziger Akkord entfallen. Er kann sich über mehrere Takte hinziehen; in diesem Fall müssen Sie nicht jedes Mal die Akkordbezeichnung neu eintragen, sondern verwenden einfach ein Wiederholungszeichen (%). Wenn also einen Takt lang ein C-Akkord, dann zwei Takte lang ein F-Akkord gespielt wird, sieht Ihr Schema wie folgt aus:

C	F	%

Wenn ein Stück pro Takt mehr als einen Akkord erfordert, teilt man das Rechteck mithilfe von diagonalen Linien auf. Will man also zum Beispiel einen Takt in vier Zählzeiten aufteilen, von denen jede einem anderen Akkord entspricht (das bedeutet, ein Akkord pro Zählzeit), sieht unsere Zeichnung so aus:

In den seltenen Fällen, bei denen man zwei Akkorde pro Zählzeit notieren möchte, müssen die Quadranten ein weiteres Mal in Unterquadranten aufgeteilt werden. Und wem das zu systematisch wird, der muss eben auf die klassische Partitur zurückgreifen und das Stück neu transkribieren, sodass die Details klarer hervortreten. Vergessen Sie aber nicht: Ziel eines Akkordschemas ist es, die harmonische Struktur eines Stückes zu verdeutlichen, nicht aber die melodischen Details.

 Man kann das große Rechteck auch in vier kleinere Rechtecke aufteilen (siehe unten), deren Sinn sich dem Leser aber nicht so leicht erschließt. Diese Methode wird deshalb auch viel seltener verwendet.

1	3
2	4

Um das Thema Akkordschemata zu beschließen: Hier die Neutranskriptionen einiger bestehender Partituren zur Verdeutlichung der noch folgenden Abschnitte »Blues und Rock 'n' Roll« sowie »Der Jazzstil«.

C7/6	⁒	⁒	⁒
F7/6	⁒	C7/6	⁒
G7/6	F7/6	⁒	⁒

Ein Schema, wie es typisch für den Blues ist (siehe Abschnitt »Barpianostil« weiter hinten in diesem Kapitel)

Dm7/9	G7/9 / G7/b9	Cmaj7/9	⁒

Ein Schema, wie es typisch für den Jazz ist (siehe Abschnitt »Blues und Rock 'n' Roll« weiter hinten in diesem Kapitel)

Die richtige Verwendung der Klavierpedale

Ein klassisches Klavier hat zwei, drei, manchmal sogar vier Pedale. E-Pianos haben in der Regel nur ein, maximal zwei Pedale.

Was das Spiel von Akkorden anbelangt, ist das wichtigste Pedal das rechts außen, das sogenannte Forte- oder Haltepedal. Es lässt den Ton länger klingen und verleiht ihm mehr Nachdruck, indem es die im Klavier befindlichen Dämpfer von den Saiten abhebt. Wenn Sie ein elektrisches Piano mit nur einem Pedal haben, handelt es sich in 99 Prozent aller Fälle um genau dieses Haltepedal.

Die Benutzung des Haltepedals wird empfohlen, um die Wiedergabe Ihres Spiels zu verbessern, vor allem bei Balladen und langsamen Stücken. Das Haltepedal hilft Ihnen dabei,

✔ besonders »dramatische« Stellen stärker hervorzuheben, da es ihnen mehr Gewicht verleiht,

✔ Akkorde miteinander zu verbinden und den Übergang gleichzeitig zu erleichtern. Sie können zum Beispiel eine Taste loslassen, um den folgenden Akkord vorzubereiten, ohne dass es zu einem hässlichen »Klangloch« kommt,

✔ Akkordnoten miteinander zu verbinden für den Fall, dass Sie die einzelnen Töne nicht gemeinsam, sondern nacheinander spielen.

Um das Haltepedal zu benutzen,

✔ treten Sie das Pedal immer genau dann, wenn ein neuer Akkord beginnt,

✔ lassen Sie das Pedal völlig los, bevor Sie zu einem neuen Akkord übergehen,

✔ treten Sie es erneut für den neuen Akkord.

Merken Sie sich unbedingt, dass Sie das Pedal zwischen zwei Akkorden wirklich loslassen müssen. Falls nicht, vermischen sich die Akkordtöne, was sofort eine Dissonanz hervorruft.

Akkorde in verschiedenen Stilrichtungen

In den nächsten Abschnitten lernen Sie, auf welche Weise man Akkorde in den verschiedenen Stilrichtungen spielt. Natürlich sind das nur Anregungen, da je nach gespieltem Stück, je nach Tempo und Rhythmus (ternär oder binär), die gleiche Akkordauswahl mit den gleichen Positionen ganz unterschiedliche Stilrichtungen hervorbringen kann. Allerdings gibt es Positionen, die beispielsweise »typisch Klassik« (oder irgendein anderer Stil) sind, und die wollen wir Ihnen hier vorstellen.

Pop- und Rockmusik

Eine der einfachsten Anwendungen besteht darin, die erste Bassnote mittels ihrer Oktave zu verdoppeln. Spielen Sie mit dem kleinen Finger der linken Hand den Grundton des Akkords, mit dem rechten Daumen die gleiche Note, nur eine Oktave höher (wenn Sie also links ein A spielen, muss die rechte Hand sich bis zum nächsten A nach rechts bewegen. Mit der rechten Hand können Sie die mehr oder minder erweiterten Positionen spielen. Bei diesem Stil findet man oft einfache Akkorde (vollkommen und in der Umkehrung), zusammen mit der Septime, Quarte und None als Durchgangsakkorde, nur selten jedoch gemischt. Natürlich ist das eine sehr allgemeine Aussage; es gibt auch jede Menge Ausnahmen, und mit dem gleichen Schema lässt sich durchaus auch ein Bossa Nova spielen.

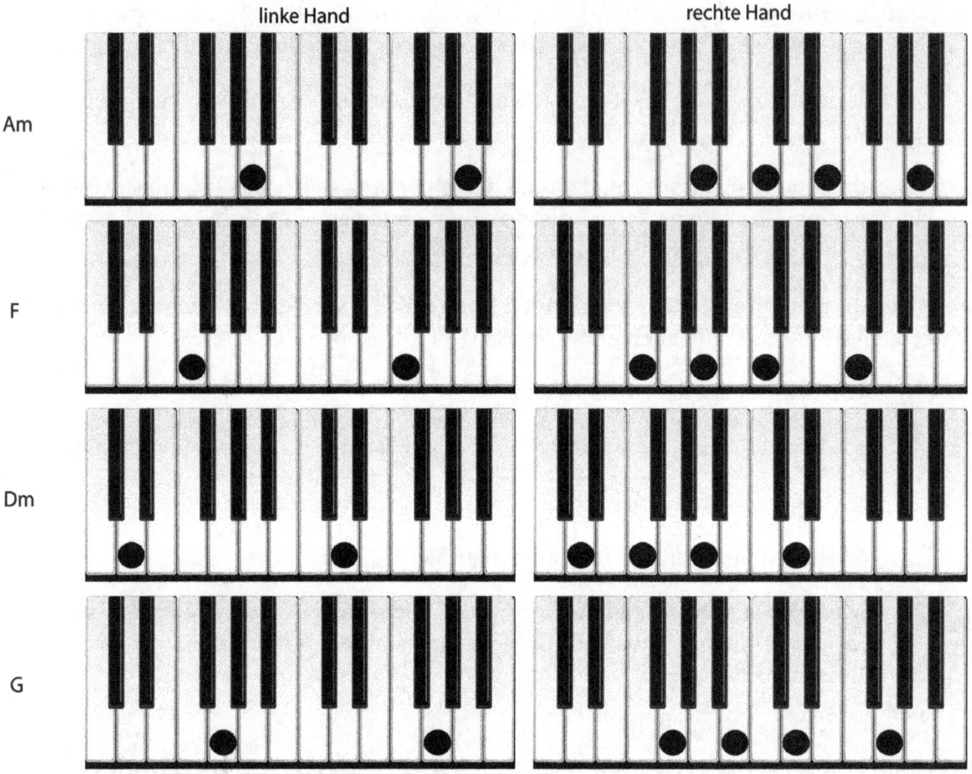

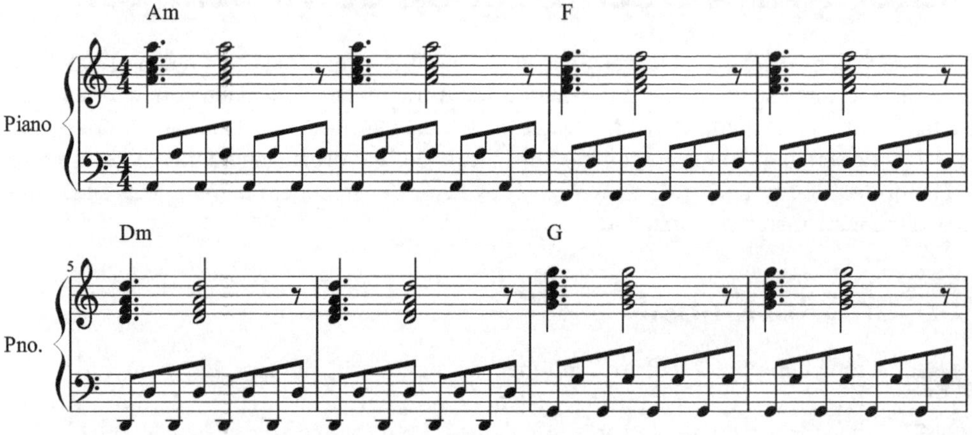

Der Balladenstil

 Die Quinte lässt sich sehr leicht mit der tieferen Oktave verbinden. Sehen Sie in Ihrem Akkordverzeichnis nach, um sie hinzuzufügen. Sie werden sehen: Diese Methode sorgt mühelos für ein reicheres Klangergebnis. Da es nur eine reine (keine große oder kleine) Quinte gibt, ist diese Technik sehr leicht anzuwenden.

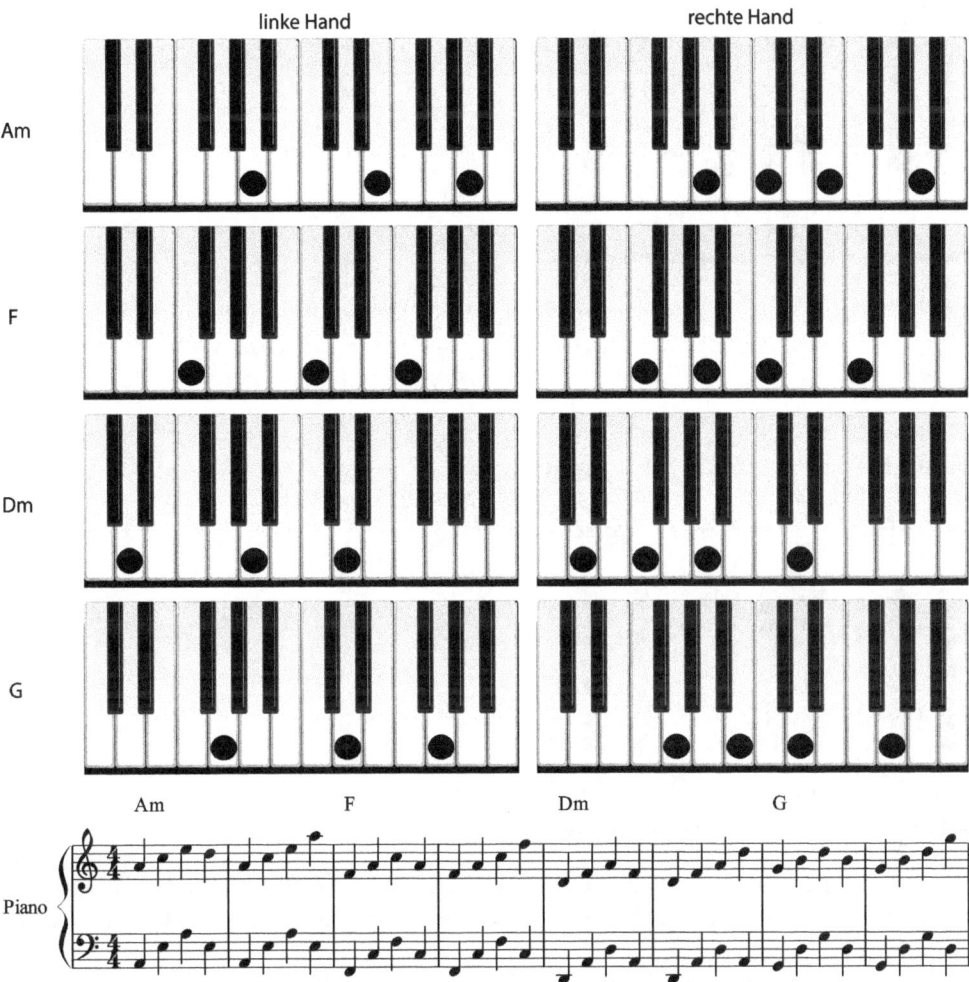

Klassisches Piano

Bei klassischen Stücken kommt die linke Hand viel öfter zum Einsatz, um einen Dur- oder Mollakkord in seiner Gesamtheit zu spielen, das heißt: durch Hinzufügen der Terz. Es ist interessant, den ganzen Akkord mit der linken Hand zu spielen, da die rechte Hand dann mehr Spielraum für Variationen und Akkorderweiterungen, ja sogar zum Spielen einer Melodie hat (zum Beispiel anstelle von Gesang).

Hier ein Beispiel für die linke Hand bei einem C-Akkord (k = kleiner Finger, M = Mittelfinger, Z = Zeigefinger, D = Daumen).

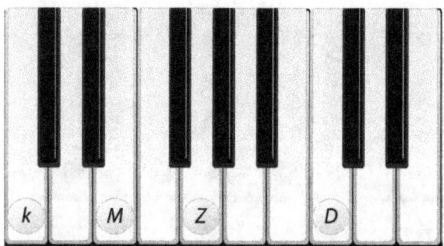

 Diesmal werden Sie feststellen, dass das Klangergebnis nicht so interessant ist, wenn die linke Hand zu tief spielt, vor allem wenn Sie dazu das Pedal einsetzen. Die Terz klingt tatsächlich am besten zum Grundton und der Quinte; sie setzt sich nicht genügend ab, und der Ton wird »unrein«.

Lösung 1: Wenn Sie ein Arpeggio spielen, erhöhen Sie die Terz wieder um eine Oktave. Diese Methode wird in vielen klassischen Stücken angewandt (zum Beispiel in etlichen Chopin-Etüden). Es sind zwei Fingersätze möglich.

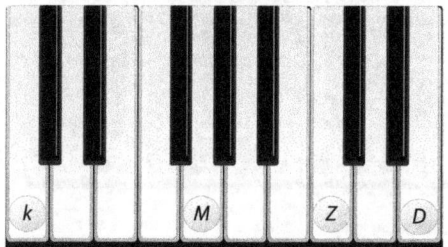

Fingersatz 1: Die Terz mit dem Daumen spielen. In diesem Fall muss der Zeigefinger sich zum Grundton spreizen, während die Quinte mit dem Mittelfinger gespielt wird (siehe obenstehendes Schema für das Beispiel C). Das ist nicht ganz einfach, vor allem wenn Sie eine kleine Hand haben. Aber Sie brauchen dazu auch keine Klodeckel wie Franz Liszt (dessen riesigen Hände ja sprichwörtlich waren); es reicht, wenn Sie die Finger mal links, mal rechts von den Tasten nehmen und mit den Händen eine balancierende Bewegung mit dem Mittelfinger als Achsenpunkt vollführen.

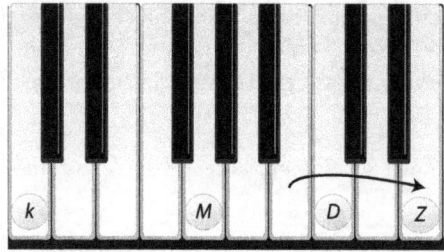

Fingersatz 2: Die Terz mit dem Zeigefinger spielen. Bei dieser Technik dürfen Sie die Position Grundton – Quinte – Grundton nicht verändern und müssen stattdessen den Daumen über den Zeigefinger hinwegkreuzen, um die Terz zu spielen (wie es im obenstehenden

Schema für C angegeben ist). Diese Technik ist für kleine Hände normalerweise geeigneter, muss aber ebenfalls monatelang geübt werden, bevor sie sich natürlich anhört. Profis beherrschen in der Regel beide Methoden und setzen sie je nach dem Effekt ein, den sie erzielen wollen. Auf jeden Fall: Wenn man die Terz mit dem Zeigefinger spielt, lässt sie sich oft sehr gut akzentuieren (betonen), vor allem wenn sie auf einer schwarzen Taste liegt (die mit dem Zeigefinger besser erreicht werden kann als mit dem Daumen).

Lösung 2: Versetzen Sie die linke Hand, um abwechselnd den Grundton und den Akkord in einer Oktave Abstand zu spielen. Ebenfalls eine Technik, die viel Übung erfordert, bevor man sie meistert, da man bei ihr »Zielwasser getrunken« und die Akkordpositionen der linken Hand gut kennen muss. Bei dieser Spielweise greift man übrigens ziemlich oft auf die zweite Umkehrung zurück, damit man mit der rechten Hand nicht zu sehr in den hohen Bereich und damit ins Revier der rechten Hand gerät.

In den Abbildungen finden Sie die gleichen Akkorde, mit denen wir bisher gearbeitet haben und die sich mit einer der beiden Methoden für die linke Hand eignen. Die rechte Hand sei Ihrer eigenen Interpretation überlassen.

Bei zahlreichen Klassik-Stücken haben wir es nicht mit einem Vierer-, sondern mit dem Walzertakt zu tun (also drei Zählzeiten pro Akkord). Wie Sie in der Abbildung unten sehen, lässt der klassische Arpeggio-Stil sich auch auf Walzermusik übertragen.

Man kann die Akkorde auch schichten, indem man sie über mehrere Zählzeiten verteilt, zum Beispiel indem man den Grundton auf Zählzeit 1 mit dem linken kleinen Finger spielt, dann auf Zählzeit 2 den gesamten Akkord eine Oktave höher. Diese Methode wird am häufigsten bei Stücken mit drei Zählzeiten pro Takt verwendet – im Stil des sogenannten »Wiener Walzer«. Man spielt also den Grundton (den man nicht mit der Quinte abwechseln kann) auf der ersten Zählzeit, die erste Umkehrung des Akkords auf den Zählzeiten 2 und 3. Sehen Sie sich zur Verdeutlichung das untenstehende Notenschema an:

Der Barpiano-Stil (Stride)

Das Abwechseln zwischen Grundton und tieferer Quinte ist – wie wir gesehen haben – eine Technik, die in der klassischen Musik oft bei Walzern angewandt wird. Doch auch in der modernen Klaviermusik kann man sie einsetzen, und zwar bei Stücken im Barpiano-Stil, in denen vornehmlich mit Vierertakten gearbeitet wird. Dieser Rhythmus lässt sich mehr oder weniger rasch bewerkstelligen, je nach gewünschtem Effekt und vor allem bei schnelleren Stücken, und er bedarf einer hervorragenden Koordination zwischen linker und rechter Hand. Wenn ein Stück entsprechend langsam ist, empfiehlt es sich auch, Grundton und Quinte eine Oktave tiefer zu spielen.

Hier ein Beispiel für C in der ersten Umkehrung:

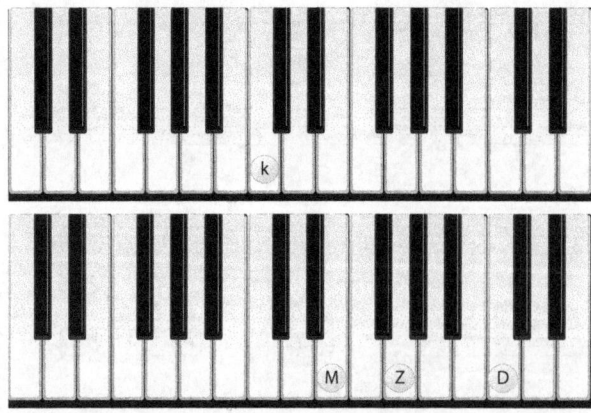

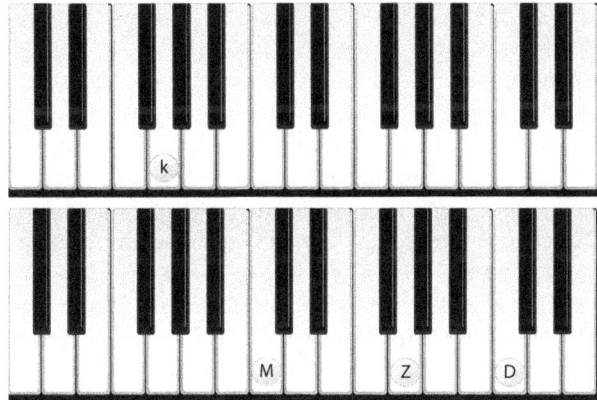

Ferner ein Beispiel für C ohne Umkehrung, bei dem die Basstöne eine Oktave tiefer gespielt werden:

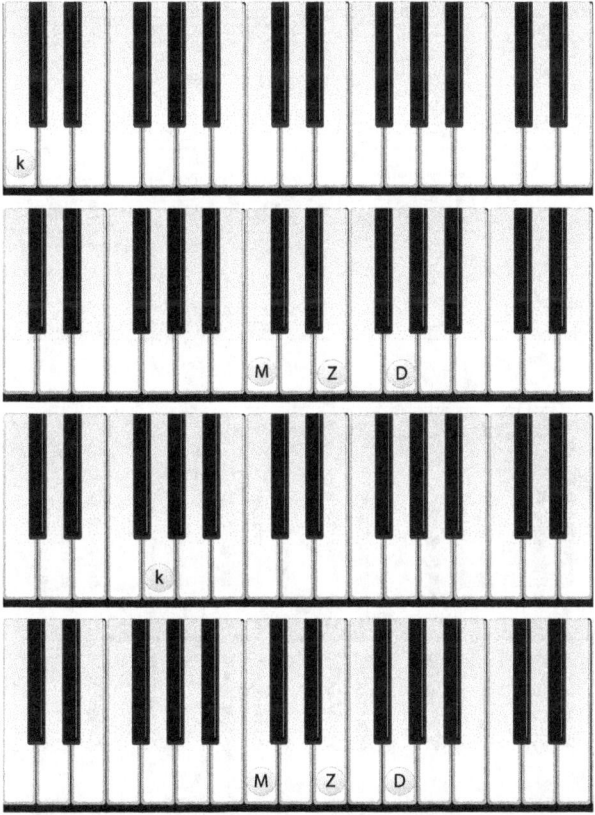

Blues und Rock 'n' Roll

Blues und Rock 'n' Roll (der eigentlich auch ein Blues ist, nur schneller gespielt) sind zweifelsohne diejenigen Stilrichtungen, die der linken Hand in rhythmischer Hinsicht am meisten abverlangen. Der Blues ist deshalb so beliebt, weil ihm ein recht einfaches Schema zugrunde liegt und er sich am besten für Improvisationen eignet, bei denen man seiner Fantasie freien Lauf lassen kann. Das einfachste Akkordschema für Blues und Rock besteht aus den Akkorden C7, F7 und G7, die man nach Belieben in andere Tonarten transponieren kann. Im folgenden Stücken sehen Sie einen auf Arpeggios gründenden Rhythmus, bei dem die Akkordnoten mit der Sexte als »Drehpunkt« nacheinander abgespielt werden. Diese Mischung aus Sexten und Septimen mit der rechten Hand erzeugt einen bluestypischen Klang.

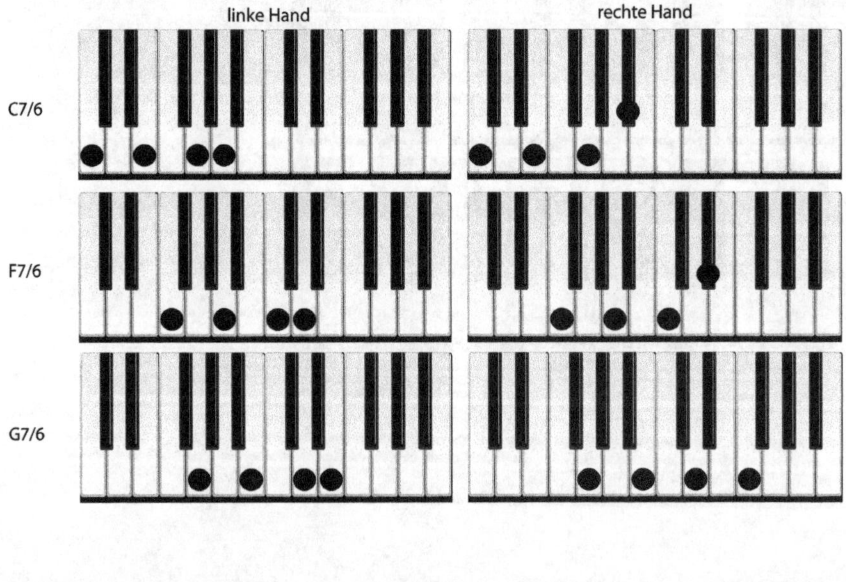

Damit das Klangergebnis nicht allzu mechanisch klingt, empfiehlt es sich, am Rhythmus und den Variationen der linken Hand zu arbeiten. Der Blues ist dafür bekannt, dass er oft einen bestimmten Rhythmus verwendet, den man als »ternär« bezeichnet und der nicht so leicht zu meistern ist. Man braucht dazu ein gutes Gehör und viel Rhythmusgefühl – und das kann man sich nur aneignen, indem man sich die großen Standards dieser Stilrichtung immer und immer wieder anhört.

Der Jazz-Stil

Der Jazz ist in harmonischer Hinsicht sehr reichhaltig. Sehr oft arbeitet er mit systematischen Akkorderweiterungen und Akkordfolgen, die einfach »jazzig« klingen. Die Akkorde selbst werden dabei meist als Stufen bezeichnet und durch römische Zahlen ausgedrückt: Die klassische Jazzsequenz II, V, I bedeutet im Grunde Dm7, G7, Cmaj7, wenn man das C als Bezugsnote wählt. Man kann diese Akkorde übrigens nach Lust und Laune erweitern; besonders gerne fügt man ihnen eine None hinzu: Dm7/9, G7/9, Cmaj7/9.

 Über den Jazzpiano-Stil ließen sich ganze Romane schreiben; er ist jedoch nicht Thema dieses Buches und soll auch in diesem Kapitel nur gestreift werden. Die folgenden Akkordsequenzen jedoch zeigen Ihnen, wie eine simple Jazz-Akkordfolge aussieht. Als Übergang zum Cmaj7/9 ließe sich optional ein G7/9♭-Akkord denken.

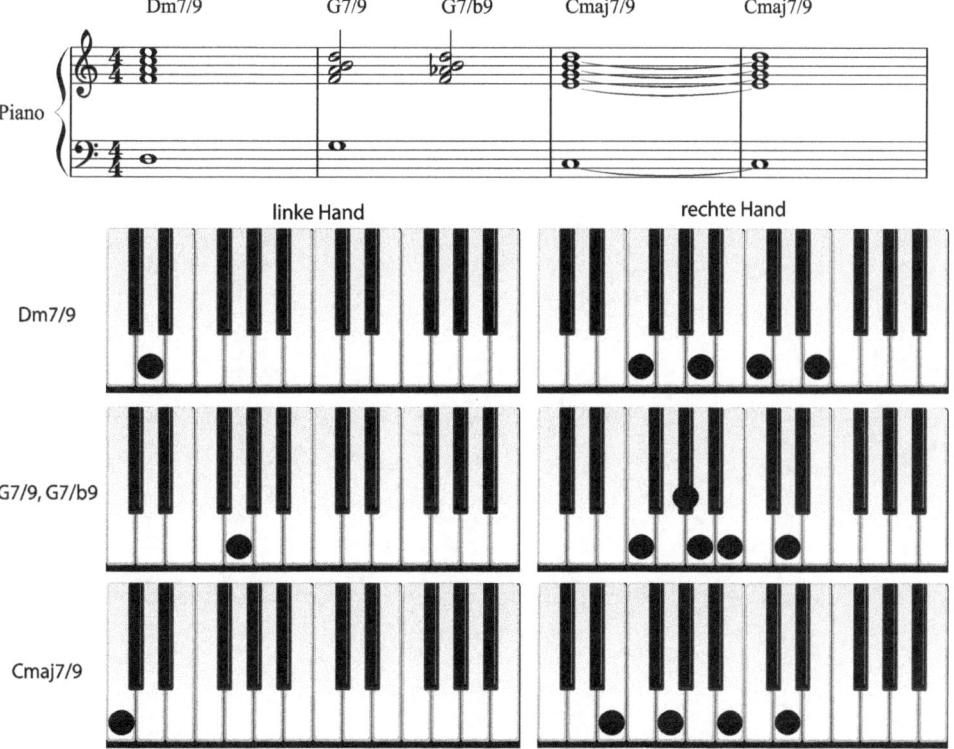

Teil I
Die C-Akkorde

C (Dur, maj, M, ∆)

Grundton: *C* – Terz: *E* – Quinte: *G*

Piano

C (Dur, maj, M, ∆) – erste Umkehrung

Grundton: *C* – Terz: *E* – Quinte: *G*

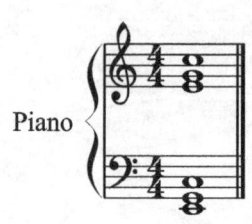

Piano

Weitere Informationen zum Thema Akkordumkehrungen finden Sie im Kapitel »Ein wenig Musiktheorie«.

C (Dur, maj, M, △) – zweite Umkehrung

Grundton: *C* – Terz: *E* – Quinte: *G*

Piano

Cm (c-Moll, min, -)

Grundton: *C* – Terz: *Es* – Quinte: *G*

Piano

Cm (c-Moll, min, -) – erste Umkehrung

Grundton: *C* – Terz: *Es* – Quinte: *G*

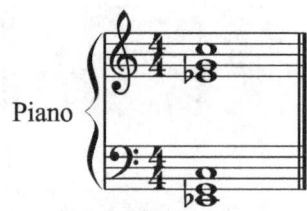

Cm (c-Moll, min, -) – zweite Umkehrung

Grundton: *C* – Terz: *Es* – Quinte: *G*

Cdim

Grundton: *C* – Terz: *Es* – Quinte: *Ges*

Hierbei handelt es sich um einen Durchgangsakkord. Er lässt sich häufig durch A♭7 ersetzen, der die gleichen Noten mit einem zusätzlichen As enthält.

Cdim – erste Umkehrung

Grundton: *C* – Terz: *Es* – Quinte: *Ges*

Cdim – zweite Umkehrung

Grundton: *C* – Terz: *Es* – Quinte: *Ges*

C7

Grundton: *C* – Terz: *E* – Quinte: *G* – Septime: *B*

Dieser Akkord kommt in allen Musikstilen vor, vor allem im Blues und Jazz. Man bezeichnet ihn als *Dominantseptakkord*. Da es sich um einen Vierklang handelt, gibt es natürlich auch vier mögliche Umkehrungen (einschließlich Grundform). Die dritte Umkehrung wird in der linken Hand gern als Durchgangsakkord bei »absteigenden Bässen« verwendet.

C7 – erste Umkehrung

Grundton: *C* – Terz: *E* – Quinte: *G* – Septime: *B*

Piano

C7 – zweite Umkehrung

Grundton: *C* – Terz: *E* – Quinte: *G* – Septime: *B*

Piano

C7 - dritte Umkehrung

Grundton: *C* – Terz: *E* – Quinte: *G* – Septime: *B*

Piano

Cm7 (min7, -7)

Grundton: *C* – Terz: *Es* – Quinte: *G* – Septime: *B*

Piano

Cm7 (min7, -7) – erste Umkehrung

Grundton: *C* – Terz: *Es* – Quinte: *G* – Septime: *B*

Cm7 (min7, -7) – zweite Umkehrung

Grundton: *C* – Terz: *Es* – Quinte: *G* – Septime: *B*

Cm7 (min7, -7) – dritte Umkehrung

Grundton: *C* – Terz: *Es* – Quinte: *G* – Septime: *B*

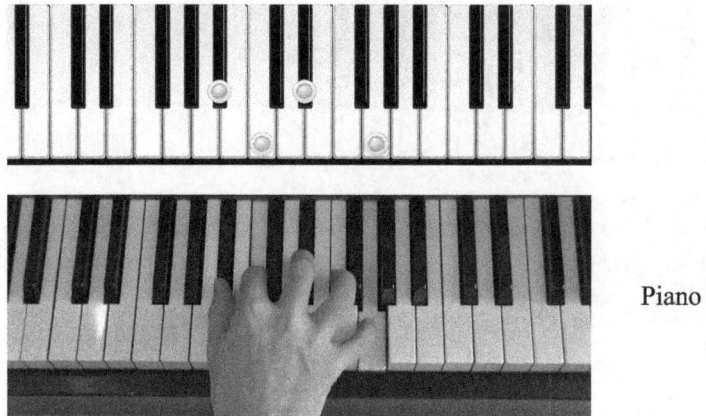

Piano

Cmaj7 (7M, ∆7)

Grundton: *C* – Terz: *E* – Quinte: *G* – große Septime: *H*

Piano

Dieser Akkord sorgt für eine Jazz/Bossa-Färbung, wird aber normalerweise nicht im Blues verwendet, wo man ihn lieber durch einen Septakkord ersetzt.

Cmaj7 (7M, ∆7) – erste Umkehrung

Grundton: *C* – Terz: *E* – Quinte: *G* – große Septime: *H*

Cmaj7 (7M, ∆7) – zweite Umkehrung

Grundton: *C* – Terz: *E* – Quinte: *G* – große Septime: *H*

Cmaj7 (7M, ∆7) – dritte Umkehrung

Grundton: *C* – Terz: *E* – Quinte: *G* – große Septime: *H*

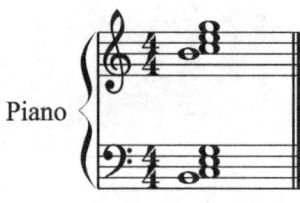

C2 – C9 (sus2, sus9)

In der Grundstellung meist als C2 notiert.

Grundton: *C* – Sekunde/None: *D* – Quinte: *G*

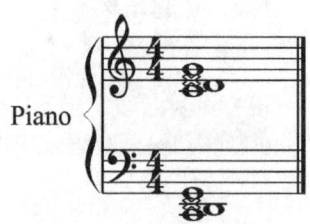

Dieser Akkord (ohne Terz gespielt) taucht häufig in der Rock- und Popmusik auf. Er ermöglicht es, dem Stück eine bestimmte Färbung zu verleihen, ohne vom traditionellen Klang abzuweichen.

C2 – C9 (sus2, sus9) – erste Umkehrung

Grundton: *C* – Sekunde/None: *D* – Quinte: *G*

C2 – C9 (sus2, sus9) – zweite Umkehrung

Diese Umkehrung wird oft als C9 notiert.

Grundton: *C* – Sekunde/None: *D* – Quinte: *G*

C4 (sus4, 11)

Grundton: *C* – Quarte/Undezime: *F* – Quinte: *G*

In der Grundstellung oft als C4 bezeichnet.

Grundton: *C* – Quarte/Undezime: *F* – Quinte: *G*

Bei diesem Akkord wird oft die Terz gegen die Quarte eingetauscht, denn wenn man die Terz umgeht, muss der Akkord nicht als Dur- oder Mollakkord festgelegt werden. Er kommt häufig in der Pop- und Rockmusik vor. Spielt man die Quarte eine Oktave höher, erhält man einen Undezimakkord.

C4 (sus4, 11) – erste Umkehrung

Grundton: *C* – Quarte/Undezime: *F* – Quinte: *G*

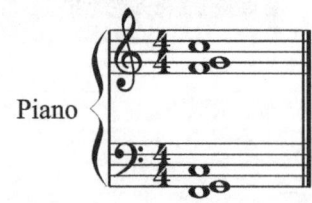

C4 (sus4, 11) – zweite Umkehrung

In dieser Umkehrung oft als C11 notiert.

Grundton: *C* – Quarte/Undezime: *F* – Quinte: *G*

Piano

C6 (13)

Grundton: *C* – Terz: *E* – Sexte/Tredezime: *A*

Piano

Dieser Akkord kommt häufig im Blues vor, oft in Kombination mit dem Septakkord. Ein Anwendungsbeispiel finden Sie im Kapitel »Ein wenig Musiktheorie«.

C6 (13) – erste Umkehrung

Grundton: *C* – Terz: *E* – Sexte/Tredezime: *A*

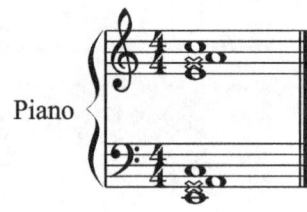

C6 (13) – zweite Umkehrung

Grundton: *C* – Terz: *E* – Sexte/Tredezime: *A*

C5

Grundton: *C* – Quinte: *G*

Dieser Akkord besteht nur aus zwei Tönen und lässt sich daher weder den Dur- noch den Mollakkorden zuordnen. Mit seiner kargen Harmonie wird er vor allem als Powerchord auf der verstärkten Gitarre verwendet, wo die Verstärkung von selbst Harmonien hinzufügt und den Gebrauch der Terz überflüssig macht.

Caug (#5, +, 5+)

Grundton: *C* – Terz: *E* – übermäßige Quinte: *Gis*

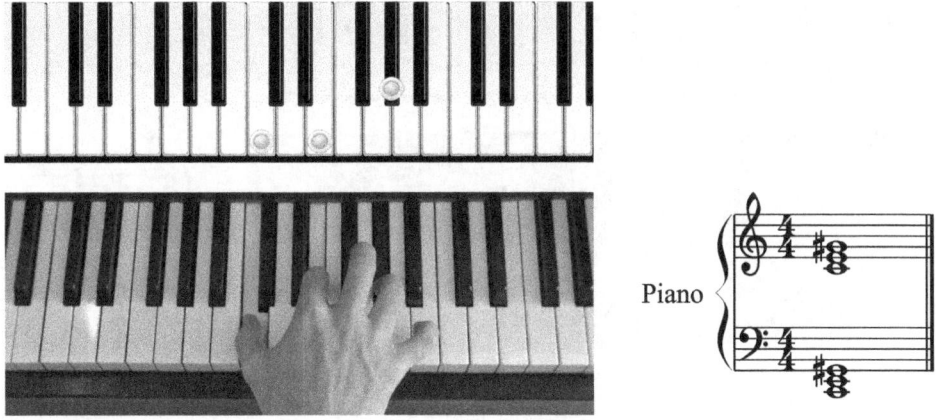

Dieser Akkord entspricht einem Modus, den man als »harmonisch Moll« bezeichnet. Bei natürlichen Tonleitern kommt er nicht vor. Wo er benutzt wird, sorgt er für einen »molligen« Klang.

Cm6 (min6, -6)

Grundton: *C* – Terz: *Es* – Sexte: *A*

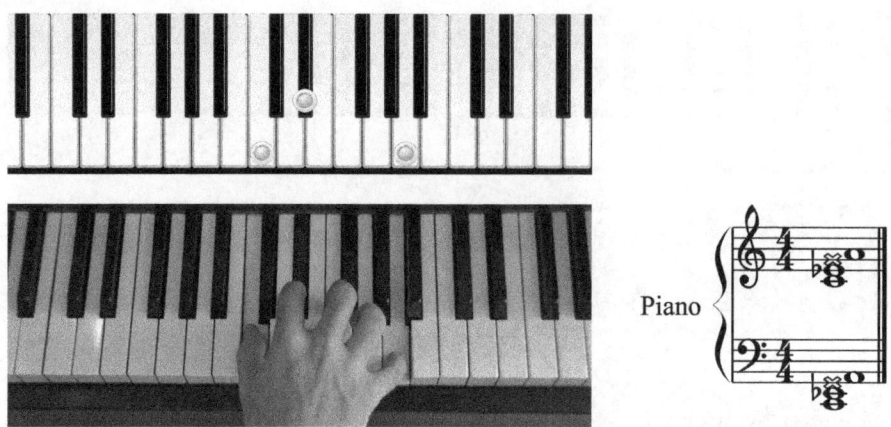

Diesem Akkord begegnet man oft in Jazznummern, er lässt sich als Umkehrung von Adim7 interpretieren.

C7/9

Grundton: *C* – Terz: *E* – Quinte: *G* – Septime: *B* – None: *D*

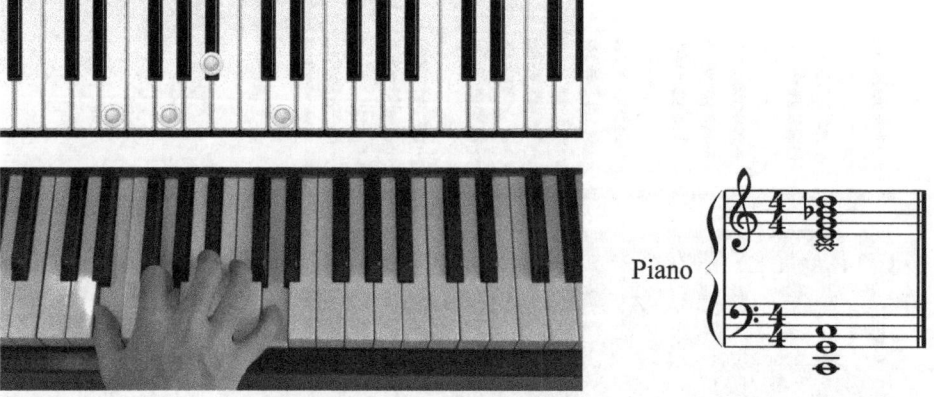

Dieser Akkord kommt vor allem im Jazz und Bossa Nova vor. Um ihn möglichst einfach zu spielen, kann man den Grundton ignorieren und mit der Terz beginnen. Der Grundton kann mit der linken Hand gespielt werden, aber auch von einem anderen Instrument wie dem Kontrabass.

C7/♭9

Grundton: *C* – Terz: *E* – Quinte: *G* – Septime: *B* – None: *Des*

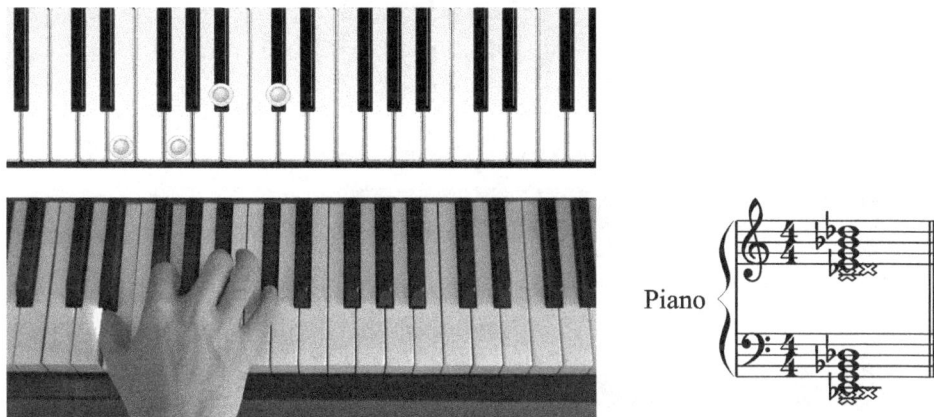

Dieser Akkordtypus begegnet uns sehr oft im Jazz. Man kann ihn auf zwei Arten spielen: entweder, indem man die None um einen Halbton erniedrigt, oder indem man den Grundton eines Akkords mit einfacher Septime um einen Halbton erhöht.

C7/♯9 (7/9+, m7/♭11)

Grundton: *C* – Terz: *E* – Quinte: *G* – Septime: *B* – None: *Dis*

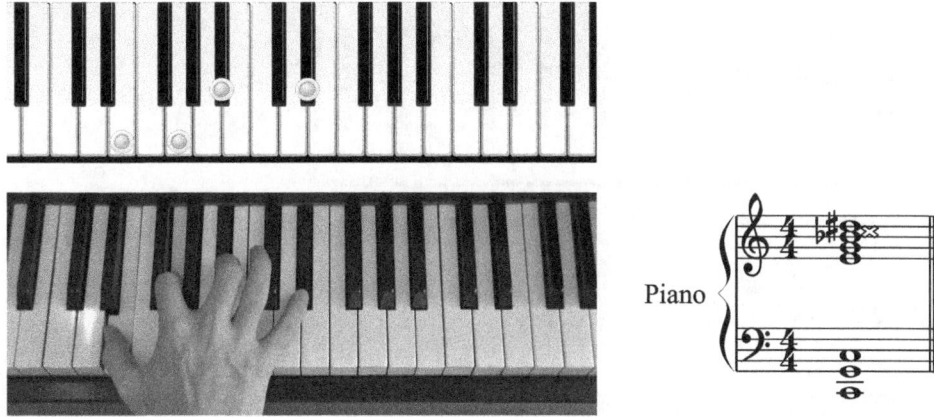

Dieser sehr ausgefallene Akkord enthält sowohl die große wie auch die kleine (9+) Terz und sorgt für einen bluestypischen Klang (Moll und Dur gemischt). Er wurde vor allem bekannt durch Jimi Hendrix' unverwechselbaren Bluesrock-Stil.

Cmaj7/9 (M7/9, ∆7/9)

Grundton: *C* – Terz: *E* – Quinte: *G* – Septime: *H* – None: *D*

Dieser Akkord kommt vor allem beim Jazz und Bossa Nova vor. Um diesen Akkord möglichst einfach zu spielen, kann man den Grundton ignorieren und mit der Terz beginnen. Auf diese Weise erhält man einen Em7-Akkord. Der Grundton kann mit der linken Hand gespielt werden, aber auch von einem anderen Instrument wie dem Kontrabass.

Cm7/9 (min7/9, -7/9)

Grundton: *C* – Terz: *Es* – Quinte: *G* – Septime: *B* – None: *D*

Kommt oft im Jazz und Bossa Nova vor und folgt den gleichen Prinzipien wie der 7/9-Akkord.

C7sus4

Grundton: *C* – Quarte/Undezime: *F* – Quinte: *G* – Septime: *B*

Um diesen Akkord zu spielen, spielen Sie einen Septakkord mit erhöhter Terz. Beachten Sie: Es handelt sich um eine Umkehrung des noch folgenden 7/11-Akkords.

C7/11

Grundton: *C* – Quarte/Undezime: *F* – Quinte: *G* – Septime: *B*

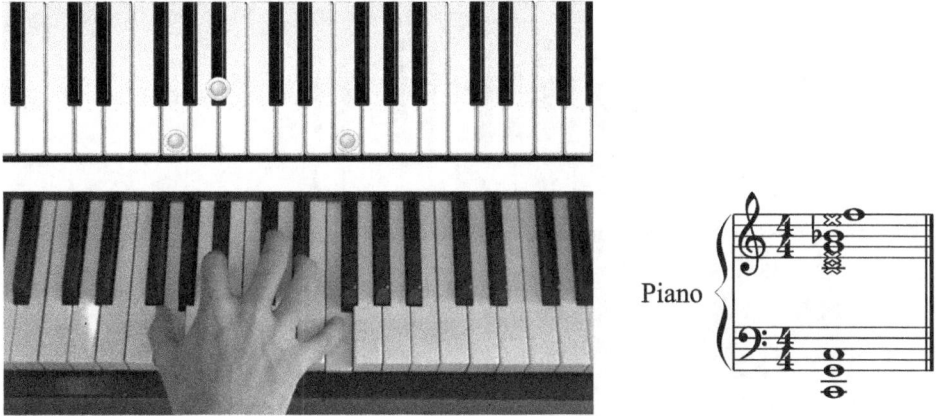

Für diesen Akkord spielen Sie einen Septakkord in der zweiten Umkehrung mit erhöhter Terz. Beachten Sie: Die Undezime ist identisch mit der oktavierten Quarte. Man lässt häufig den Grundton weg, der mit der linken Hand oder auf einem Kontrabass gespielt werden kann.

Cm7/11 (min7/11, -7/11)

Grundton: *C* – Terz: *Es* – Quinte: *G* – Septime: *B* – Undezime: *F*

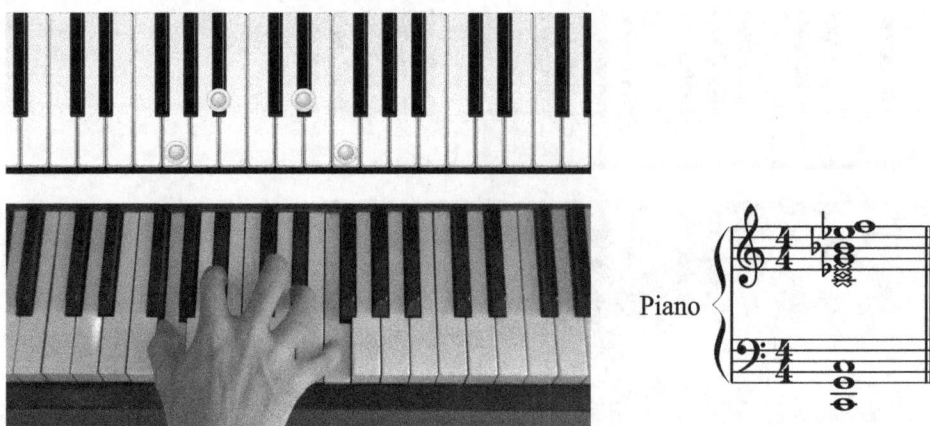

Es handelt sich um eine für den Jazz typische Akkorderweiterung. Wie beim Nonenakkord lässt man den Grundton weg, da er leicht auch von der linken Hand oder dem Kontrabassisten einer Jazz-Combo gespielt werden kann.

C7/#11

Grundton: *C* – Terz: *E* – Quinte: *G* – Septime: *B* – Undezime: *Fis*

Die übermäßige Undezime entspricht der verminderten Quinte. Der Akkord entspringt keinem typischen Modus; man wird ihm also nur selten begegnen, außer als Durchgangsakkord.

Cmaj7/#11 (M7/#11, ∆7/#11)

Grundton: *C* – Terz: *E* – Quinte: *G* – Septime: *H* – Undezime: *Fis*

Die übermäßige Undezime entspricht der verminderten Quinte. Der Akkord entspringt keinem typischen Modus; man wird ihm also nur selten begegnen, außer als Durchgangsakkord.

C7/♭5

Grundton: *C* – Terz: *E* – Quinte: *Ges* – Septime: *B*

Für diesen Durchgangsakkord müssen Sie lediglich die Quinte eines normalen Septakkords alterieren. Verwechseln Sie ihn nicht mit den verminderten und halbverminderten Akkorden; die nämlich haben eine kleine Terz.

Co (dim♭7)

Grundton: *C* – Terz: *Es* – Quinte: *Ges* – Septime: *A*

Dieser sehr ausgefallene Akkord stützt sich auf einen Modus, den man als »harmonisch Moll« bezeichnet. Beachten Sie, dass die Notenabstände jeweils einem Anderthalbton entsprechen; es sind Mollschritte. Aufgrund seiner sehr symmetrischen Struktur ergibt jede Umkehrung dieses Akkords auch einen verminderten Akkord.

Cø (dim7) – Cm7/♭5 (min7/♭5, -7/♭5)

Grundton: *C* – Terz: *Es* – Quinte: *Ges* – Septime: *B*

Dieser Akkord, der als »gefühlvoll« gilt, wird hauptsächlich als Durchgangsakkord verwendet und entspricht einer klassischen Herangehensweise an den Jazz.

Caug7 (+7, 7/#5, 7/5+)

Grundton: *C* – Terz: *E* – Quinte: *Gis* – Septime: *B*

Diesen Akkord gibt es in keinem natürlichen Modus. Man verwendet ihn als Durchgangsakkord (alterierte Quinte).

C7sus4/9

Grundton: *C* – Terz: *E* – Quinte: *G* – Septime: *B* – None: *D* – Quarte/Undezime: *F*

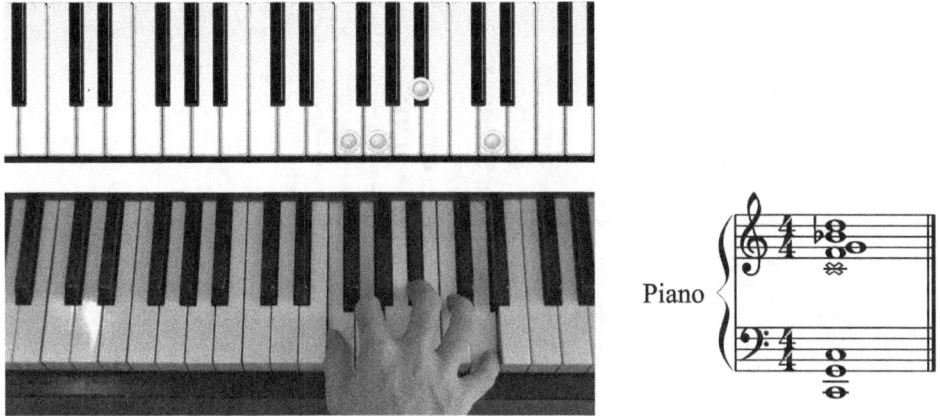

Für diesen Akkord spielen Sie einen 7/9-Akkord und erhöhen die Terz. Beachten Sie: Es handelt sich um eine Umkehrung des folgenden 7/9/11-Akkords.

C7/9/11

Grundton: *C* – Terz: *E* – Quinte: *G* – Septime: *B* – None: *D* – Quarte/Undezime: *F*

Um diesen Akkord möglichst einfach zu spielen, spielen Sie einen Mollseptakkord, dessen Grundton die Quinte des Akkords ist, in unserem Fall also Gm7. Dann spielen Sie den Grundton mit der linken Hand oder lassen ihn von einem Kontrabass spielen.

C7/9/11/13

Grundton: *C* – Terz: *E* – Quinte: *G* – Septime: *B* – None: *D* – Quarte/Undezime: *F* – Tredezime: *A*

Es handelt sich um die größte Erweiterung, die bei einem Akkord möglich ist. Wie schon bei den Akkorden 7/9 und 7/9/11 ist es am einfachsten, einen anderen Akkord einzusetzen und nur die letzten Töne des Akkords zu spielen. Die grundlegenden Noten werden von der linken Hand oder den anderen Instrumenten gespielt.

Teil II
Die D♭- und C#-Akkorde

D♭ oder C# (Dur, maj, M, ∆)

Grundton: *Des* oder *Cis* – Terz: *F* – Quinte: *As* oder *Gis*

D♭ oder C# (Dur, maj, M, ∆) – erste Umkehrung

Grundton: *Des* oder *Cis* – Terz: *F* – Quinte: *As* oder *Gis*

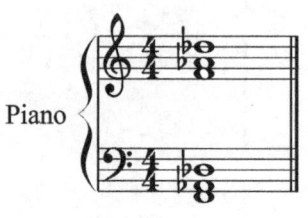

Mehr zum Thema Umkehrungen finden Sie im Kapitel »Ein wenig Musiktheorie«.

D♭ oder C♯ (Dur, maj, M, △) – zweite Umkehrung

Grundton: *Des* oder *Cis* – Terz: *F* – Quinte: *As* oder *Gis*

D♭m oder C♯m (d♭- oder c♯-Moll, min, -)

Grundton: *Des* oder *Cis* – Terz: *E* – Quinte: *As* oder *Gis*

D♭m oder C♯m (d♭- oder c♯-Moll, min, -) – erste Umkehrung

Grundton: *Des* oder *Cis* – Terz: *E* – Quinte: *As* oder *Gis*

D♭m oder C♯m (d♭- oder c♯-Moll, min, -) – zweite Umkehrung

Grundton: *Des* oder *Cis* – Terz: *E* – Quinte: *As* oder *Gis*

D♭dim oder C♯dim

Grundton: *Des* oder *Cis* – Terz: *E* – Quinte: *G*

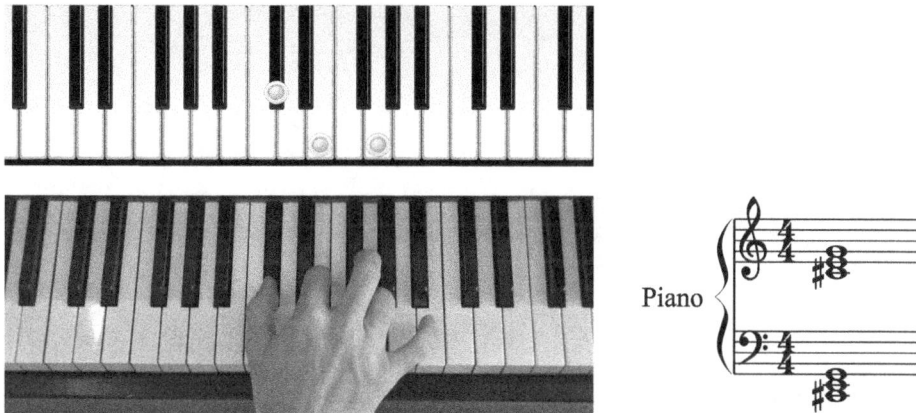

Es handelt sich um einen Durchgangsakkord. Er lässt sich häufig durch den Akkord A7 ersetzen, der die gleichen Noten und zusätzlich das A enthält.

D♭dim oder C♯dim – erste Umkehrung

Grundton: *Des* oder *Cis* – Terz: *E* – Quinte: *G*

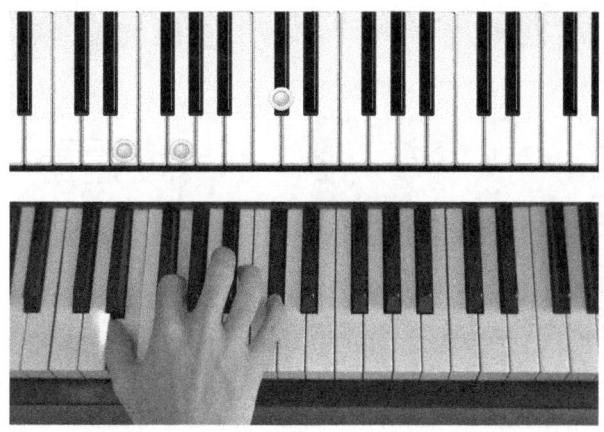

D♭dim oder C#dim – zweite Umkehrung

Grundton: *Des* oder *Cis* – Terz: *E* – Quinte: *G*

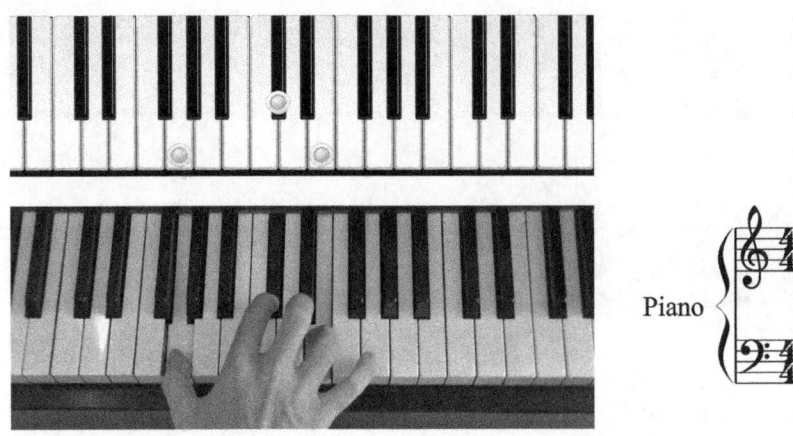

D♭7 oder C#7

Grundton: *Des* oder *Cis* – Terz: *F* – Quinte: *As* oder *Gis* – Septime: *H*

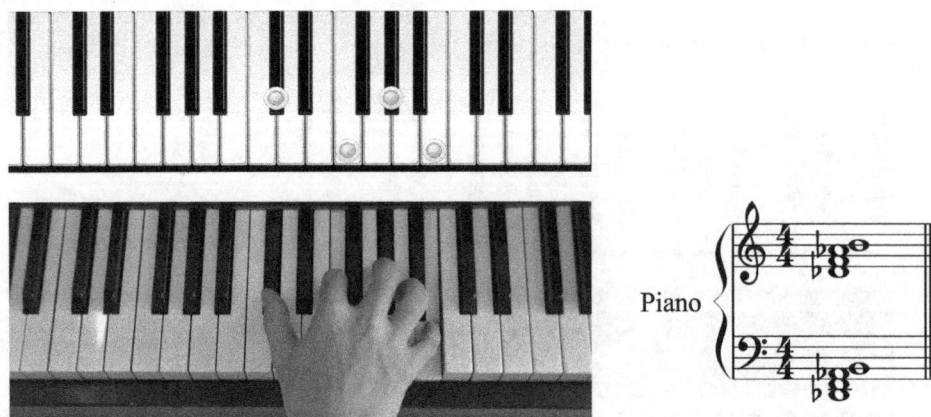

Dieser Akkord wird in allen Musikstilen verwendet, vor allem im Blues und Jazz. Man bezeichnet ihn als *Dominantseptakkord*. Die dritte Umkehrung wird in der linken Hand gern als Durchgangsakkord bei »absteigenden Bässen« verwendet.

D♭7 oder C#7 – erste Umkehrung

Grundton: *Des* oder *Cis* – Terz: *F* – Quinte: *As* oder *Gis* – Septime: *H*

D♭7 oder C#7 – zweite Umkehrung

Grundton: *Des* oder *Cis* – Terz: *F* – Quinte: *As* oder *Gis* – Septime: *H*

D♭7 oder C♯7 – dritte Umkehrung

Grundton: *Des* oder *Cis* – Terz: *F* – Quinte: *As* oder *Gis* – Septime: *H*

D♭m7 oder C♯m7 (min7, -7)

Grundton: *Des* oder *Cis* – Terz: *E* – Quinte: *As* oder *Gis* – Septime: *H*

D♭m7 oder C♯m7 (min7, -7) – erste Umkehrung

Grundton: *Des* oder *Cis* – Terz: *E* – Quinte: *As* oder *Gis* – Septime: *H*

D♭m7 oder C♯m7 (min7, -7) – zweite Umkehrung

Grundton: *Des* oder *Cis* – Terz: *E* – Quinte: *As* oder *Gis* – Septime: *H*

D♭m7 oder C♯m7 (min7, -7) – dritte Umkehrung

Grundton: *Des* oder *Cis* – Terz: *E* – Quinte: *As* oder *Gis* – Septime: *H*

D♭maj7 oder C♯maj7 (7M, Δ7)

Grundton: *Des* oder *Cis* – Terz: *F* – Quinte: *As* oder *Gis* – Große Septime: *C*

Dieser Akkord sorgt für eine Jazz/Bossa-Färbung, wird aber normalerweise nicht im Blues verwendet, wo man ihn lieber durch einen Septakkord ersetzt.

D♭maj7 oder C♯maj7 (7M, Δ7) – erste Umkehrung

Grundton: *Des* oder *Cis* – Terz: *F* – Quinte: *As* oder *Gis* – Große Septime: *C*

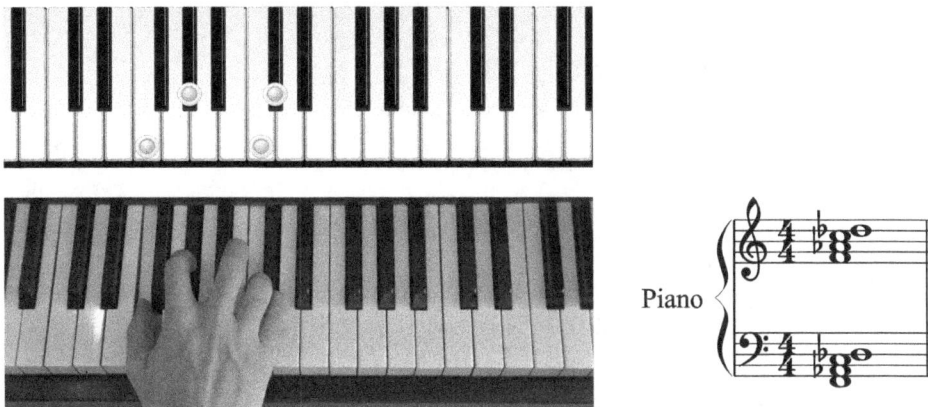

D♭maj7 oder C♯maj7 (7M, Δ7) – zweite Umkehrung

Grundton: *Des* oder *Cis* – Terz: *F* – Quinte: *As* oder *Gis* – Große Septime: *C*

D♭maj7 oder C♯maj7 (7M, △7) – dritte Umkehrung

Grundton: *Des* oder *Cis* – Terz: *F* – Quinte: *As* oder *Gis* – Große Septime: *C*

D♭2 – D♭9 oder C♯2 – C♯9 (sus2, sus9)

In der Grundstellung meist als D♭2 oder C♯2 notiert.

Grundton: *Des* oder *Cis* – Sekunde/None: *Es* oder *Dis* – Quinte: *As* oder *Gis*

Dieser Akkord (ohne Terz gespielt) taucht häufig in der Rock- und Popmusik auf. Er ermöglicht es, dem Stück eine gewisse Färbung zu verleihen, ohne vom traditionellen Klang abzuweichen.

D♭2 – D♭9 oder C#2 – C#9 (sus2, sus9) – erste Umkehrung

Grundton: *Des* oder *Cis* – Sekunde/None: *Es* oder *Dis* – Quinte: *As* oder *Gis*

D♭2 – D♭9 oder C#2 – C#9 (sus2, sus9) – zweite Umkehrung

Diese Umkehrung wird oft als D♭9 oder C#9 notiert.

Grundton: *Des* oder *Cis* – Sekunde/None: *Es* oder *Dis* – Quinte: *As* oder *Gis*

D♭4 oder C♯4 (sus4, 11)

In der Grundstellung oft als D♭4 oder C♯4 bezeichnet.

Grundton: *Des* oder *Cis* – Quarte/Undezime: *Ges* oder *Fis* – Quinte: *As* oder *Gis*

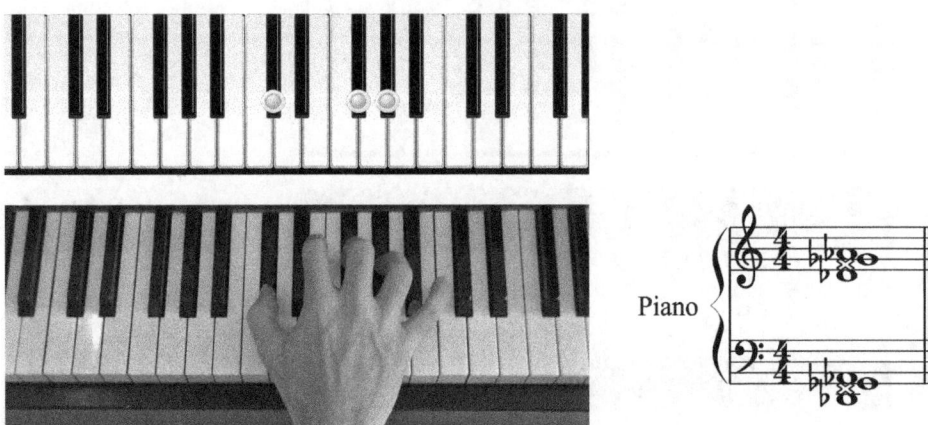

Bei diesem Akkord wird oft die Terz gegen die Quarte eingetauscht, denn wenn man die Terz umgeht, muss der Akkord nicht als Dur- oder Mollakkord festgelegt werden. Er kommt häufig in der Pop- und Rockmusik vor. Spielt man die Quarte eine Oktave höher, erhält man einen Undezimakkord.

D♭4 oder C♯4 (sus4, 11) – erste Umkehrung

Grundton: *Des* oder *Cis* – Quarte/Undezime: *Ges* oder *Fis* – Quinte: *As* oder *Gis*

D♭4 oder C#4 (sus4, 11) – zweite Umkehrung

In dieser Umkehrung oft als D♭11 oder C#11 notiert.

Grundton: *Des* oder *Cis* – Quarte/Undezime: *Ges* oder *Fis* – Quinte: *As* oder *Gis*

D♭6 oder C#6 (13)

Grundton: *Des* oder *Cis* – Terz: *F* – Sexte/Tredezime: *B* oder *Ais*

Dieser Akkord kommt häufig im Blues vor, oft in Kombination mit dem Septakkord. Ein Anwendungsbeispiel finden Sie im Kapitel »Ein wenig Musiktheorie«.

D♭6 oder C#6 (13) – erste Umkehrung

Grundton: *Des* oder *Cis* – Terz: *F* – Sexte/Tredezime: *B* oder *Ais*

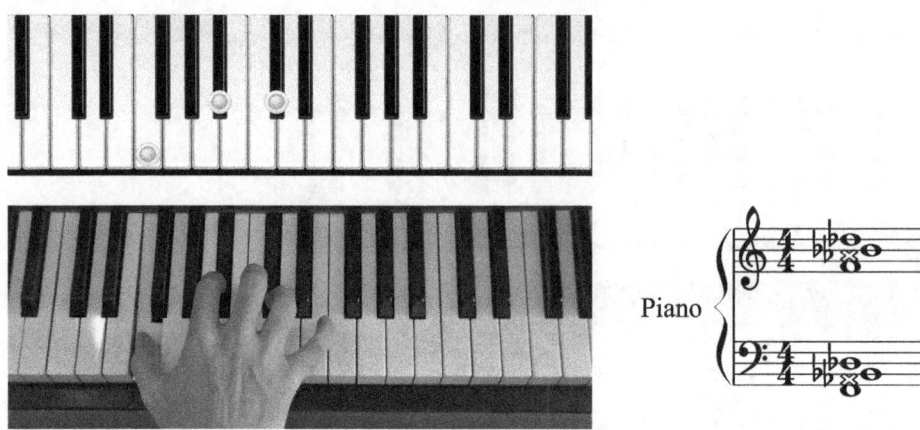

D♭6 oder C#6 (13) – zweite Umkehrung

Grundton: *Des* oder *Cis* – Terz: *F* – Sexte/Tredezime: *B* oder *Ais*

D♭5 oder C#5

Grundton: *Des* oder *Cis* – Quinte: *As* oder *Gis*

Dieser Akkord besteht nur aus zwei Tönen und lässt sich weder den Dur- noch den Mollakkorden zuordnen. Mit seiner kargen Harmonie wird er vor allem als Powerchord auf der verstärkten Gitarre verwendet, wo die Verstärkung von selbst Harmonien hinzufügt und den Gebrauch der Terz überflüssig macht.

D♭aug oder C#aug (#5, +, 5+)

Grundton: *Des* oder *Cis* – Terz: *F* – übermäßige Quinte: *A*

Dieser Akkord entspricht einem Modus, den man als »harmonisch Moll« bezeichnet. Bei natürlichen Tonleitern kommt er nicht vor. Wo er benutzt wird, sorgt er für einen »molligen« Klang.

D♭m6 oder C#m6 (min6, -6)

Grundton: *Des* oder *Cis* – Terz: *E* – Sexte: *B* oder *Ais*

Diesem Akkord begegnet man oft in Jazznummern, er lässt sich als Umkehrung von Bdim7 interpretieren.

D♭7/9 oder C#7/9

Grundton: *Des* oder *Cis* – Terz: *F* – Quinte: *As* oder *Gis* – Septime: *H* – None: *Es* oder *Dis*

Dieser Akkord kommt vor allem im Jazz und Bossa Nova vor. Um ihn möglichst einfach zu spielen, kann man den Grundton ignorieren und mit der Terz beginnen. Der Grundton kann mit der linken Hand gespielt werden, aber auch von einem anderen Instrument wie dem Kontrabass.

D♭7/♭9 oder C♯7/♭9

Grundton: *Des* oder *Cis* – Terz: *F* – Quinte: *As* oder *Gis* – Septime: *H* – None: *D*

Dieser Akkordtypus begegnet uns sehr oft im Jazz. Man kann ihn auf zwei Arten spielen: entweder, indem man die None um einen Halbton erniedrigt, oder indem man den Grundton eines Akkords mit einfacher Septime um einen Halbton erhöht.

D♭7/♯9 oder C♯7/♯9 (7/9+, m7/♭11)

Grundton: *Des* oder *Cis* – Terz: *F* – Quinte: *As* oder *Gis* – Septime: *H* – None: *E*

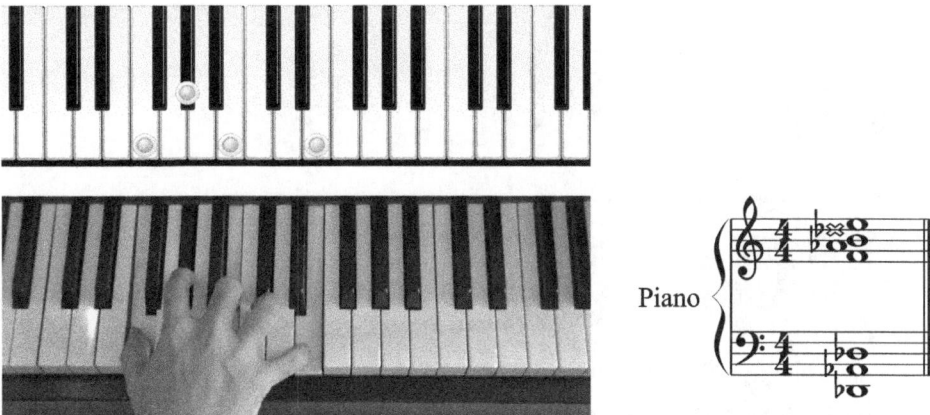

Dieser sehr ausgefallene Akkord enthält sowohl die große wie auch die kleine (9+) Terz und sorgt für einen bluestypischen Klang (Moll und Dur gemischt). Er wurde vor allem bekannt durch Jimi Hendrix' unverwechselbaren Bluesrock-Stil.

D♭maj7/9 oder C♯maj7/9 (M7/9, ∆7/9)

Grundton: *Des* oder *Cis* – Terz: *F* – Quinte: *As* oder *Gis* – Septime: *C* – None: *Es* oder *Dis*

Dieser Akkord kommt vor allem beim Jazz und Bossa Nova vor. Um diesen Akkord möglichst einfach zu spielen, kann man den Grundton ignorieren und mit der Terz beginnen. Auf diese Weise erhält man einen Fm7-Akkord. Der Grundton kann mit der linken Hand gespielt werden, aber auch von einem anderen Instrument wie dem Kontrabass.

D♭m7/9 oder C♯m7/9 (min 7/9, -7/9)

Grundton: *Des* oder *Cis* – Terz: *E* – Quinte: *As* oder *Gis* – Septime: *H* – None: *Es* oder *Dis*

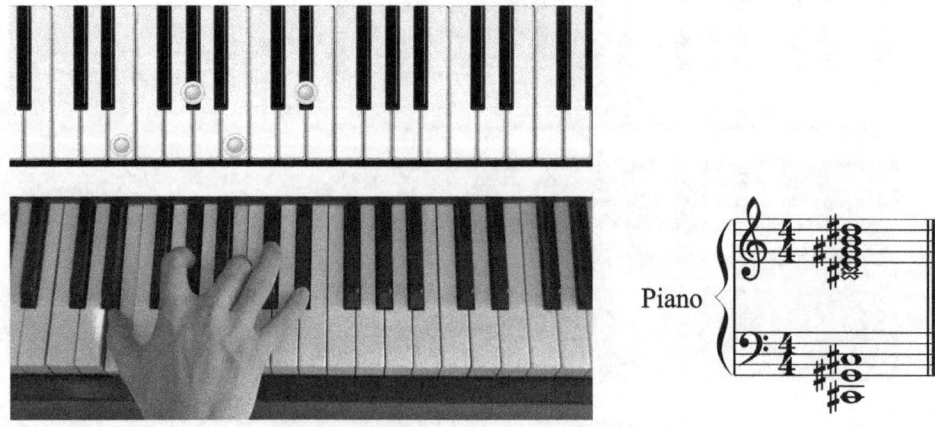

Kommt oft im Jazz und Bossa Nova vor und folgt den gleichen Prinzipien wie der 7/9-Akkord.

D♭7sus4 oder C#7sus4

Grundton: *Des* oder *Cis* – Quarte/Undezime: *Ges* oder *Fis* – Quinte: *As* oder *Gis* – Septime: *H*

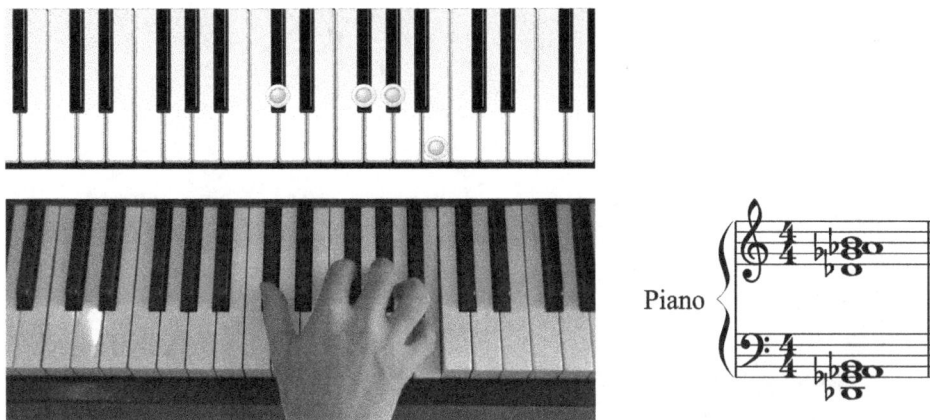

Um diesen Akkord zu spielen, spielen Sie einen Septakkord mit erhöhter Terz. Beachten Sie: Es handelt sich um eine Umkehrung des noch folgenden 7/11-Akkords.

D♭7/11 oder C#7/11

Grundton: *Des* oder *Cis* – Quarte/Undezime: *Ges* oder *Fis* – Quinte: *As* oder *Gis* – Septime: *H*

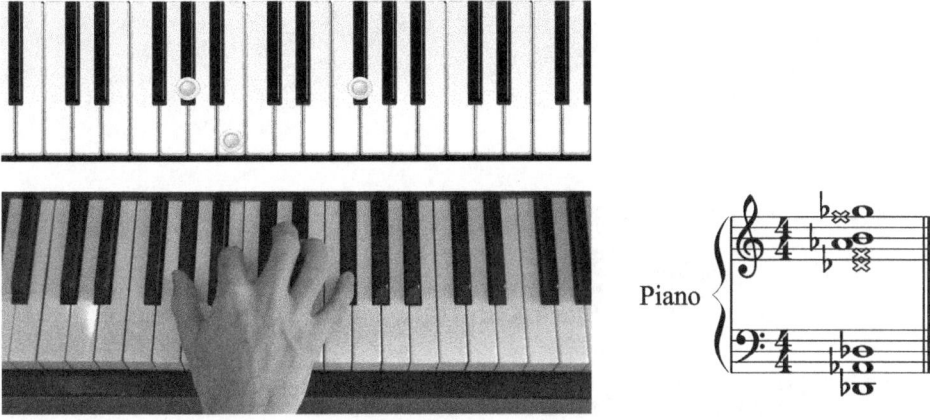

Für diesen Akkord spielen Sie einen Septakkord in der zweiten Umkehrung mit erhöhter Terz. Beachten Sie: Die Undezime ist identisch mit der oktavierten Quarte. Man lässt häufig den Grundton weg, der mit der linken Hand oder auf einem Kontrabass gespielt werden kann.

D♭m7/11 oder C♯m7/11 (min7/11)

Grundton: *Des* oder *Cis* – Terz: *E* – Quinte: *As* oder *Gis* – Septime: *H* – Undezime: *Ges* oder *Fis*

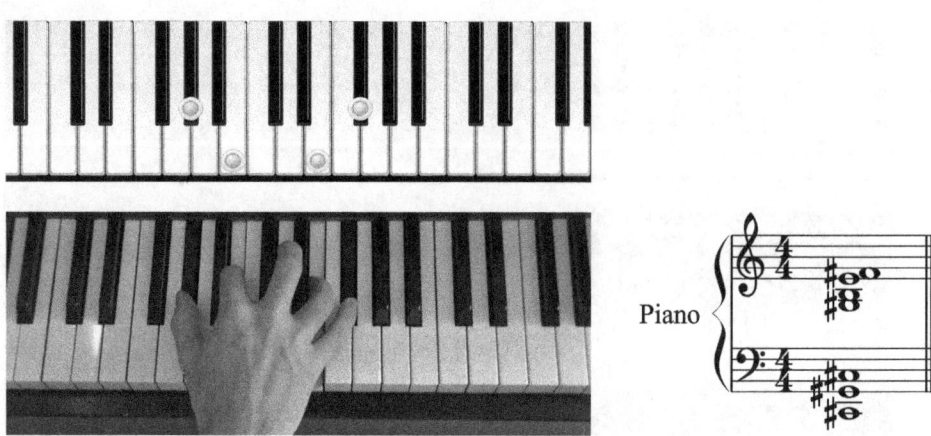

Es handelt sich um eine für den Jazz typische Akkorderweiterung. Wie beim Nonenakkord lässt man den Grundton weg, da er leicht auch von der linken Hand oder dem Kontrabassisten einer Jazz-Combo gespielt werden kann.

D♭7/♯11 oder C♯7/♯11

Grundton: *Des* oder *Cis* – Terz: *F* – Quinte: *As* oder *Gis* – Septime: *H* – Undezime: *G*

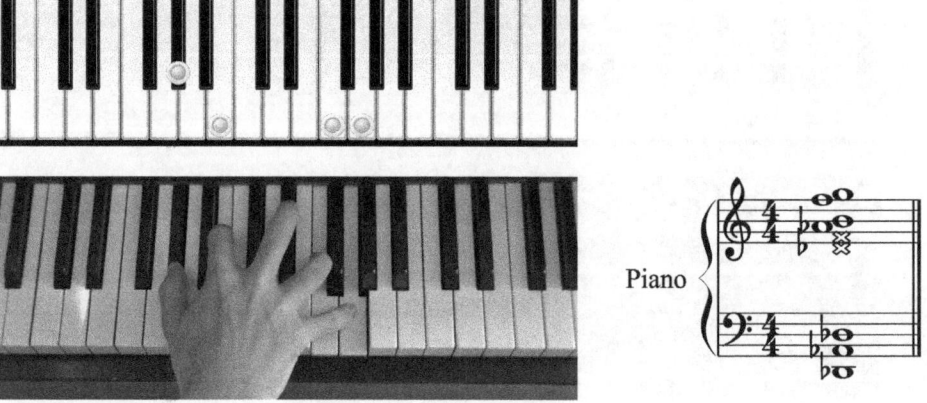

Die übermäßige Undezime entspricht der verminderten Quinte. Der Akkord entspringt keinem typischen Modus; man wird ihm also nur selten begegnen, außer als Durchgangsakkord.

D♭maj7/#11 oder C#maj7/#11
(M7/#11, △7/#11)

Grundton: *Des* oder *Cis* – Terz: *F* – Quinte: *As* oder *Gis* – Septime: *C* – Undezime: *G*

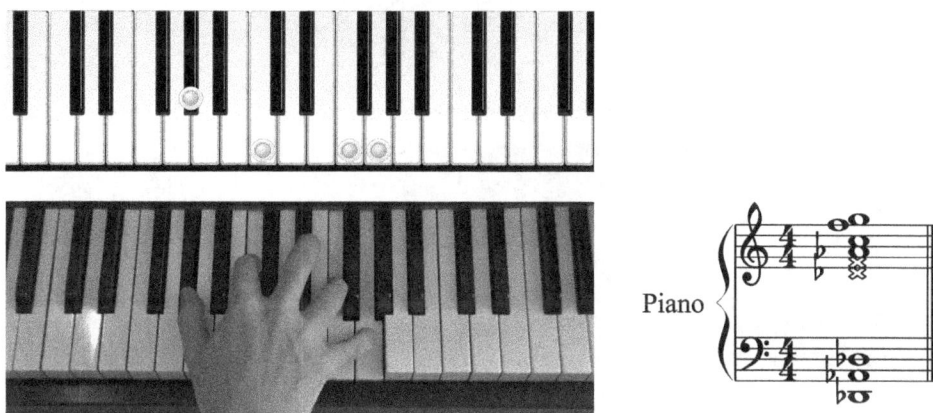

Die übermäßige Undezime entspricht der verminderten Quinte. Der Akkord entspringt keinem typischen Modus; man wird ihm also nur selten begegnen, außer als Durchgangsakkord.

D♭7/♭5 oder C#7/♭5

Grundton: Des oder *Cis* – Terz: *F* – Quinte: *G* – Septime: *H*

Für diesen Durchgangsakkord müssen Sie lediglich die Quinte eines normalen Septakkords alterieren. Verwechseln Sie ihn nicht mit den verminderten und halbverminderten Akkorden; die nämlich haben eine kleine Terz.

D♭o oder C♯o (dim♭7)

Grundton: *Des* oder *Cis* – Terz: *E* – Quinte: *G* – Septime: *B*

Dieser sehr ausgefallene Akkord stützt sich auf einen Modus, den man als »harmonisch Moll« bezeichnet. Beachten Sie, dass die Notenabstände jeweils einem Anderthalbton entsprechen; es sind Mollschritte. Aufgrund seiner sehr symmetrischen Struktur ergibt jede Umkehrung dieses Akkords auch einen verminderten Akkord.

D♭ø oder C♯ø (dim7) – D♭m7/♭5 oder C♯m7/♭5 (min7/♭5, -7/♭5)

Grundton: *Des* oder *Cis* – Terz: *E* – Quinte: *G* – Septime: *H*

Dieser Akkord, der als »gefühlvoll« gilt, wird hauptsächlich als Durchgangsakkord verwendet und entspricht einer klassischen Herangehensweise an den Jazz.

D♭aug7 oder C#aug7 (+7, 7/#5, 7/5+)

Grundton: *Des* oder *Cis* – Terz: *F* – Quinte: *A* – Septime: *H*

Diesen Akkord gibt es in keinem natürlichen Modus. Man verwendet ihn als Durchgangsakkord (alterierte Quinte).

D♭7sus4/9 oder C#7sus4/9

Grundton: *Des* oder *Cis* – Terz: *F* – Quinte: *As* oder *Gis* – Septime: *H* – None: *Es* oder *Dis* – Quarte/Undezime: *Ges* oder *Ges*

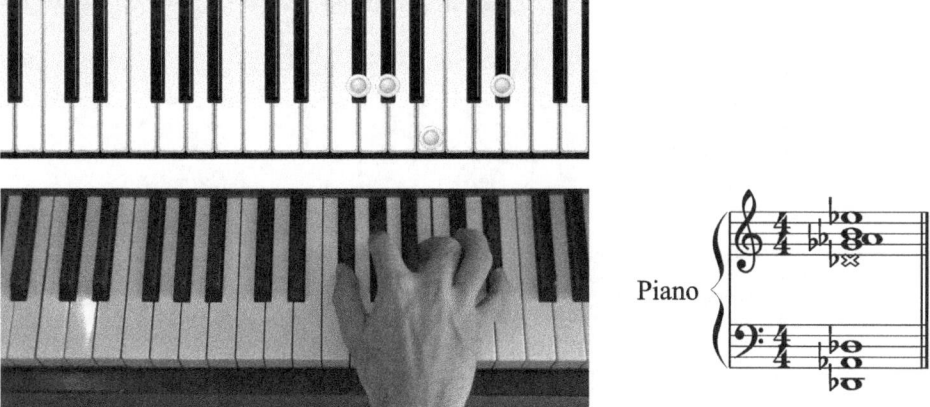

Für diesen Akkord spielen Sie einen 7/9-Akkord und erhöhen die Terz. Beachten Sie: Es handelt sich um eine Umkehrung des folgenden 7/9/11-Akkords.

D♭7/9/11 oder C#7/9/11

Grundton: *Des* oder *Cis* – Terz: *F* – Quinte: *As* oder *Gis* – Septime: *H* – None: *Dis* oder *Es* – Quarte/Undezime: *Fis* oder *Ges*

Um diesen Akkord möglichst einfach zu spielen, spielen Sie einen Mollseptakkord, dessen Grundton die Quinte des Akkords ist, in unserem Fall also A♭m7 oder G#m7. Dann spielen Sie den Grundton mit der linken Hand oder lassen ihn von einem Kontrabass spielen.

D♭7/9/11/13 oder C#7/9/11/13

Grundton: *Des* oder *Cis* – Terz: *F* – Quinte: *As* oder *Gis* – Septime: *H* – None: *Dis* oder *Es* – Quarte/Undezime: *Fis* oder *Ges* – Tredezime: *Ais* oder *B*

Es handelt sich um die größte Erweiterung, die bei einem Akkord möglich ist. Wie schon bei den Akkorden 7/9 und 7/9/11 ist es am einfachsten, einen anderen Akkord einzusetzen und nur die letzten Töne des Akkords zu spielen. Die grundlegenden Noten werden von der linken Hand oder den anderen Instrumenten gespielt.

Teil III
Die D-Akkorde

D (Dur, maj, M, ∆)

Grundton: *D* – Terz: *Fis* – Quinte: *A*

D (Dur, maj, M, ∆) – erste Umkehrung

Grundton: *D* – Terz: *Fis* – Quinte: *A*

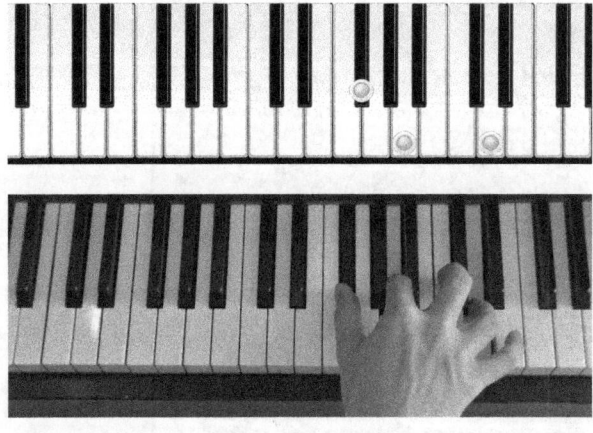

Weitere Informationen zum Thema Akkordumkehrungen finden Sie im Kapitel »Ein wenig Musiktheorie«.

D (Dur, maj, M, △) – zweite Umkehrung

Grundton: *D* – Terz: *Fis* – Quinte: *A*

Dm (d-Moll, min, -)

Grundton: *D* – Terz: *F* – Quinte: *A*

Dm (d-Moll, min, -) – erste Umkehrung

Grundton: *D* – Terz: *F* – Quinte: *A*

Dm (d-Moll, min, -) – zweite Umkehrung

Grundton: *D* – Terz: *F* – Quinte: *A*

Ddim

Grundton: *D* – Terz: *F* – Quinte: *As*

Hierbei handelt es sich um einen Durchgangsakkord. Er lässt sich häufig durch A#7 oder B7 ersetzen, der die gleichen Noten mit einem zusätzlichen Ais bzw. B enthält.

Ddim – erste Umkehrung

Grundton: *D* – Terz: *F* – Quinte: *As*

Ddim – zweite Umkehrung

Grundton: *D* – Terz: *F* – Quinte: *As*

D7

Grundton: *D* – Terz: *Fis* – Quinte: *A* – Septime: *C*

Dieser Akkord kommt in allen Musikstilen vor, vor allem im Blues und Jazz. Man bezeichnet ihn als *Dominantseptakkord*. Da es sich um einen Vierklang handelt, gibt es natürlich auch vier mögliche Umkehrungen (einschließlich Grundform). Die dritte Umkehrung wird in der linken Hand gern als Durchgangsakkord bei »absteigenden Bässen« verwendet.

D7 – erste Umkehrung

Grundton: *D* – Terz: *Fis* – Quinte: *A* – Septime: *C*

Piano

D7 – zweite Umkehrung

Grundton: *D* – Terz: *Fis* – Quinte: *A* – Septime: *C*

Piano

D7 – dritte Umkehrung

Grundton: *D* – Terz: *Fis* – Quinte: *A* – Septime: *C*

Dm7 (min7, -7)

Grundton: *D* – Terz: *F* – Quinte: *A* – Septime: *C*

Dm7 (min7, -7) – erste Umkehrung

Grundton: *D* – Terz: *F* – Quinte: *A* – Septime: *C*

Dm7 (min7, -7) – zweite Umkehrung

Grundton: *D* – Terz: *F* – Quinte: *A* – Septime: *C*

Dm7 (min7, -7) – dritte Umkehrung

Grundton: *D* – Terz: *F* – Quinte: *A* – Septime: *C*

Dmaj7 (7M, Δ7)

Grundton: *D* – Terz: *Fis* – Quinte: *A* – große Septime: *Cis*

Dieser Akkord sorgt für eine Jazz/Bossa-Färbung, wird aber normalerweise nicht im Blues verwendet, wo man ihn lieber durch einen Septakkord ersetzt.

Dmaj7 (7M, ∆7) – erste Umkehrung

Grundton: *D* – Terz: *Fis* – Quinte: *A* – große Septime: *Cis*

Dmaj7 (7M, ∆7) – zweite Umkehrung

Grundton: *D* – Terz: *Fis* – Quinte: *A* – große Septime: *Cis*

Dmaj7 (7M, ∆7) – dritte Umkehrung

Grundton: *D* – Terz: *Fis* – Quinte: *A* – große Septime: *Cis*

D2 – D9 (sus2, sus9)

In der Grundstellung meist als D2 notiert.

Grundton: *D* – Sekunde/None: *E* – Quinte: *A*

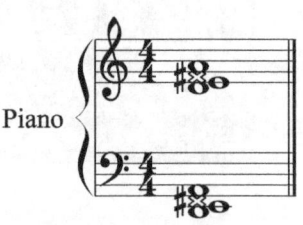

Dieser Akkord (ohne Terz gespielt) taucht häufig in der Rock- und Popmusik auf. Er ermöglicht es, dem Stück eine bestimmte Färbung zu verleihen, ohne vom traditionellen Klang abzuweichen.

D2 – D9 (sus2, sus9) – erste Umkehrung

Grundton: *D* – Sekunde/None: *E* – Quinte: *A*

D2 – D9 (sus2, sus9) – zweite Umkehrung

Diese Umkehrung wird oft als D9 notiert.

Grundton: *D* – Sekunde/None: *E* – Quinte: *A*

D4 (sus4, 11)

In der Grundstellung oft als D4 bezeichnet.

Grundton: *D* – Quarte/Undezime: *G* – Quinte: *A*

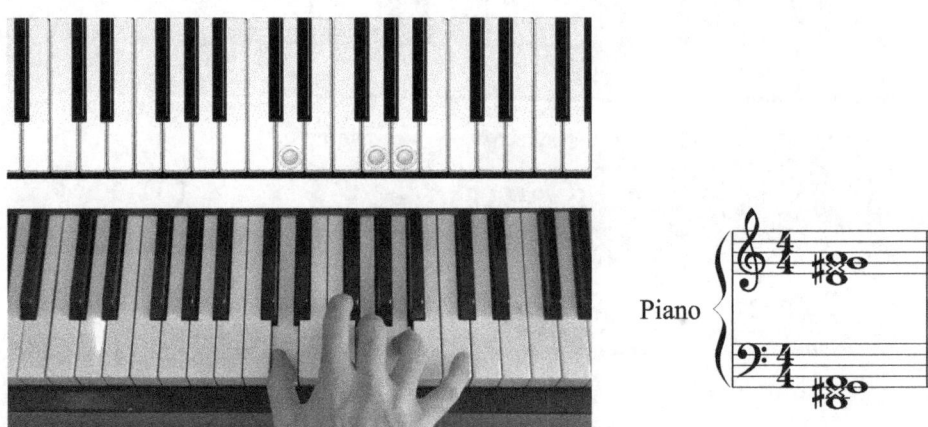

Bei diesem Akkord wird oft die Terz gegen die Quarte eingetauscht, denn wenn man die Terz umgeht, muss der Akkord nicht als Dur- oder Mollakkord festgelegt werden. Er kommt häufig in der Pop- und Rockmusik vor. Spielt man die Quarte eine Oktave höher, erhält man einen Undezimakkord.

D4 (sus4, 11) – erste Umkehrung

Grundton: *D* – Quarte/Undezime: *G* – Quinte: *A*

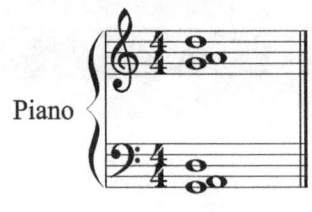

D4 (sus4, 11) – zweite Umkehrung

In dieser Umkehrung oft als D11 notiert.

Grundton: *D* – Quarte/Undezime: *G* – Quinte: *A*

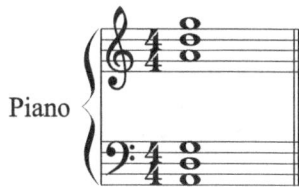

D6 (13)

Grundton: *D* – Terz: *Fis* – Sexte/Tredezime: *H*

Dieser Akkord kommt häufig im Blues vor, oft in Kombination mit dem Septakkord. Ein Anwendungsbeispiel finden Sie im Kapitel »Ein wenig Musiktheorie«.

D6 (13) – erste Umkehrung

Grundton: *D* – Terz: *Fis* – Sexte/Tredezime: *H*

D6 (13) – zweite Umkehrung

Grundton: *D* – Terz: *Fis* – Sexte/Tredezime: *H*

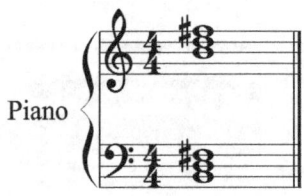

D5

Grundton: *D* – Quinte: *A*

Dieser Akkord besteht nur aus zwei Tönen und lässt sich weder den Dur- noch den Mollakkorden zuordnen. Mit seiner kargen Harmonie wird er vor allem als Powerchord auf der verstärkten Gitarre verwendet, wo die Verstärkung von selbst Harmonien hinzufügt und den Gebrauch der Terz überflüssig macht.

Daug (♯5, +, 5+)

Grundton: *D* – Terz: *Fis* – übermäßige Quinte: *Ais*

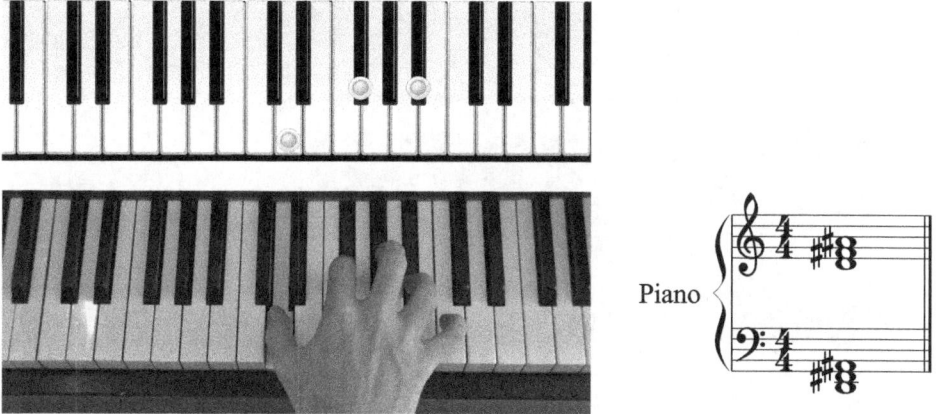

Dieser Akkord entspricht einem Modus, den man als »harmonisch Moll« bezeichnet. Bei natürlichen Tonleitern kommt er nicht vor. Wo er benutzt wird, sorgt er für einen »molligen« Klang.

Dm6 (min6, -6)

Grundton: *D* – Terz: *F* – Sexte: *H*

Piano

Diesem Akkord begegnet man oft in Jazznummern, er lässt sich als Umkehrung von Hdim7 interpretieren.

D7/9

Grundton: *D* – Terz: *Fis* – Quinte: *A* – Septime: *C* – None: *E*

Piano

Dieser Akkord kommt vor allem im Jazz und Bossa Nova vor. Um ihn möglichst einfach zu spielen, kann man den Grundton ignorieren und mit der Terz beginnen. Der Grundton kann mit der linken Hand gespielt werden, aber auch von einem anderen Instrument wie dem Kontrabass.

D7/♭9

Grundton: *D* – Terz: *Fis* – Quinte: *A* – Septime: *C* – None: *Es*

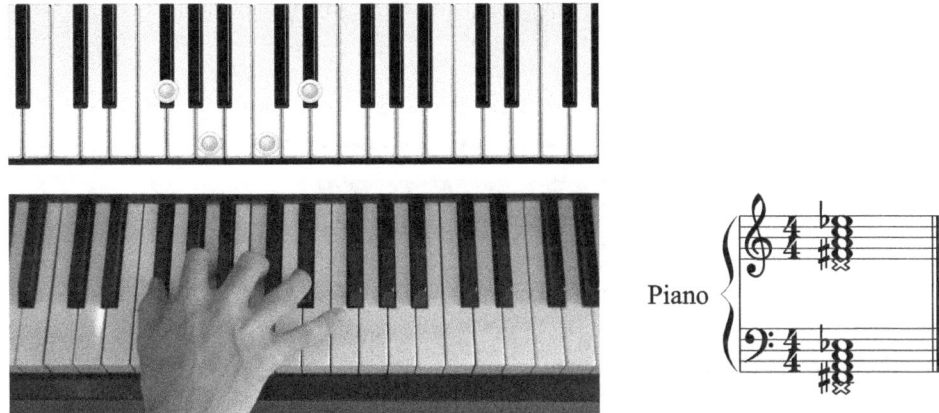

Dieser Akkordtypus begegnet uns sehr oft im Jazz. Man kann ihn auf zwei Arten spielen: entweder, indem man die None um einen Halbton erniedrigt, oder indem man den Grundton eines Akkords mit einfacher Septime um einen Halbton erhöht.

D7/♯9 (7/9+, m7/♭11)

Grundton: *D* – Terz: *Fis* – Quinte: *A* – Septime: *C* – None: *F*

Dieser sehr ausgefallene Akkord enthält sowohl die große wie auch die kleine (9+) Terz und sorgt für einen bluestypischen Klang (Moll und Dur gemischt). Er wurde vor allem bekannt durch Jimi Hendrix' unverwechselbaren Bluesrock-Stil.

Dmaj7/9 (M7/9, ∆7/9)

Grundton: *D* – Terz: *Fis* – Quinte: *A* – Septime: *Cis* – None: *E*

Dieser Akkord kommt vor allem beim Jazz und Bossa Nova vor. Um diesen Akkord möglichst einfach zu spielen, kann man den Grundton ignorieren und mit der Terz beginnen. Auf diese Weise erhält man einen F#m7-Akkord. Der Grundton kann mit der linken Hand gespielt werden, aber auch von einem anderen Instrument wie dem Kontrabass.

Dm7/9 (min7/9, -7/9)

Grundton: *D* – Terz: *F* – Quinte: *A* – Septime: *C* – None: *E*

Kommt oft im Jazz und Bossa Nova vor und folgt den gleichen Prinzipien wie der 7/9-Akkord.

D7sus4

Grundton: *D* – Quarte/Undezime: *G* – Quinte: *A* – Septime: *C*

Um diesen Akkord zu spielen, spielen Sie einen Septakkord mit erhöhter Terz. Beachten Sie: Es handelt sich um eine Umkehrung des noch folgenden 7/11-Akkords.

D7/11

Grundton: *D* – Quarte/Undezime: *G* – Quinte: *A* – Septime: *C*

Für diesen Akkord spielen Sie einen Septakkord in der zweiten Umkehrung mit erhöhter Terz. Beachten Sie: Die Undezime ist identisch mit der oktavierten Quarte. Man lässt häufig den Grundton weg, der mit der linken Hand oder auf einem Kontrabass gespielt werden kann.

Dm7/11 (min7/11, -7/11)

Grundton: *D* – Terz: *F* – Quinte: *A* – Septime: *C* – Undezime: *G*

Es handelt sich um eine für den Jazz typische Akkorderweiterung. Wie beim Nonenakkord lässt man den Grundton weg, da er leicht auch von der linken Hand oder dem Kontrabassisten einer Jazz-Combo gespielt werden kann.

D7/#11

Grundton: *D* – Terz: *Fis* – Quinte: *A* – Septime: *C* – Undezime: *Gis*

Die übermäßige Undezime entspricht der verminderten Quinte. Der Akkord entspringt keinem typischen Modus; man wird ihm also nur selten begegnen, außer als Durchgangsakkord.

Dmaj7/#11 (M7/#11, △7/#11)

Grundton: *D* – Terz: *Fis* – Quinte: *A* – Septime: *Cis* – Undezime: *Gis*

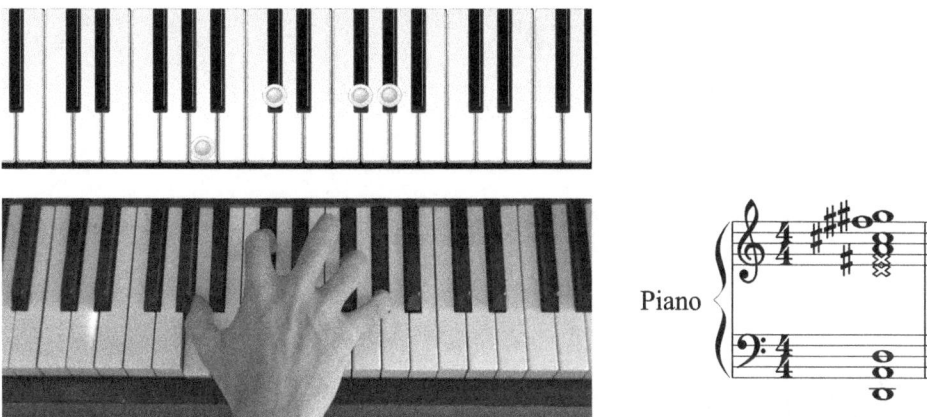

Die übermäßige Undezime entspricht der verminderten Quinte. Der Akkord entspringt keinem typischen Modus; man wird ihm also nur selten begegnen, außer als Durchgangsakkord.

D7/♭5

Grundton: *D* – Terz: *Fis* – Quinte: *As* – Septime: *C*

Für diesen Durchgangsakkord müssen Sie lediglich die Quinte eines normalen Septakkords alterieren. Verwechseln Sie ihn nicht mit den verminderten und halbverminderten Akkorden; die nämlich haben eine kleine Terz.

Do (dim♭7)

Grundton: *D* – Terz: *F* – Quinte: *As* – Septime: *H*

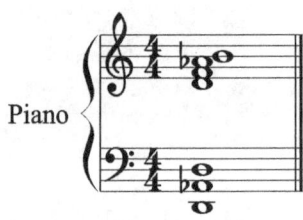

Dieser sehr aufgefallene Akkord stützt sich auf einen Modus, den man als »harmonisch Moll« bezeichnet. Beachten Sie, dass die Notenabstände jeweils einem Anderthalbton entsprechen; es sind Mollschritte. Aufgrund seiner sehr symmetrischen Struktur ergibt jede Umkehrung dieses Akkords auch einen verminderten Akkord.

Dø (dim7) – Dm7/♭5 (min7/♭5, -7/♭5)

Grundton: *D* – Terz: *F* – Quinte: *As* – Septime: *C*

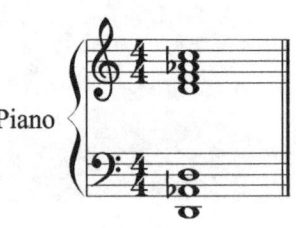

Dieser Akkord, der als »gefühlvoll« gilt, wird hauptsächlich als Durchgangsakkord verwendet und entspricht einer klassischen Herangehensweise an den Jazz.

Daug (+7, 7/#5, 7/5+)

Grundton: *D* – Terz: *Fis* – Quinte: *Ais* – Septime: *C*

Diesen Akkord gibt es in keinem natürlichen Modus. Man verwendet ihn als Durchgangsakkord (alterierte Quinte).

D7sus4/9

Grundton: *D* – Terz: *Fis* – Quinte: *A* – Septime: *C* – None: *E* – Quarte/Undezime: *G*

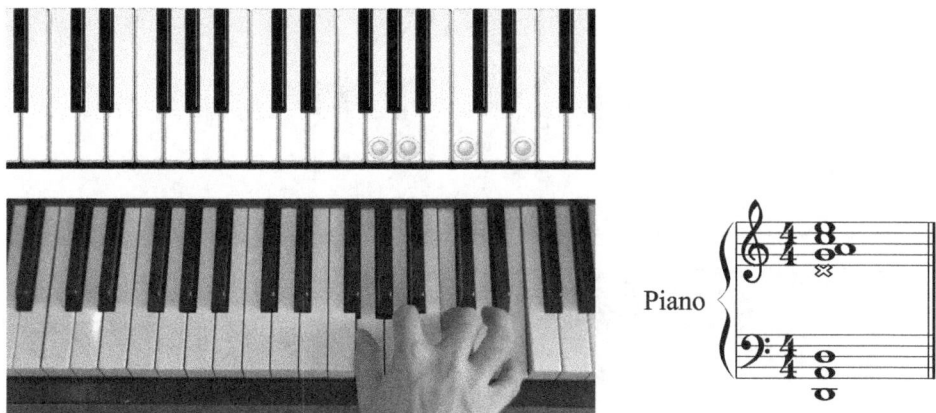

Für diesen Akkord spielen Sie einen 7/9-Akkord und erhöhen die Terz. Beachten Sie: Es handelt sich um eine Umkehrung des folgenden 7/9/11-Akkords.

D7/9/11

Grundton: *D* – Terz: *Fis* – Quinte: *A* – Septime: *C* – None: *E* – Quarte/Undezime: *G*

Um diesen Akkord möglichst einfach zu spielen, spielen Sie einen Mollseptakkord, dessen Grundton die Quinte des Akkords ist, in unserem Fall also Am7. Dann spielen Sie den Grundton mit der linken Hand oder lassen ihn von einem Kontrabass spielen.

D7/9/11/13

Grundton: *D* – Terz: *Fis* – Quinte: *A* – Septime: *C* – None: *E* – Quarte/Undezime: *G* – Tredezime: *H*

Es handelt sich um die größte Erweiterung, die bei einem Akkord möglich ist. Wie schon bei den Akkorden 7/9 und 7/9/11 ist es am einfachsten, einen anderen Akkord einzusetzen und nur die letzten Töne des Akkords zu spielen. Die grundlegenden Noten werden von der linken Hand oder den anderen Instrumenten gespielt.

Teil IV
Die E♭- und D♯-Akkorde

E♭ oder D♯ (Dur, maj, M, ∆)

Grundton: *Es* oder *Dis* – Terz: *G* – Quinte: *B* oder *Ais*

E♭ oder D♯ (Dur, maj, M, ∆) – erste Umkehrung

Grundton: *Es* oder *Dis* – Terz: *G* – Quinte: *B* oder *Ais*

Mehr zum Thema Umkehrungen finden Sie im Kapitel »Ein wenig Musiktheorie«.

E♭ oder D♯ (Dur, maj, M, △) – zweite Umkehrung

Grundton: *Es* oder *Dis* – Terz: *G* – Quinte: *B* oder *Ais*

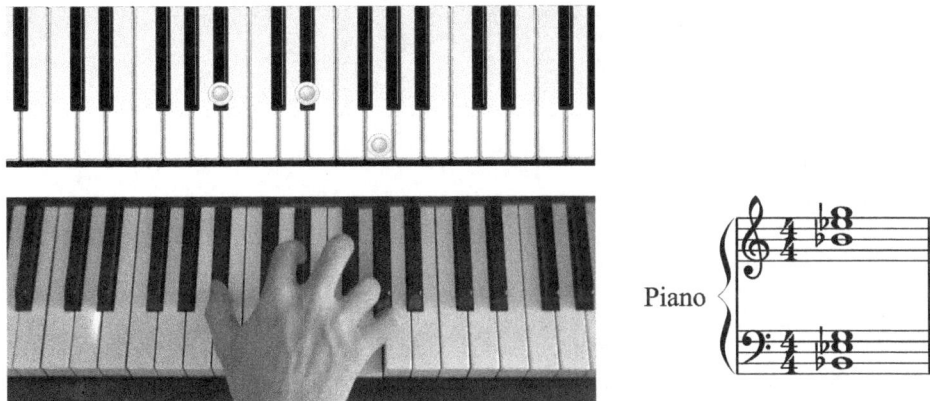

E♭m oder D♯m (e♭- oder d♯-Moll, min, -)

Grundton: *Es* oder *Dis* – Terz: *Ges* oder *Fis* – Quinte: *B* oder *Ais*

E♭m oder D♯m (e♭- oder d♯-Moll, min, -) – erste Umkehrung

Grundton: *Es* oder *Dis* – Terz: *Ges* oder *Fis* – Quinte: *B* oder *Ais*

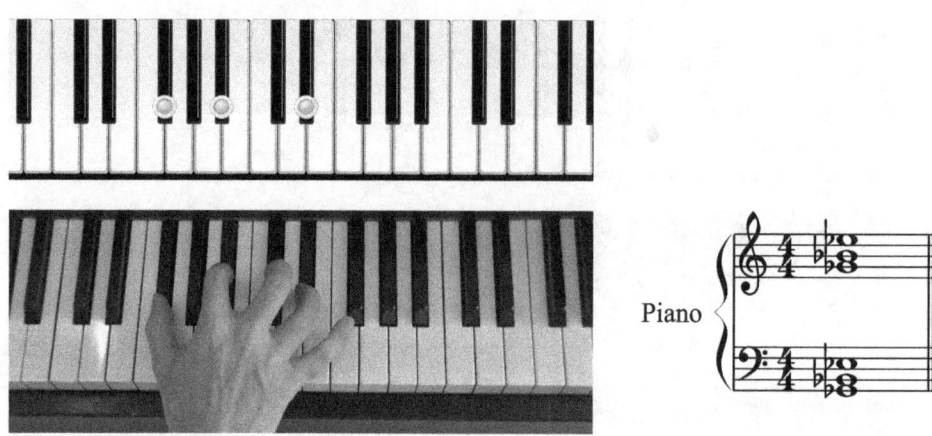

E♭m oder D♯m (e♭- oder d♯-Moll, min, -) – zweite Umkehrung

Grundton: *Es* oder *Dis* – Terz: *Ges* oder *Fis* – Quinte: *B* oder *Ais*

E♭dim oder D♯dim

Grundton: *Es* oder *Dis* – Terz: *Ges* oder *Fis* – Quinte: *A*

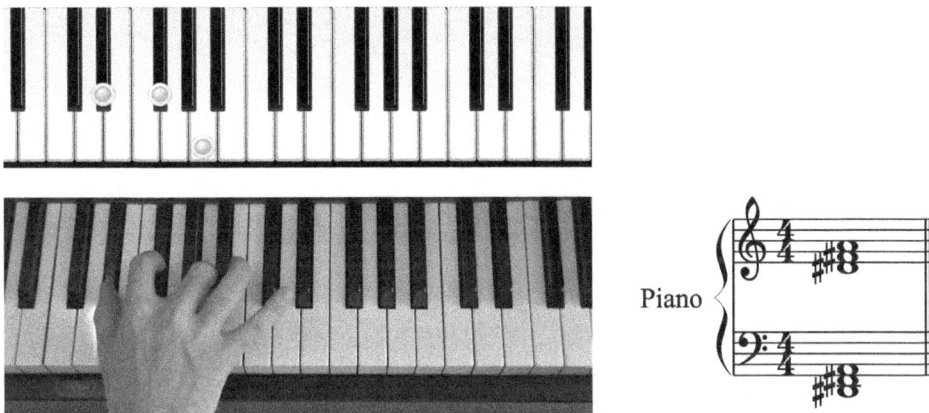

Es handelt sich um einen Durchgangsakkord. Er lässt sich häufig durch den Akkord H7 ersetzen, der die gleichen Noten und zusätzlich das H enthält.

E♭dim oder D♯dim – erste Umkehrung

Grundton: *Es* oder *Dis* – Terz: *Ges* oder *Fis* – Quinte: *A*

E♭dim oder D♯dim – zweite Umkehrung

Grundton: *Es* oder *Dis* – Terz: *Ges* oder *Fis* – Quinte: *A*

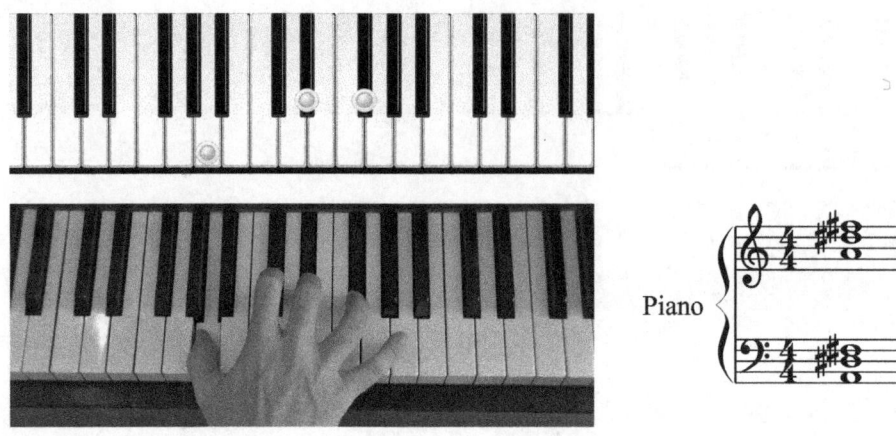

E♭7 oder D♯7

Grundton: *Es* oder *Dis* – Terz: *G* – Quinte: *B* oder *Ais* – Septime: *Des* oder *Cis*

Dieser Akkord wird in allen Musikstilen verwendet, vor allem im Blues und Jazz. Man bezeichnet ihn als *Dominantseptakkord*. Die dritte Umkehrung wird in der linken Hand gern als Durchgangsakkord bei »absteigenden Bässen« verwendet.

E♭7 oder D#7 – erste Umkehrung

Grundton: *Es* oder *Dis* – Terz: *G* – Quinte: *B* oder *Ais* – Septime: *Des* oder *Cis*

E♭7 oder D#7 – zweite Umkehrung

Grundton: *Es* oder *Dis* – Terz: *G* – Quinte: *B* oder *Ais* – Septime: *Des* oder *Cis*

E♭7 oder D#7 – dritte Umkehrung

Grundton: *Es* oder *Dis* – Terz: *G* – Quinte: *B* oder *Ais* – Septime: *Des* oder *Cis*

Piano

E♭m7 oder D#m7 (min7, -7)

Grundton: *Es* oder *Dis* – Terz: *Ges* oder *Fis* – Quinte: *B* oder *Ais* – Septime: *Des* oder *Cis*

Piano

E♭m7 oder D♯m7 (min7, -7) – erste Umkehrung

Grundton: *Es* oder *Dis* – Terz: *Ges* oder *Fis* – Quinte: *B* oder *Ais* – Septime: *Des* oder *Cis*

E♭m7 oder D♯m7 (min7, -7) – zweite Umkehrung

Grundton: *Es* oder *Dis* – Terz: *Ges* oder *Fis* – Quinte: *B* oder *Ais* – Septime: *Des* oder *Cis*

E♭m7 oder D♯m7 (min7, -7) – dritte Umkehrung

Grundton: *Es* oder *Dis* – Terz: *Ges* oder *Fis* – Quinte: *B* oder *Ais* – Septime: *Des* oder *Cis*

E♭maj7 oder D♯maj7 (7M, ∆7)

Grundton: *Es* oder *Dis* – Terz: *G* – Quinte: *B* oder *Ais* – große Septime: *D*

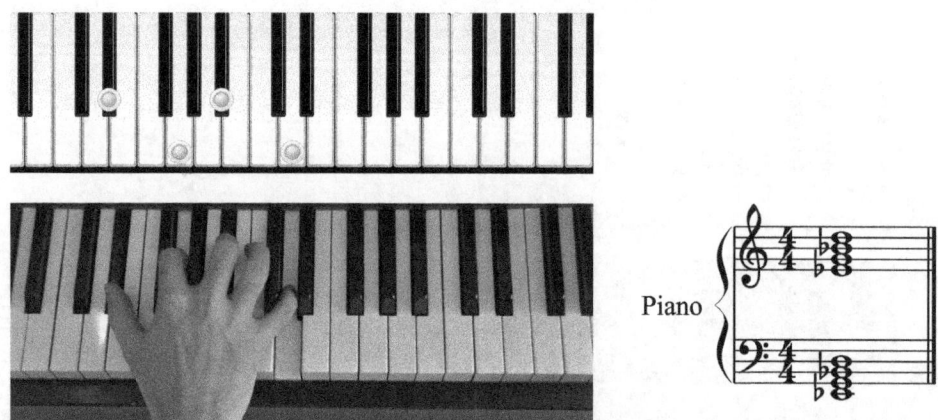

Dieser Akkord sorgt für eine Jazz/Bossa-Färbung, wird aber normalerweise nicht im Blues verwendet, wo man ihn lieber durch einen Septakkord ersetzt.

E♭maj7 oder D♯maj7 (7M, Δ7) – erste Umkehrung

Grundton: *Es* oder *Dis* – Terz: *G* – Quinte: *B* oder *Ais* – große Septime: *D*

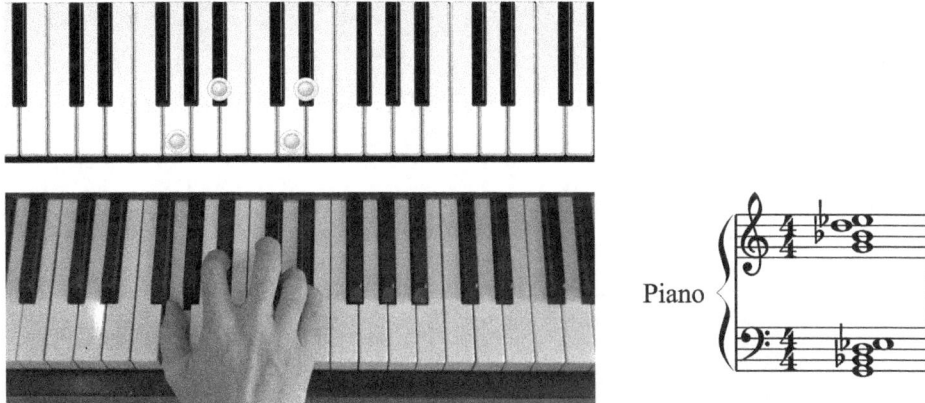

E♭maj7 oder D♯maj7 (7M, Δ7) – zweite Umkehrung

Grundton: *Es* oder *Dis* – Terz: *G* – Quinte: *B* oder *Ais* – große Septime: *D*

E♭maj7 oder D♯maj7 (7M, ∆7) – dritte Umkehrung

Grundton: *Es* oder *Dis* – Terz: *G* – Quinte: *B* oder *Ais* – große Septime: *D*

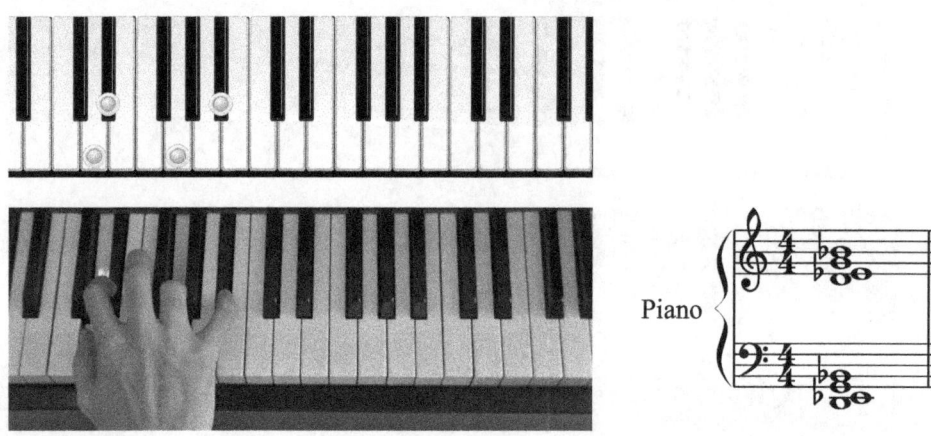

E♭2 – E♭9 oder D♯2 – D♯9 (sus2, sus9)

In der Grundstellung meist als E♭2 oder D♭2 notiert.

Grundton: *Es* oder *Dis* – Sekunde/None: *F* – Quinte: *B* oder *Ais*

Dieser Akkord (ohne Terz gespielt) taucht häufig in der Rock- und Popmusik auf. Er ermöglicht es, dem Stück eine gewisse Färbung zu verleihen, ohne vom traditionellen Klang abzuweichen.

E♭2 – E♭9 oder D♯2 – D♯9 (sus2, sus9) – erste Umkehrung

Grundton: *Es* oder *Dis* – Sekunde/None: *F* – Quinte: *B* oder *Ais*

E♭2 – E♭9 oder D♯2 – D♯9 (sus2, sus9) – zweite Umkehrung

Diese Umkehrung wird oft als E♭9 oder D♭9 notiert.

Grundton: *Es* oder *Dis* – Sekunde/None: *F* – Quinte: *B* oder *Ais*

E♭4 oder D#4 (sus4, 11)

In der Grundstellung oft als E♭4 oder D♭4 bezeichnet.

Grundton: *Es* oder *Dis* – Quarte/Undezime: *Gis* oder *As* – Quinte: *B* oder *Ais*

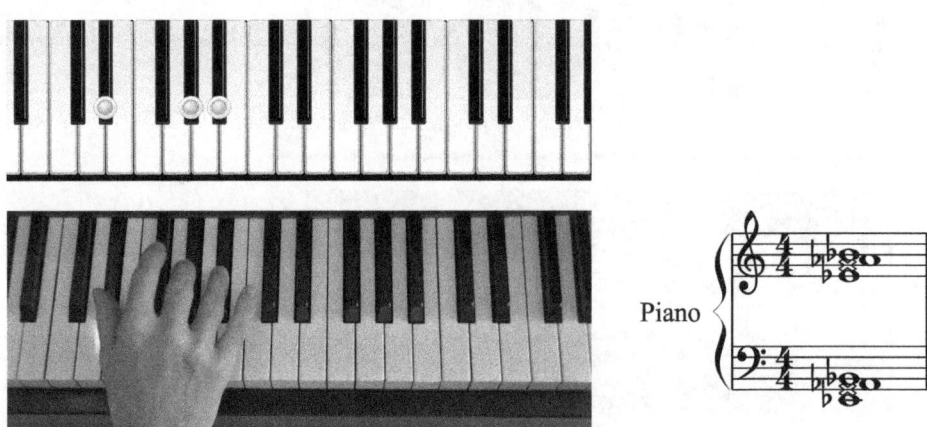

Bei diesem Akkord wird oft die Terz gegen die Quarte eingetauscht, denn wenn man die Terz umgeht, muss der Akkord nicht als Dur- oder Mollakkord festgelegt werden. Er kommt häufig in der Pop- und Rockmusik vor. Spielt man die Quarte eine Oktave höher, erhält man einen Undezimakkord.

E♭4 oder D#4 (sus4, 11) – erste Umkehrung

Grundton: *Es* oder *Dis* – Quarte/Undezime: *Gis* oder *As* – Quinte: *B* oder *Ais*

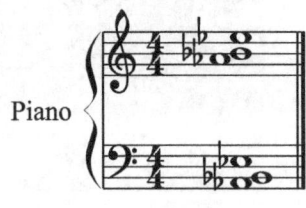

E♭4 oder D#4 (sus4, 11) – zweite Umkehrung

In dieser Umkehrung oft als E♭11 oder D♭11 notiert.

Grundton: *Es* oder *Dis* – Quarte/Undezime: *Gis* oder *As* – Quinte: *B* oder *Ais*

E♭6 oder D#6 (13)

Grundton: *Es* oder *Dis* – Terz: *G* – Sexte/Tredezime: *C*

Dieser Akkord kommt häufig im Blues vor, oft in Kombination mit dem Septakkord. Ein Anwendungsbeispiel finden Sie im Kapitel »Ein wenig Musiktheorie«.

E♭6 oder D♯6 (13) – erste Umkehrung

Grundton: *Es* oder *Dis* – Terz: *G* – Sexte/Tredezime: *C*

E♭6 oder D♯6 (13) – zweite Umkehrung

Grundton: *Es* oder *Dis* – Terz: *G* – Sexte/Tredezime: *C*

E♭5 oder D#5

Grundton: *Es* oder *Dis* – Quinte: *B* oder *Ais*

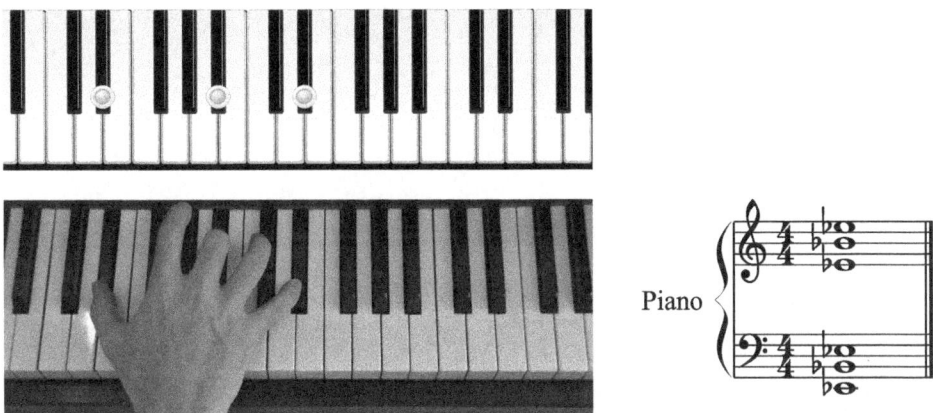

Dieser Akkord besteht nur aus zwei Tönen und lässt sich weder den Dur- noch den Mollakkorden zuordnen. Mit seiner kargen Harmonie wird er vor allem als Powerchord auf der verstärkten Gitarre verwendet, wo die Verstärkung von selbst Harmonien hinzufügt und den Gebrauch der Terz überflüssig macht.

E♭aug oder D#aug (#5, +, 5+)

Grundton: *Es* oder *Dis* – Terz: *G* – übermäßige Quinte: *H*

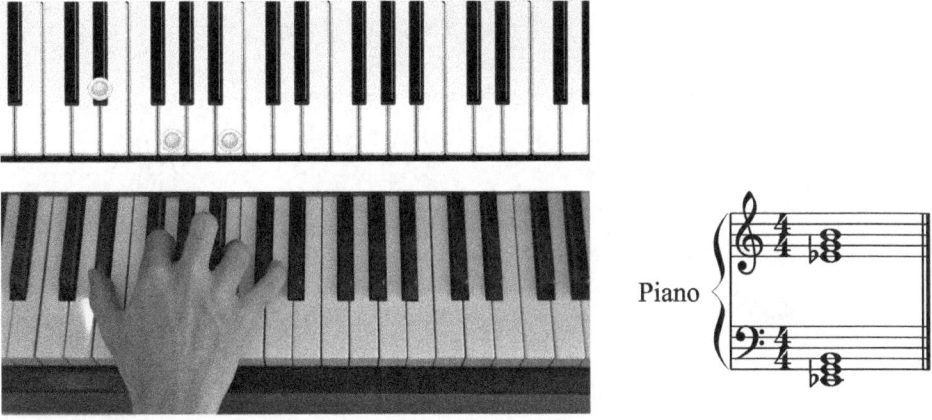

Dieser Akkord entspricht einem Modus, den man als »harmonisch Moll« bezeichnet. Bei natürlichen Tonleitern kommt er nicht vor. Wo er benutzt wird, sorgt er für einen »molligen« Klang.

E♭m6 oder D♯m6 (min6, -6)

Grundton: *Es* oder *Dis* – Terz: *Ges* oder *Fis* – Sexte: *C*

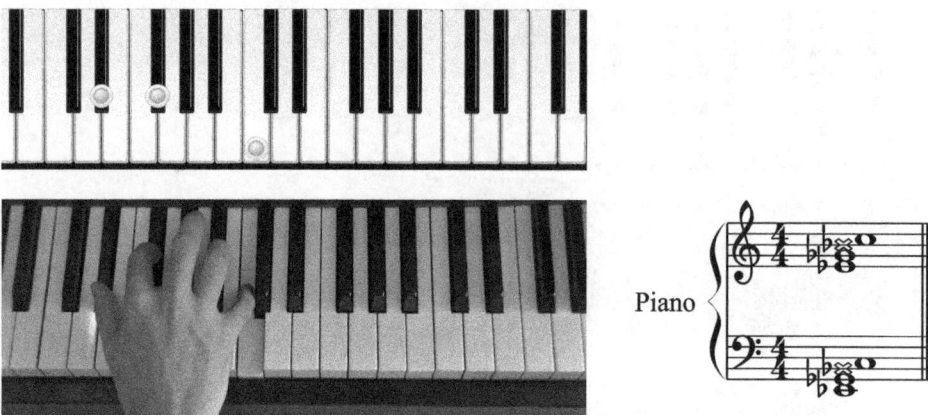

Diesem Akkord begegnet man oft in Jazznummern, er lässt sich als Umkehrung von Cdim7 interpretieren.

E♭7/9 oder D♯7/9

Grundton: *Es* oder *Dis* – Terz: *G* – Quinte: *B* oder *Ais* – Septime: *Des* oder *Cis* – None: *F*

Dieser Akkord kommt vor allem im Jazz und Bossa Nova vor. Um ihn möglichst einfach zu spielen, kann man den Grundton ignorieren und mit der Terz beginnen. Der Grundton kann mit der linken Hand gespielt werden, aber auch von einem anderen Instrument wie dem Kontrabass.

E♭7/♭9 oder D#7/♭9

Grundton: *Es* oder *Dis* – Terz: *G* – Quinte: *B* oder *Ais* – Septime: *Des* oder *Cis* – None: *E*

Dieser Akkordtypus begegnet uns sehr oft im Jazz. Man kann ihn auf zwei Arten spielen: entweder, indem man die None um einen Halbton erniedrigt, oder indem man den Grundton eines Akkords mit einfacher Septime um einen Halbton erhöht.

E♭7/#9 oder D#7/#9 (7/9+, m7/♭11)

Grundton: *Es* oder *Dis* – Terz: *G* – Quinte: *B* oder *Ais* – Septime: *Des* oder *Cis* – None: *Ges* oder *Fis*

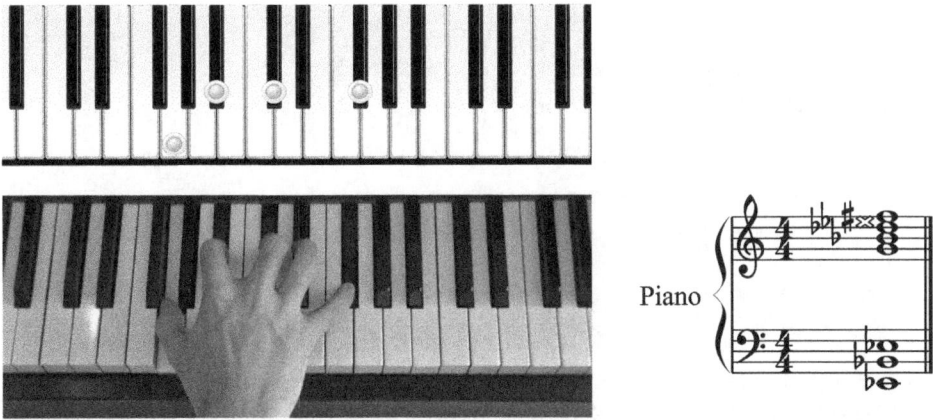

Dieser sehr ausgefallene Akkord enthält sowohl die große wie auch die kleine (9+) Terz und sorgt für einen bluestypischen Klang (Moll und Dur gemischt). Er wurde vor allem bekannt durch Jimi Hendrix' unverwechselbaren Bluesrock-Stil.

E♭maj7/9 oder D♯maj7/9 (M7/9, ∆7/9)

Grundton: *Es* oder *Dis* – Terz: *G* – Quinte: *B* oder *Ais* – Septime: *D* – None: *F*

Dieser Akkord kommt vor allem beim Jazz und Bossa Nova vor. Um diesen Akkord möglichst einfach zu spielen, kann man den Grundton ignorieren und mit der Terz beginnen. Auf diese Weise erhält man einen Gm7-Akkord. Der Grundton kann mit der linken Hand gespielt werden, aber auch von einem anderen Instrument wie dem Kontrabass.

E♭m7/9 oder D♯m7/9 (min 7/9, -7/9)

Grundton: *Es* oder *Dis* – Terz: *Ges* oder *Fis* – Quinte: *B* oder *Ais* – Septime: *Des* oder *Cis* – None: *F*

Kommt oft im Jazz und Bossa Nova vor und folgt den gleichen Prinzipien wie der 7/9-Akkord.

E♭7sus4 oder D♯7sus4

Grundton: *Es* oder *Dis* – Quarte/Undezime: *Gis* oder *As* – Quinte: *B* oder *Ais* – Septime: *Des* oder *Cis*

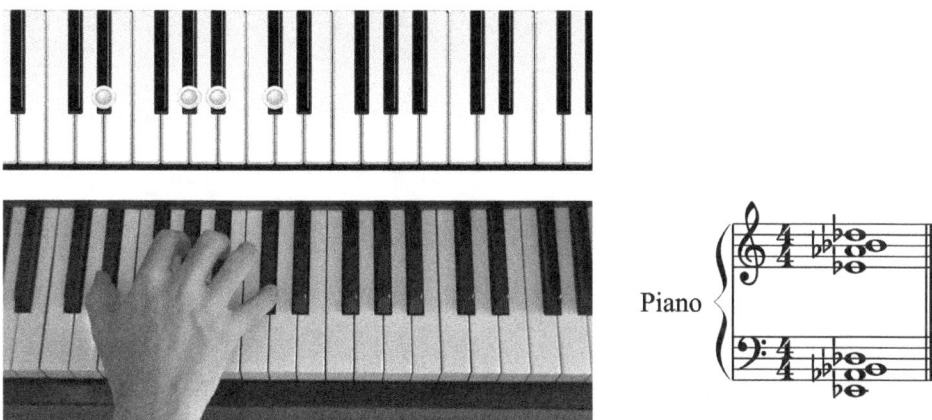

Um diesen Akkord zu spielen, spielen Sie einen Septakkord mit erhöhter Terz. Beachten Sie: Es handelt sich um eine Umkehrung des noch folgenden 7/11-Akkords.

E♭7/11 oder D♯7/11

Grundton: *Es* oder *Dis* – Quarte/Undezime: *Gis* oder *As* – Quinte: *B* oder *Ais* – Septime: *Des* oder *Cis*

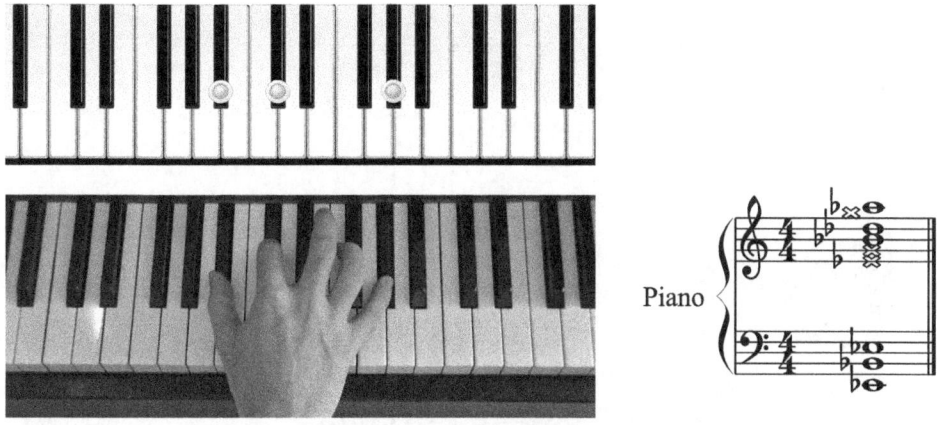

Für diesen Akkord spielen Sie einen Septakkord in der zweiten Umkehrung mit erhöhter Terz. Beachten Sie: Die Undezime ist identisch mit der oktavierten Quarte. Man lässt häufig den Grundton weg, der mit der linken Hand oder auf einem Kontrabass gespielt werden kann.

E♭m7/11 oder D♯m7/11 (min7/11, -7/11)

Grundton: *Es* oder *Dis* – Terz: *E* – Quinte: *Ges* oder *Fis* – Septime: *Des* oder *Cis* – Undezime: *Gis* oder *As*

Es handelt sich um eine für den Jazz typische Akkorderweiterung. Wie beim Nonenakkord lässt man den Grundton weg, da er leicht auch von der linken Hand oder dem Kontrabassisten einer Jazz-Combo gespielt werden kann.

E♭7/♯11 oder D♯7/♯11

Grundton: *Es* oder *Dis* – Terz: *G* – Quinte: *B* oder *Ais* – Septime: *Des* oder *Cis* – Undezime: *A*

Die übermäßige Undezime entspricht der verminderten Quinte. Der Akkord entspringt keinem typischen Modus; man wird ihm also nur selten begegnen, außer als Durchgangsakkord.

E♭maj7/#11 oder D#maj7/#11 (M7/#11, ∆7/#11)

Grundton: *Es* oder *Dis* – Terz: *G* – Quinte: *B* oder *Ais* – Septime: *D* – Undezime: *A*

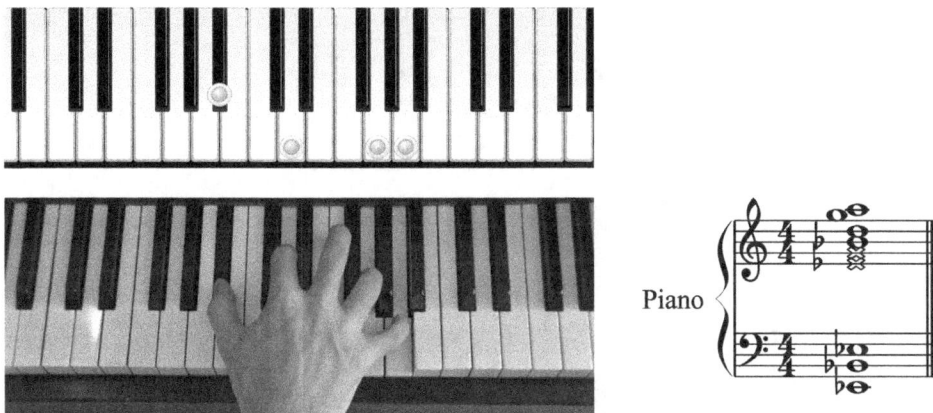

Die übermäßige Undezime entspricht der verminderten Quinte. Der Akkord entspringt keinem typischen Modus; man wird ihm also nur selten begegnen, außer als Durchgangsakkord.

E♭7/♭5 oder D#7/♭5

Grundton: *Es* oder *Dis* – Terz: *G* – Quinte: *A* – Septime: *Des* oder *Cis*

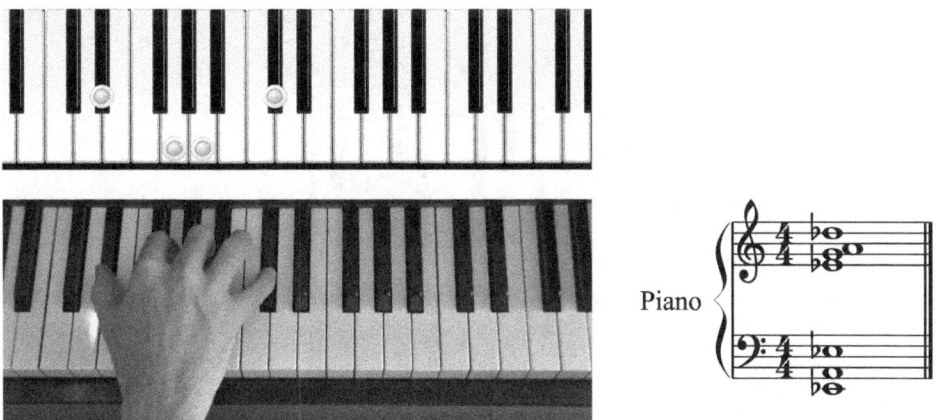

Für diesen Durchgangsakkord müssen Sie lediglich die Quinte eines normalen Septakkords alterieren. Verwechseln Sie ihn nicht mit den verminderten und halbverminderten Akkorden; die nämlich haben eine kleine Terz.

E♭o oder D♯o (dim♭7)

Grundton: *Es* oder *Dis* – Terz: *Ges* oder *Fis* – Quinte: *A* – Septime: *C*

Dieser sehr ausgefallene Akkord stützt sich auf einen Modus, den man als »harmonisch Moll« bezeichnet. Beachten Sie, dass die Notenabstände jeweils einem Anderthalbton entsprechen; es sind Mollschritte. Auf Grund seiner sehr symmetrischen Struktur ergibt jede Umkehrung dieses Akkords auch einen verminderten Akkord.

E♭ø oder D♯ø (dim♭7) – E♭m7/♭5 oder D♯m7/♭5 (min7/♭5, -7/♭5)

Grundton: *Es* oder *Dis* – Terz: *Ges* oder *Fis* – Quinte: *A* – Septime: *Des* oder *Cis*

Dieser Akkord, der als »gefühlvoll« gilt, wird hauptsächlich als Durchgangsakkord verwendet und entspricht einer klassischen Herangehensweise an den Jazz.

E♭aug7 oder D♯aug7 (+7, 7/♯5, 7/5+)

Grundton: *Es* oder *Dis* – Terz: *G* – Quinte: *H* – Septime: *Des* oder *Cis*

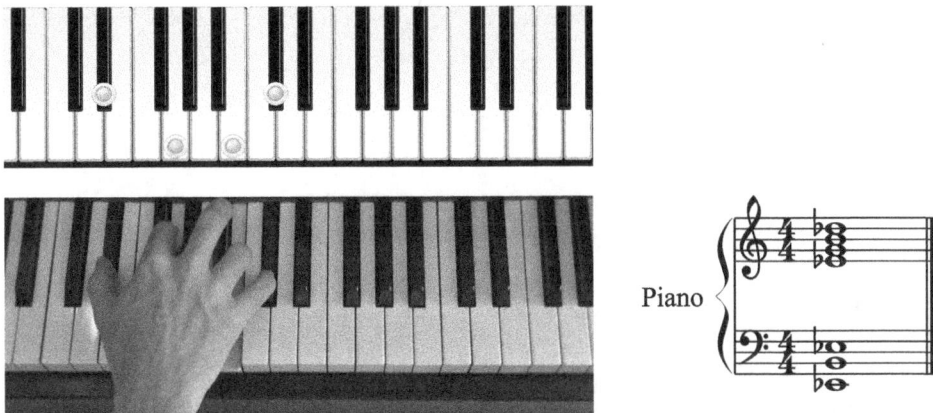

Diesen Akkord gibt es in keinem natürlichen Modus. Man verwendet ihn als Durchgangsakkord (alterierte Quinte).

E♭7sus4/9 oder D♯7sus4/9

Grundton: *Es* oder *Dis* – Terz: *G* – Quinte: *B* oder *Ais* – Septime: *Des* oder *Cis* – None: *F* – Quarte/Undezime: *Gis* oder *As*

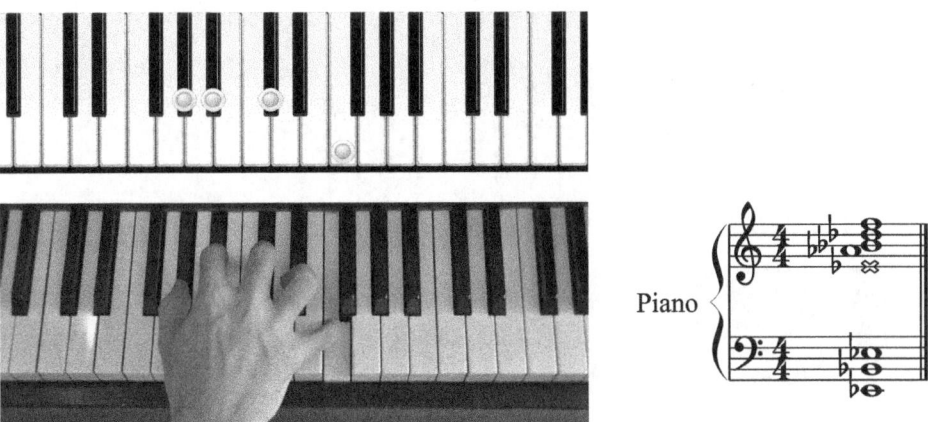

Für diesen Akkord spielen Sie einen 7/9-Akkord und erhöhen die Terz. Beachten Sie: Es handelt sich um eine Umkehrung des folgenden 7/9/11-Akkords.

E♭7/9/11 oder D#7/9/11

Grundton: *Es* oder *Dis* – Terz: *G* – Quinte: *B* oder *Ais* – Septime: *Des* oder *Cis* – None: *F* – Quarte/Undezime: *Gis* oder *As*

Um diesen Akkord möglichst einfach zu spielen, spielen Sie einen Mollseptakkord, dessen Grundton die Quinte des Akkords ist, in unserem Fall also Bm7. Dann spielen Sie den Grundton mit der linken Hand oder lassen ihn von einem Kontrabass spielen.

E♭7/9/11/13 oder D#7/9/11/13

Grundton: *Es* oder *Dis* – Terz: *G* – Quinte: *B* oder *Ais* – Septime: *Des* oder *Cis* – None: *F* – Quarte/Undezime: *Gis* oder *As* – Tredezime: *C*

Es handelt sich um die größte Erweiterung, die bei einem Akkord möglich ist. Wie schon bei den Akkorden 7/9 und 7/9/11 ist es am einfachsten, einen anderen Akkord einzusetzen und nur die letzten Töne des Akkords zu spielen. Die grundlegenden Noten werden von der linken Hand oder den anderen Instrumenten gespielt.

Teil V
Die E-Akkorde

E (Dur, maj, M, Δ)

Grundton: *E* – Terz: *Gis* – Quinte: *H*

E (Dur, maj, M, Δ) – erste Umkehrung

Grundton: *E* – Terz: *Gis* – Quinte: *H*

Weitere Informationen zum Thema Akkordumkehrungen finden Sie im Kapitel »Ein wenig Musiktheorie«.

E (Dur, maj, M, △) – zweite Umkehrung

Grundton: *E* – Terz: *Gis* – Quinte: *H*

Em (e-Moll, min, -)

Grundton: *E* – Terz: *G* – Quinte: *H*

Em (e-Moll, min, -) – erste Umkehrung

Grundton: *E* – Terz: *G* – Quinte: *H*

Piano

Em (e-Moll, min, -) – zweite Umkehrung

Grundton: *E* – Terz: *G* – Quinte: *H*

Piano

Edim

Grundton: *E* – Terz: *G* – Quinte: *B*

Hierbei handelt es sich um einen Durchgangsakkord. Er lässt sich häufig durch den Akkord C7 ersetzen, der die gleichen Noten mit einem zusätzlichen C enthält.

Edim – erste Umkehrung

Grundton: *E* – Terz: *G* – Quinte: *B*

Edim – zweite Umkehrung

Grundton: *E* – Terz: *G* – Quinte: *B*

E7

Grundton: *E* – Terz: *Gis* – Quinte: *H* – Septime: *D*

Dieser Akkord kommt in allen Musikstilen vor, vor allem im Blues und Jazz. Man bezeichnet ihn als *Dominantseptakkord*. Da es sich um einen Vierklang handelt, gibt es natürlich auch vier mögliche Umkehrungen (einschließlich Grundform). Die dritte Umkehrung wird in der linken Hand gern als Durchgangsakkord bei »absteigenden Bässen« verwendet.

E7 – erste Umkehrung

Grundton: *E* – Terz: *Gis* – Quinte: *H* – Septime: *D*

E7 – zweite Umkehrung

Grundton: *E* – Terz: *Gis* – Quinte: *H* – Septime: *D*

E7 – dritte Umkehrung

Grundton: *E* – Terz: *Gis* – Quinte: *H* – Septime: *D*

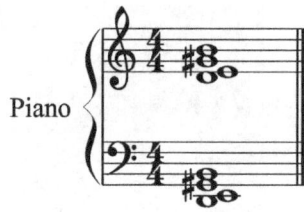

Em7 (min7, -7)

Grundton: *E* – Terz: *G* – Quinte: *H* – Septime: *D*

Em7 (min7, -7) – erste Umkehrung

Grundton: *E* – Terz: *G* – Quinte: *H* – Septime: *D*

Em7 (min7, -7) – zweite Umkehrung

Grundton: *E* – Terz: *G* – Quinte: *H* – Septime: *D*

Em7 (min7, -7) – dritte Umkehrung

Grundton: *E* – Terz: *G* – Quinte: *H* – Septime: *D*

Emaj7 (7M, ∆7)

Grundton: *E* – Terz: *Gis* – Quinte: *H* – große Septime: *Dis*

Dieser Akkord sorgt für eine Jazz/Bossa-Färbung, wird aber normalerweise nicht im Blues verwendet, wo man ihn lieber durch einen Septakkord ersetzt.

Emaj7 (7M, ∆7) – erste Umkehrung

Grundton: *E* – Terz: *Gis* – Quinte: *H* – große Septime: *Dis*

Emaj7 (7M, ∆7) – zweite Umkehrung

Grundton: *E* – Terz: *Gis* – Quinte: *H* – große Septime: *Dis*

Emaj7 (7M, ∆7) – dritte Umkehrung

Grundton: *E* – Terz: *Gis* – Quinte: *H* – große Septime: *Dis*

E2 – E9 (sus2, sus9)

In der Grundstellung meist als E2 notiert.

Grundton: *E* – Sekunde/None: *Fis* – Quinte: *H*

Dieser Akkord (ohne Terz gespielt) taucht häufig in der Rock- und Popmusik auf. Er ermöglicht es, dem Stück eine bestimmte Färbung zu verleihen, ohne vom traditionellen Klang abzuweichen.

E2 – E9 (sus2, sus9) – erste Umkehrung

Grundton: *E* – Sekunde/None: *Fis* – Quinte: *H*

E2 – E9 (sus2, sus9) – zweite Umkehrung

In dieser Umkehrung oft als E9 notiert.

Grundton: *E* – Sekunde/None: *Fis* – Quinte: *H*

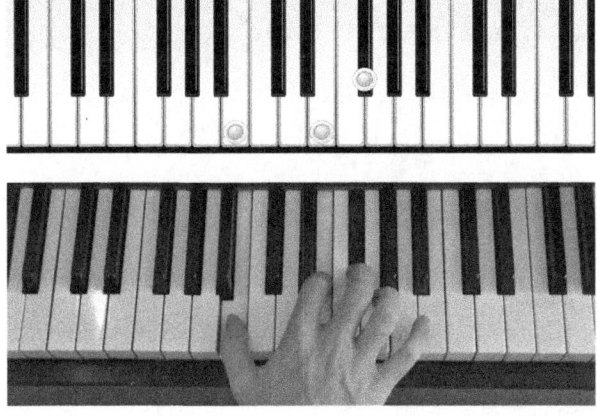
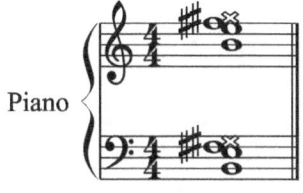

E4 (sus4, 11)

In der Grundstellung oft als E4 bezeichnet.

Grundton: *E* – Quarte/Undezime: *A* – Quinte: *H*

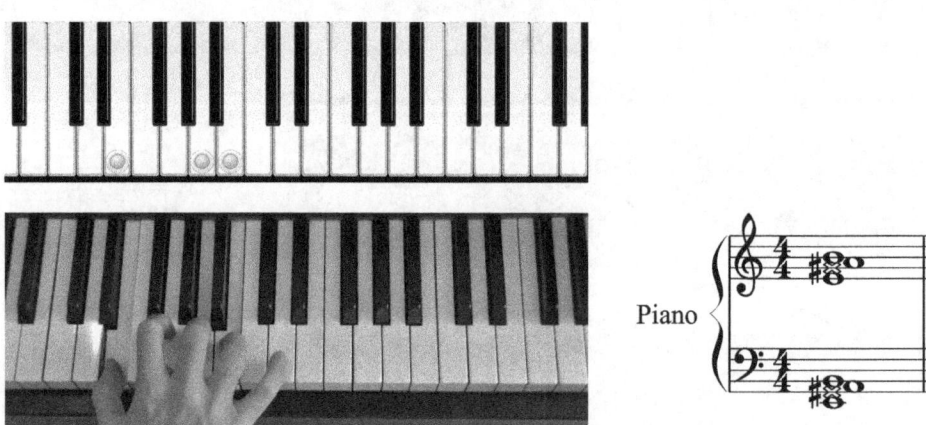

Bei diesem Akkord wird oft die Terz gegen die Quarte eingetauscht, denn wenn man die Terz umgeht, muss der Akkord nicht als Dur- oder Mollakkord festgelegt werden. Er kommt häufig in der Pop- und Rockmusik vor. Spielt man die Quarte eine Oktave höher, erhält man einen Undezimakkord.

E4 (sus4, 11) – erste Umkehrung

Grundton: *E* – Quarte/Undezime: *A* – Quinte: *H*

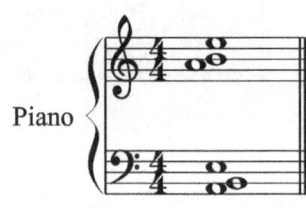

E4 (sus4, 11) – zweite Umkehrung

In dieser Umkehrung oft als E11 notiert.

Grundton: *E* – Quarte/Undezime: *A* – Quinte: *H*

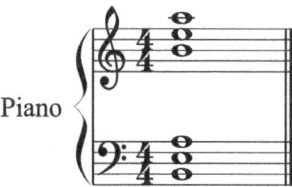

E6 (13)

Grundton: *E* – Terz: *Gis* – Sexte/Tredezime: *Cis*

Dieser Akkord kommt häufig im Blues vor, oft in Kombination mit dem Septakkord. Ein Anwendungsbeispiel finden Sie im Kapitel »Ein wenig Musiktheorie«.

E6 (13) – erste Umkehrung

Grundton: *E* – Terz: *Gis* – Sexte/Tredezime: *Cis*

E6 (13) – zweite Umkehrung

Grundton: *E* – Terz: *Gis* – Sexte/Tredezime: *Cis*

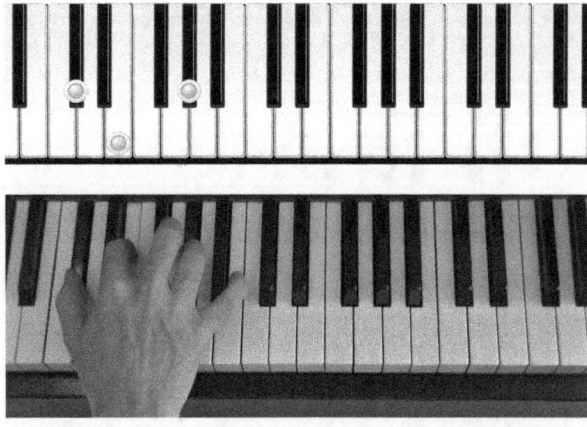

E5

Grundton: *E* – Quinte: *H*

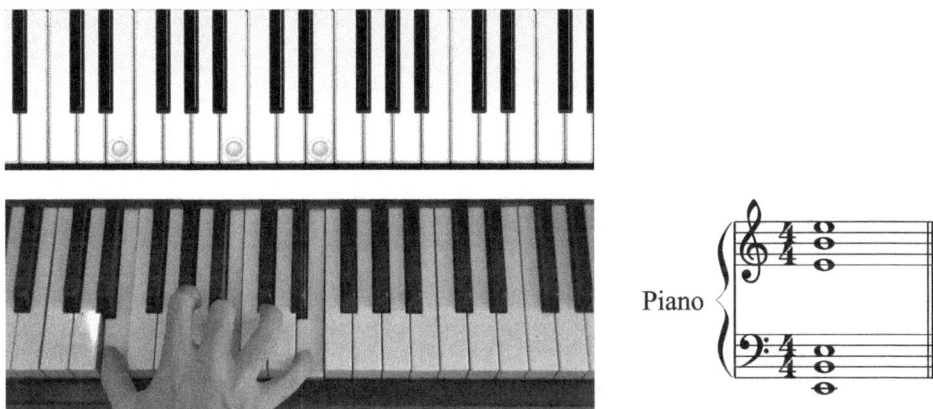

Dieser Akkord besteht nur aus zwei Tönen und lässt sich weder den Dur- noch den Mollakkorden zuordnen. Mit seiner kargen Harmonie wird er vor allem als Powerchord auf der verstärkten Gitarre verwendet, wo die Verstärkung von selbst Harmonien hinzufügt und den Gebrauch der Terz überflüssig macht.

Eaug (♯5, +, 5+)

Grundton: *E* – Terz: *Gis* – übermäßige Quinte: *C*

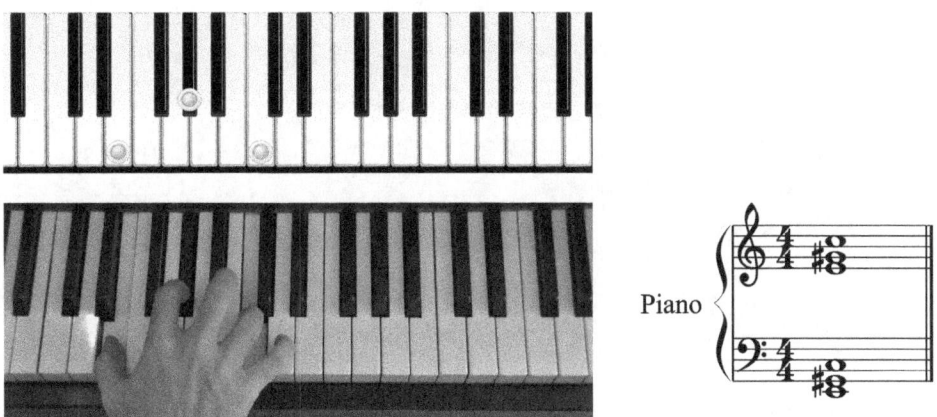

Dieser Akkord entspricht einem Modus, den man als »harmonisch Moll« bezeichnet. Bei natürlichen Tonleitern kommt er nicht vor. Wo er benutzt wird, sorgt er für einen »molligen« Klang.

Em6 (min6, -6)

Grundton: *E* – Terz: *G* – Sexte: *Cis*

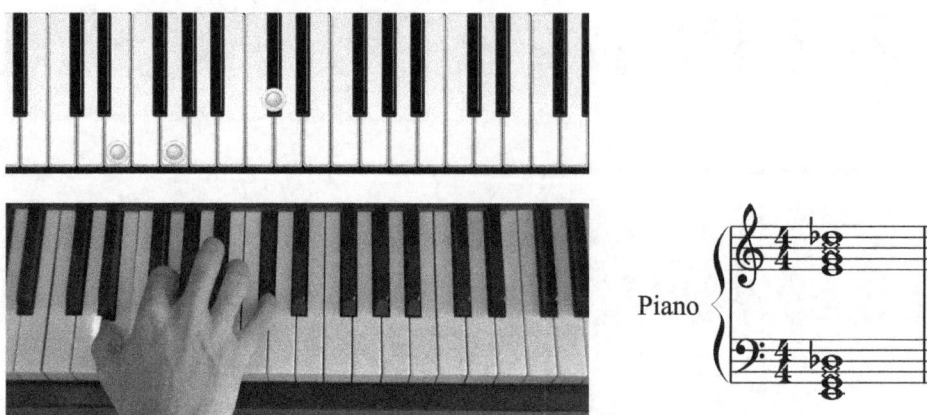

Diesem Akkord begegnet man oft in Jazznummern, er lässt sich als Umkehrung von C#dim7 interpretieren.

E7/9

Grundton: *E* – Terz: *Gis* – Quinte: *H* – Septime: *D* – None: *Fis*

Dieser Akkord kommt vor allem im Jazz und Bossa Nova vor. Um ihn möglichst einfach zu spielen, kann man den Grundton ignorieren und mit der Terz beginnen. Der Grundton kann mit der linken Hand gespielt werden, aber auch von einem anderen Instrument wie dem Kontrabass.

E7/♭9

Grundton: *E* – Terz: *Gis* – Quinte: *H* – Septime: *D* – None: *F*

Dieser Akkordtypus begegnet uns sehr oft im Jazz. Man kann ihn auf zwei Arten spielen: entweder, indem man die None um einen Halbton erniedrigt, oder indem man den Grundton eines Akkords mit einfacher Septime um einen Halbton erhöht.

E7/#9 (7/9+, m7/♭11)

Grundton: *E* – Terz: *Gis* – Quinte: *H* – Septime: *D* – None: *G*

Dieser sehr ausgefallene Akkord enthält sowohl die große wie auch die kleine (9+) Terz und sorgt für einen bluestypischen Klang (Moll und Dur gemischt). Er wurde vor allem bekannt durch Jimi Hendrix' unverwechselbaren Bluesrock-Stil.

Emaj7/9 (M7/9, ∆7/9)

Grundton: *E* – Terz: *Gis* – Quinte: *H* – Septime: *Dis* – None: *Fis*

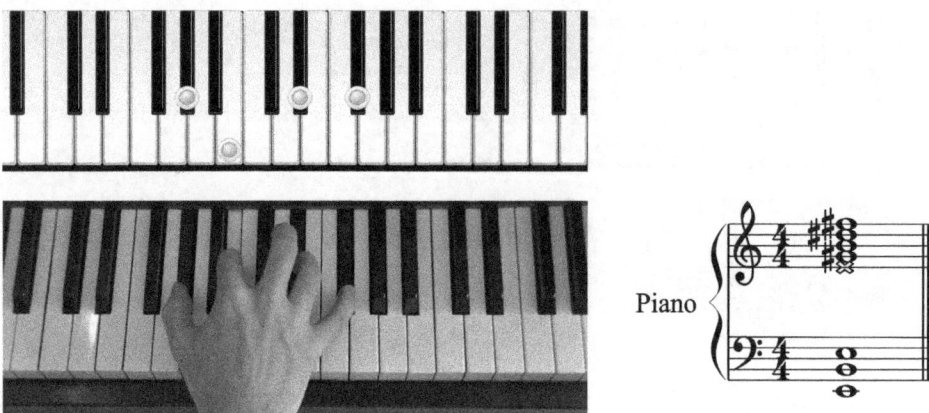

Dieser Akkord kommt vor allem beim Jazz und Bossa Nova vor. Um diesen Akkord möglichst einfach zu spielen, kann man den Grundton ignorieren und mit der Terz beginnen. Auf diese Weise erhält man einen G#m7-Akkord. Der Grundton kann mit der linken Hand gespielt werden, aber auch von einem anderen Instrument wie dem Kontrabass.

Em7/9 (min7/9, -7/9)

Grundton: *E* – Terz: *G* – Quinte: *H* – Septime: *D* – None: *Fis*

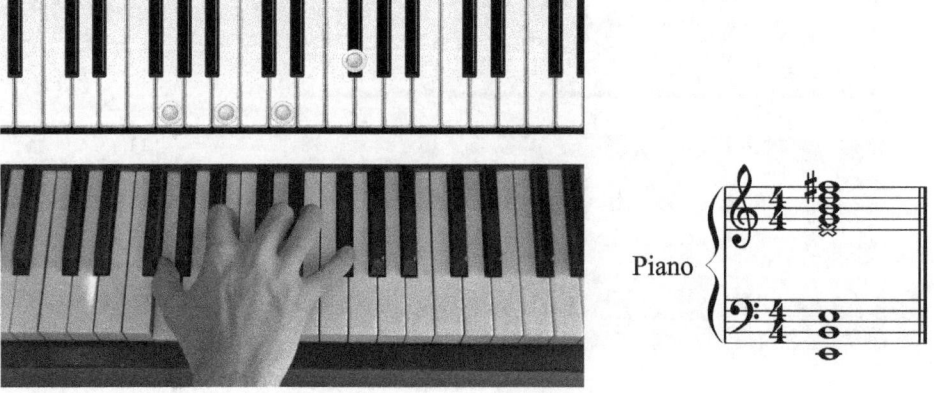

Kommt oft im Jazz und Bossa Nova vor und folgt den gleichen Prinzipien wie der 7/9-Akkord.

E7sus4

Grundton: *E* – Quarte/Undezime: *A* – Quinte: *H* – Septime: *D*

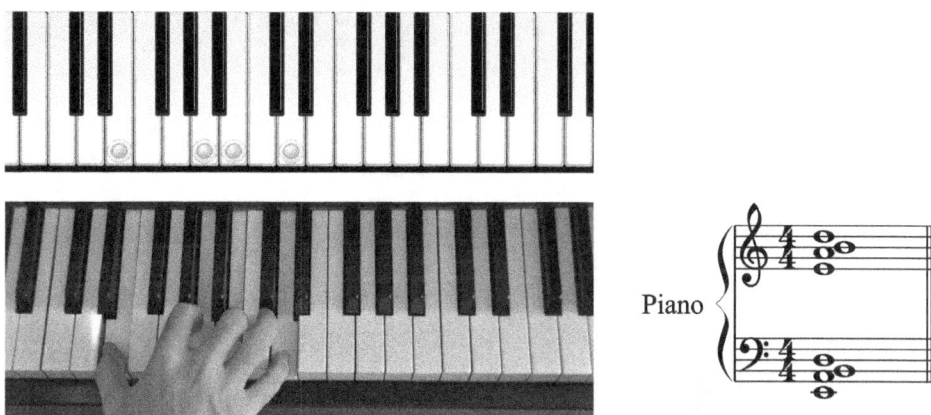

Um diesen Akkord zu spielen, spielen Sie einen Septakkord mit erhöhter Terz. Beachten Sie: Es handelt sich um eine Umkehrung des noch folgenden 7/11-Akkords.

E7/11

Grundton: *E* – Quarte/Undezime: *A* – Quinte: *H* – Septime: *D*

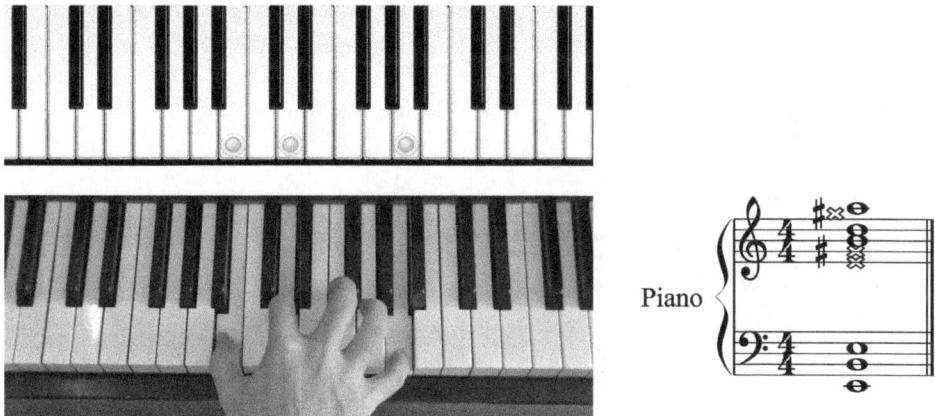

Für diesen Akkord spielen Sie einen Septakkord in der zweiten Umkehrung mit erhöhter Terz. Beachten Sie: Die Undezime ist identisch mit der oktavierten Quarte. Man lässt häufig den Grundton weg, der mit der linken Hand oder auf einem Kontrabass gespielt werden kann.

Em7/11(min7/11, -7/11)

Grundton: *E* – Terz: *G* – Quinte: *H* – Septime: *D* – Undezime: *A*

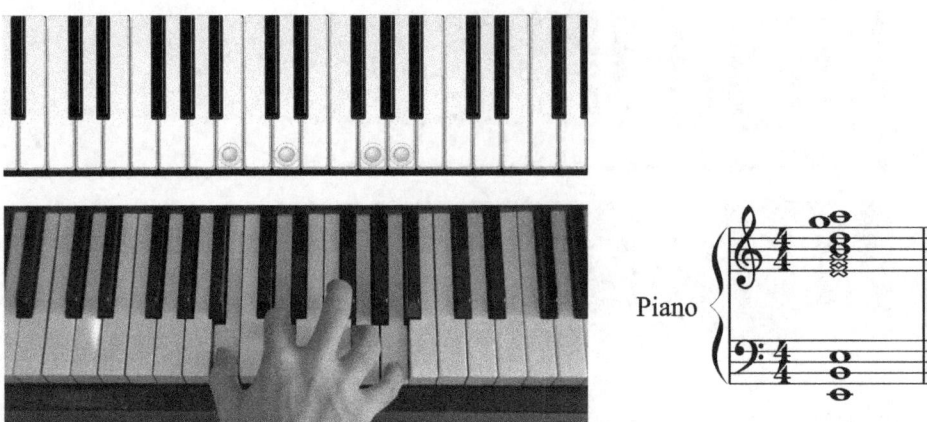

Es handelt sich um eine für den Jazz typische Akkorderweiterung. Wie beim Nonenakkord lässt man den Grundton weg, da er leicht auch von der linken Hand oder dem Kontrabassisten einer Jazz-Combo gespielt werden kann.

E7/#11

Grundton: *E* – Terz: *Gis* – Quinte: *H* – Septime: *D* – Undezime: *Ais*

Die übermäßige Undezime entspricht der verminderten Quinte. Der Akkord entspringt keinem typischen Modus; man wird ihm also nur selten begegnen, außer als Durchgangsakkord.

Emaj7/#11 (M7/#11, △7/#11)

Grundton: *E* – Terz: *Gis* – Quinte: *H* – Septime: *Dis* – Undezime: *Ais*

Die übermäßige Undezime entspricht der verminderten Quinte. Der Akkord entspringt keinem typischen Modus; man wird ihm also nur selten begegnen, außer als Durchgangsakkord.

E7/♭5

Grundton: *E* – Terz: *Gis* – Quinte: *B* – Septime: *D*

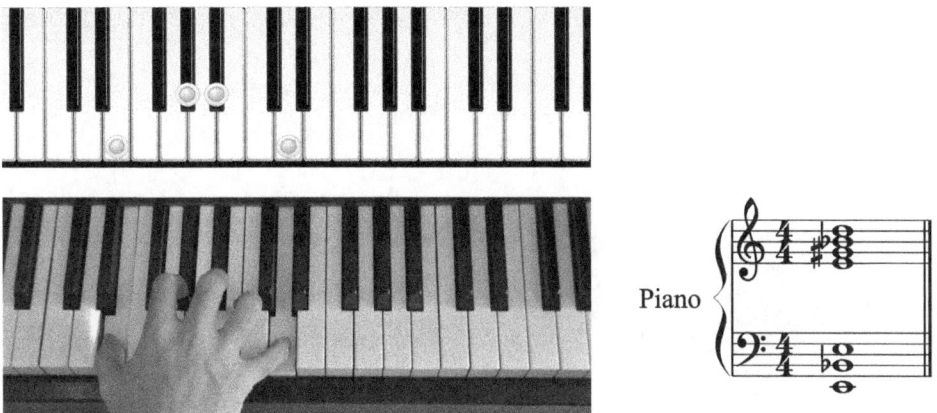

Für diesen Durchgangsakkord müssen Sie lediglich die Quinte eines normalen Septakkords alterieren. Verwechseln Sie ihn nicht mit den verminderten und halbverminderten Akkorden; die nämlich haben eine kleine Terz.

Eo (dim♭7)

Grundton: *E* – Terz: *G* – Quinte: *B* – Septime: *Des*

Dieser sehr ausgefallene Akkord stützt sich auf einen Modus, den man als »harmonisch Moll« bezeichnet. Beachten Sie, dass die Notenabstände jeweils einem Anderthalbton entsprechen; es sind Mollschritte. Aufgrund seiner sehr symmetrischen Struktur ergibt jede Umkehrung dieses Akkords auch einen verminderten Akkord.

Eø (dim7) – Em7/♭5 (min7/♭5, -7/♭5)

Grundton: *E* – Terz: *G* – Quinte: *B* – Septime: *D*

Dieser Akkord, der als »gefühlvoll« gilt, wird hauptsächlich als Durchgangsakkord verwendet und entspricht einer klassischen Herangehensweise an den Jazz.

Eaug7 (+7, 7/♯5, 7/5+)

Grundton: *E* – Terz: *Gis* – Quinte: *C* – Septime: *D*

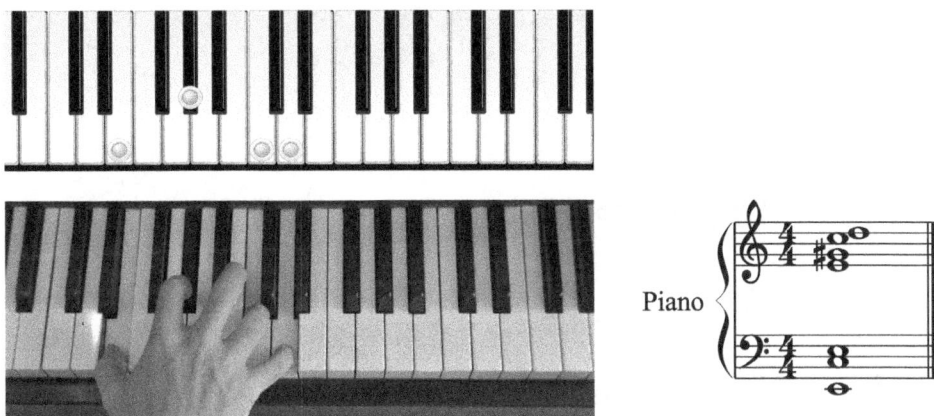

Diesen Akkord gibt es in keinem natürlichen Modus. Man verwendet ihn als Durchgangsakkord (alterierte Quinte).

E7sus4/9

Grundton: *E* – Terz: *Gis* – Quinte: *H* – Septime: *D* – None: *Fis* – Quarte/Undezime: *A*

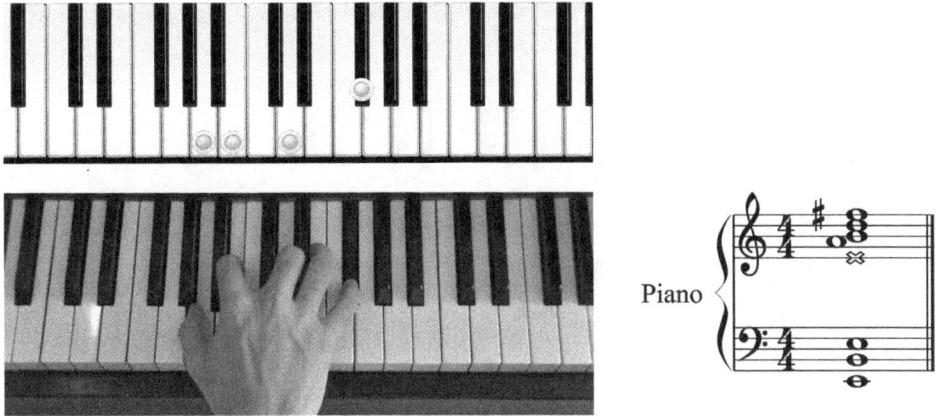

Für diesen Akkord spielen Sie einen 7/9-Akkord und erhöhen die Terz. Beachten Sie: Es handelt sich um eine Umkehrung des folgenden 7/9/11-Akkords.

E7/9/11

Grundton: *E* – Terz: *Gis* – Quinte: *H* – Septime: *D* – None: *Fis* – Quarte/Undezime: *A*

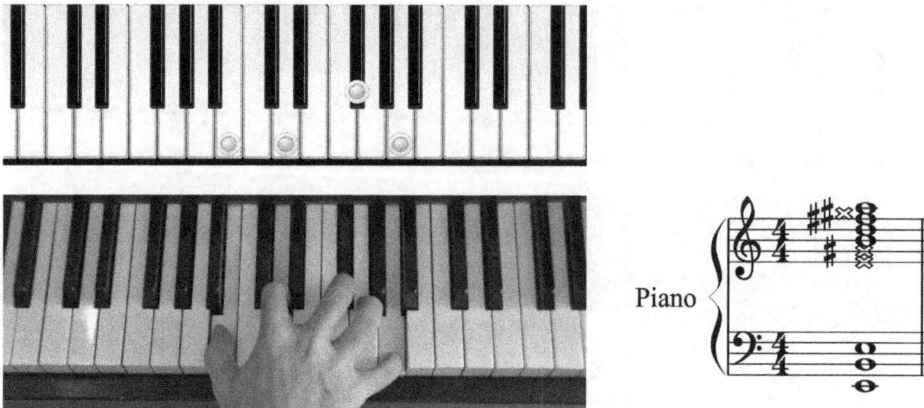

Um diesen Akkord möglichst einfach zu spielen, spielen Sie einen Mollseptakkord, dessen Grundton die Quinte des Akkords ist, in unserem Fall also Hm7. Dann spielen Sie den Grundton mit der linken Hand oder lassen ihn von einem Kontrabass spielen.

E7/9/11/13

Grundton: *E* – Terz: *Gis* – Quinte: *H* – Septime: *D* – None: *Fis* – Quarte/Undezime: *A* – Tredezime: *Cis*

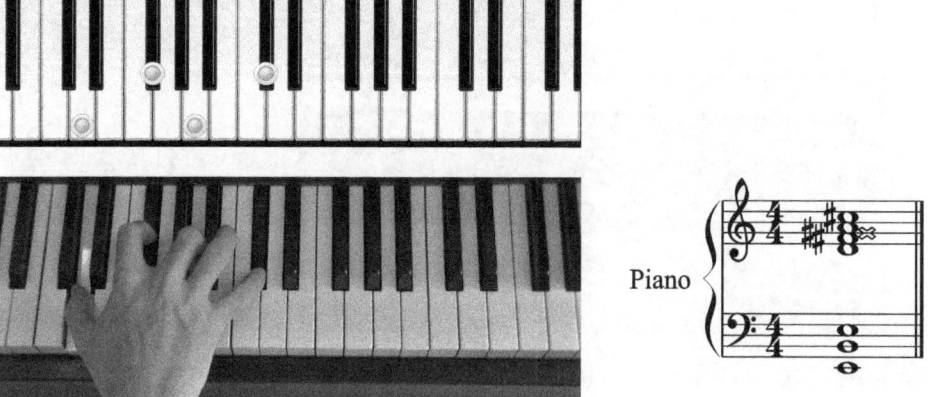

Es handelt sich um die größte Erweiterung, die bei einem Akkord möglich ist. Wie schon bei den Akkorden 7/9 und 7/9/11 ist es am einfachsten, einen anderen Akkord einzusetzen und nur die letzten Töne des Akkords zu spielen. Die grundlegenden Noten werden von der linken Hand oder den anderen Instrumenten gespielt.

Teil VI
Die F-Akkorde

F (Dur, maj, M, ∆)

Grundton: *F* – Terz: *A* – Quinte: *C*

F (Dur, maj, M, ∆) – erste Umkehrung

Grundton: *F* – Terz: *A* – Quinte: *C*

Weitere Informationen zum Thema Akkordumkehrungen finden Sie im Kapitel »Ein wenig Musiktheorie«.

F (Dur, maj, M, △) – zweite Umkehrung

Grundton: *F* – Terz: *A* – Quinte: *C*

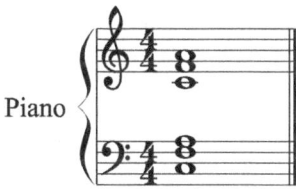

Fm (f-Moll, min, -)

Grundton: *F* – Terz: *As* – Quinte: *C*

Fm (f-Moll, min, -) – erste Umkehrung

Grundton: *F* – Terz: *As* – Quinte: *C*

Fm (f-Moll, min, -) – zweite Umkehrung

Grundton: *F* – Terz: *As* – Quinte: *C*

Fdim

Grundton: *F* – Terz: *As* – Quinte: *H*

Hierbei handelt es sich um einen Durchgangsakkord. Er lässt sich häufig durch den Akkord C#7 oder D♭7 ersetzen, der die gleichen Noten mit einem zusätzlichen Cis bzw. Des enthält.

Fdim – erste Umkehrung

Grundton: *F* – Terz: *As* – Quinte: *H*

Fdim – zweite Umkehrung

Grundton: *F* – Terz: *As* – Quinte: *H*

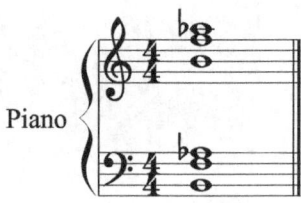

F7

Grundton: *F* – Terz: *A* – Quinte: *C* – Septime: *Es*

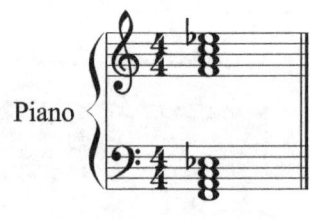

Dieser Akkord kommt in allen Musikstilen vor, vor allem im Blues und Jazz. Man bezeichnet ihn als *Dominantseptakkord*. Da es sich um einen Vierklang handelt, gibt es natürlich auch vier mögliche Umkehrungen (einschließlich Grundform). Die dritte Umkehrung wird in der linken Hand gern als Durchgangsakkord bei »absteigenden Bässen« verwendet.

F7 – erste Umkehrung

Grundton: *F* – Terz: *A* – Quinte: *C* – Septime: *Es*

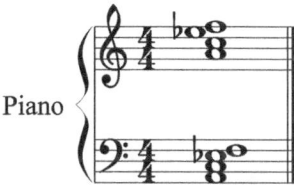

F7 – zweite Umkehrung

Grundton: *F* – Terz: *A* – Quinte: *C* – Septime: *Es*

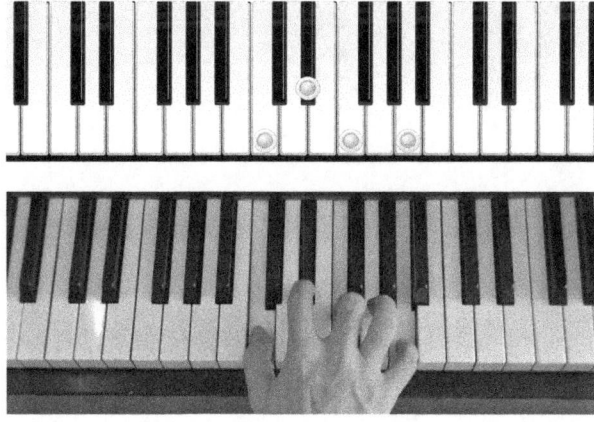

F7 – dritte Umkehrung

Grundton: *F* – Terz: *A* – Quinte: *C* – Septime: *Es*

Fm7 (min7, -7)

Grundton: *F* – Terz: *As* – Quinte: *C* – Septime: *Es*

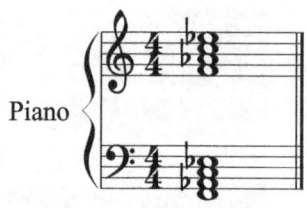

Fm7 (min7, -7) – erste Umkehrung

Grundton: *F* – Terz: *As* – Quinte: *C* – Septime: *Es*

Fm7 (min7, -7) – zweite Umkehrung

Grundton: *F* – Terz: *As* – Quinte: *C* – Septime: *Es*

Fm7 (min7, -7) – dritte Umkehrung

Grundton: *F* – Terz: *As* – Quinte: *C* – Septime: *Es*

Fmaj7 (7M, ∆7)

Grundton: *F* – Terz: *A* – Quinte: *C* – große Septime: *E*

Dieser Akkord sorgt für eine Jazz/Bossa-Färbung, wird aber normalerweise nicht im Blues verwendet, wo man ihn lieber durch einen Septakkord ersetzt.

Fmaj7 (7M, ∆7) – erste Umkehrung

Grundton: *F* – Terz: *A* – Quinte: *C* – große Septime: *E*

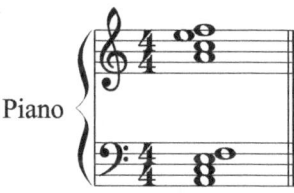

Fmaj7 (7M, ∆7) – zweite Umkehrung

Grundton: *F* – Terz: *A* – Quinte: *C* – große Septime: *E*

Fmaj7 (7M, ∆7) – dritte Umkehrung

Grundton: *F* – Terz: *A* – Quinte: *C* – große Septime: *E*

F2 – F9 (sus2, sus9)

In der Grundstellung meist als F2 notiert.

Grundton: *F* – Sekunde/None: *G* – Quinte: *C*

Dieser Akkord (ohne Terz gespielt) taucht häufig in der Rock- und Popmusik auf. Er ermöglicht es, dem Stück eine bestimmte Färbung zu verleihen, ohne vom traditionellen Klang abzuweichen.

F2 – F9 (sus2, sus9) – erste Umkehrung

Grundton: *F* – Sekunde/None: *G* – Quinte: *C*

Piano

F2 – F9 (sus2, sus9) – zweite Umkehrung

Diese Umkehrung wird oft als F9 notiert.

Grundton: *F* – Sekunde/None: *G* – Quinte: *C*

Piano

F4 (sus4, 11)

In der Grundstellung oft als F4 bezeichnet.

Grundton: *F* – Quarte/Undezime: *B* – Quinte: *C*

Bei diesem Akkord wird oft die Terz gegen die Quarte eingetauscht, denn wenn man die Terz umgeht, muss der Akkord nicht als Dur- oder Mollakkord festgelegt werden. Er kommt häufig in der Pop- und Rockmusik vor. Spielt man die Quarte eine Oktave höher, erhält man einen Undezimakkord.

F4 (sus4, 11) – erste Umkehrung

Grundton: *F* – Quarte/Undezime: *B* – Quinte: *C*

F4 (sus4, 11) – zweite Umkehrung

In dieser Umkehrung oft als F11 notiert.

Grundton: *F* – Quarte/Undezime: *B* – Quinte: *C*

F6 (13)

Grundton: *F* – Terz: *A* – Sexte/Tredezime: *D*

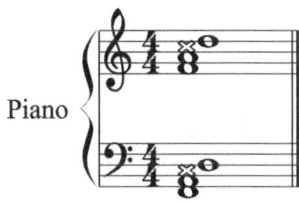

Dieser Akkord kommt häufig im Blues vor, oft in Kombination mit dem Septakkord. Ein Anwendungsbeispiel finden Sie im Kapitel »Ein wenig Musiktheorie«.

F6 (13) – erste Umkehrung

Grundton: *F* – Terz: *A* – Sexte/Tredezime: *D*

F6 (13) – zweite Umkehrung

Grundton: *F* – Terz: *A* – Sexte/Tredezime: *D*

F5

Grundton: *F* – Quinte: *C*

Dieser Akkord besteht nur aus zwei Tönen und lässt sich weder den Dur- noch den Mollakkorden zuordnen. Mit seiner kargen Harmonie wird er vor allem als Powerchord auf der verstärkten Gitarre verwendet, wo die Verstärkung von selbst Harmonien hinzufügt und den Gebrauch der Terz überflüssig macht.

Faug (#5, +, 5+)

Grundton: *F* – Terz: *A* – übermäßige Quinte: *Cis*

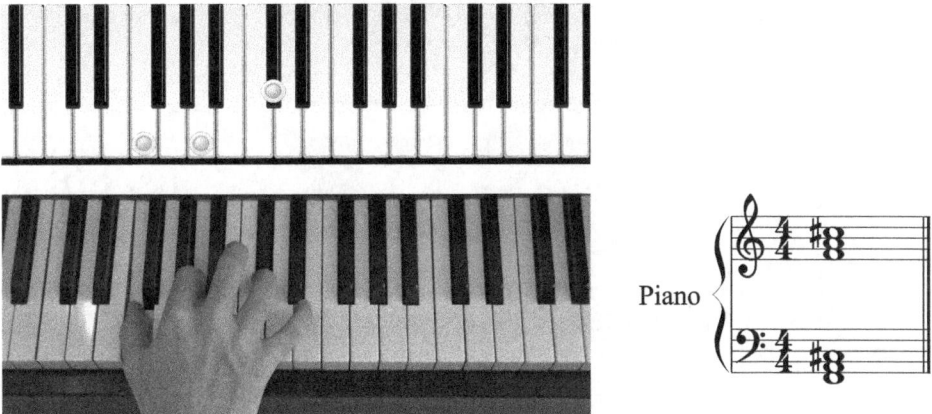

Dieser Akkord entspricht einem Modus, den man als »harmonisch Moll« bezeichnet. Bei natürlichen Tonleitern kommt er nicht vor. Wo er benutzt wird, sorgt er für einen »molligen« Klang.

Fm6 (min6, -6)

Grundton: *F* – Terz: *As* – Sexte: *D*

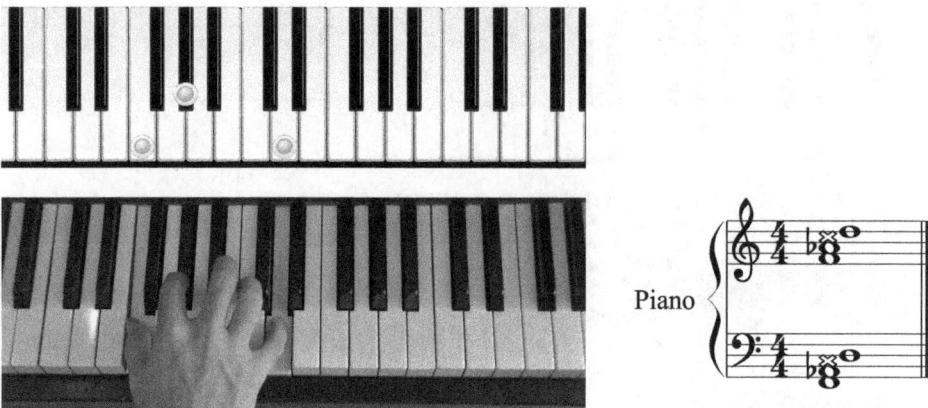

Diesem Akkord begegnet man oft in Jazznummern, er lässt sich als Umkehrung von Ddim7 interpretieren.

F7/9

Grundton: *F* – Terz: *A* – Quinte: *C* – Septime: *Es* – None: *G*

Dieser Akkord kommt vor allem im Jazz und Bossa Nova vor. Um ihn möglichst einfach zu spielen, kann man den Grundton ignorieren und mit der Terz beginnen. Der Grundton kann mit der linken Hand gespielt werden, aber auch von einem anderen Instrument wie dem Kontrabass.

F7/♭9

Grundton: *F* – Terz: *A* – Quinte: *C* – Septime: *Es* – None: *Ges*

Dieser Akkordtypus begegnet uns sehr oft im Jazz. Man kann ihn auf zwei Arten spielen: entweder, indem man die None um einen Halbton erniedrigt, oder indem man den Grundton eines Akkords mit einfacher Septime um einen Halbton erhöht.

F7/#9 (7/9+, m7/♭11)

Grundton: *F* – Terz: *A* – Quinte: *C* – Septime: *Es* – None: *Gis*

Dieser sehr ausgefallene Akkord enthält sowohl die große wie auch die kleine (9+) Terz und sorgt für einen bluestypischen Klang (Moll und Dur gemischt). Er wurde vor allem bekannt durch Jimi Hendrix' unverwechselbaren Bluesrock-Stil.

Fmaj7/9 (M7/9, ∆7/9)

Grundton: *F* – Terz: *A* – Quinte: *C* – Septime: *E* – None: *G*

Dieser Akkord kommt vor allem beim Jazz und Bossa Nova vor. Um diesen Akkord möglichst einfach zu spielen, kann man den Grundton ignorieren und mit der Terz beginnen. Auf diese Weise erhält man einen Am7-Akkord. Der Grundton kann mit der linken Hand gespielt werden, aber auch von einem anderen Instrument wie dem Kontrabass.

Fm7/9 (min7/9, -7/9)

Grundton: *F* – Terz: *As* – Quinte: *C* – Septime: *Es* – None: *G*

Kommt oft im Jazz und Bossa Nova vor und folgt den gleichen Prinzipien wie der 7/9-Akkord.

F7sus4

Grundton: *F* – Quarte/Undezime: *B* – Quinte: *C* – Septime: *Es*

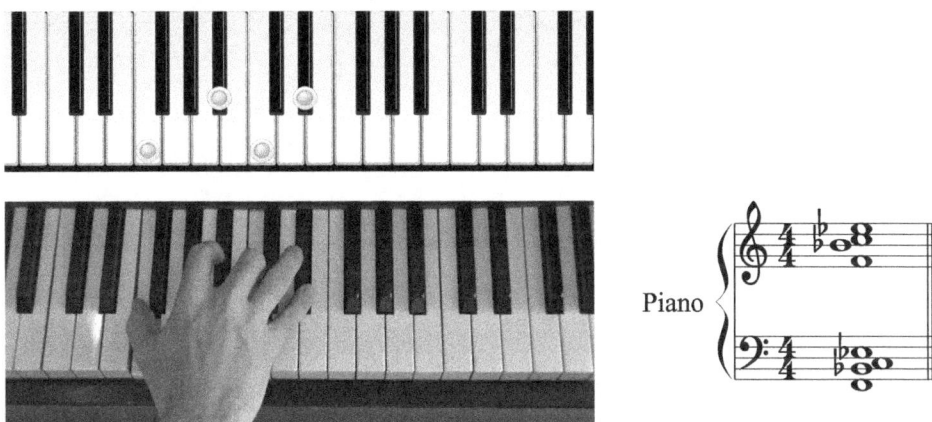

Um diesen Akkord zu spielen, spielen Sie einen Septakkord mit erhöhter Terz. Beachten Sie: Es handelt sich um eine Umkehrung des nachfolgenden 7/11-Akkords.

F7/11

Grundton: *F* – Quarte/Undezime: *B* – Quinte: *C* – Septime: *Es*

Für diesen Akkord spielen Sie einen Septakkord in der zweiten Umkehrung mit erhöhter Terz. Beachten Sie: Die Undezime ist identisch mit der oktavierten Quarte. Man lässt häufig den Grundton weg, der mit der linken Hand oder auf einem Kontrabass gespielt werden kann.

Fm7/11 (min7/11)

Grundton: *F* – Terz: *As* – Quinte: *C* – Septime: *Es* – Undezime: *B*

Es handelt sich um eine für den Jazz typische Akkorderweiterung. Wie beim Nonenakkord lässt man den Grundton weg, da er leicht auch von der linken Hand oder dem Kontrabassisten einer Jazz-Combo gespielt werden kann.

F7/♯11

Grundton: *F* – Terz: *A* – Quinte: *C* – Septime: *Es* – Undezime: *H*

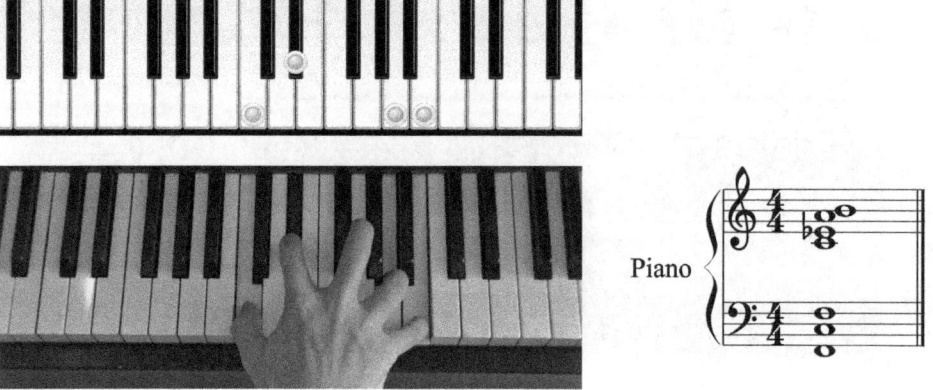

Die übermäßige Undezime entspricht der verminderten Quinte. Der Akkord entspringt keinem typischen Modus; man wird ihm also nur selten begegnen, außer als Durchgangsakkord.

Fmaj7/#11 (M7/#11, △7/#11)

Grundton: *F* – Terz: *A* – Quinte: *C* – Septime: *E* – Undezime: *H*

Die übermäßige Undezime entspricht der verminderten Quinte. Der Akkord entspringt keinem typischen Modus; man wird ihm also nur selten begegnen, außer als Durchgangsakkord.

F7/♭5

Grundton: *F* – Terz: *A* – Quinte: *H* – Septime: *Es*

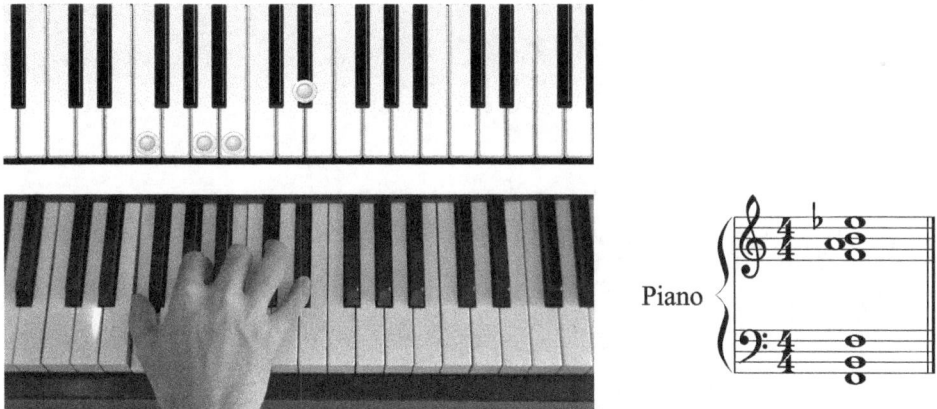

Für diesen Durchgangsakkord müssen Sie lediglich die Quinte eines normalen Septakkords alterieren. Verwechseln Sie ihn nicht mit den verminderten und halbverminderten Akkorden; die nämlich haben eine kleine Terz.

Fo (dim♭7)

Grundton: *F* – Terz: *As* – Quinte: *H* – Septime: *D*

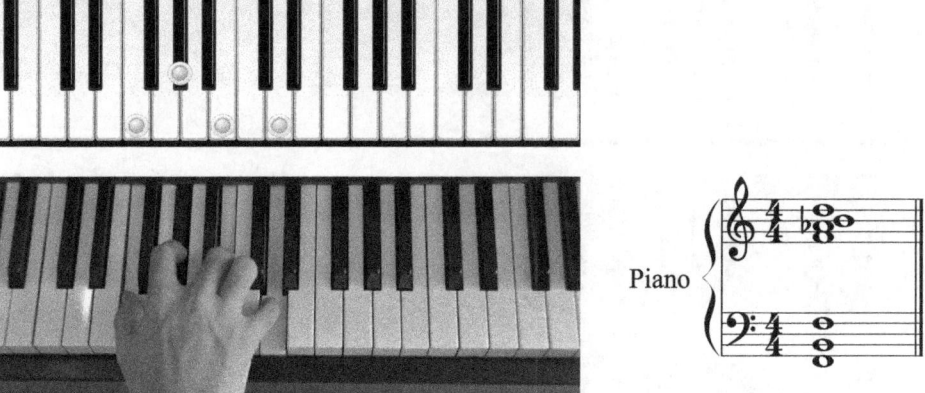

Dieser sehr ausgefallene Akkord stützt sich auf einen Modus, den man als »harmonisch Moll« bezeichnet. Beachten Sie, dass die Notenabstände jeweils einem Anderthalbton entsprechen; es sind Mollschritte. Aufgrund seiner sehr symmetrischen Struktur ergibt jede Umkehrung dieses Akkords auch einen verminderten Akkord.

Fø (dim7) – Fm7/♭5 (min7/♭5, -7/♭5)

Grundton: *F* – Terz: *As* – Quinte: *H* – Septime: *Es*

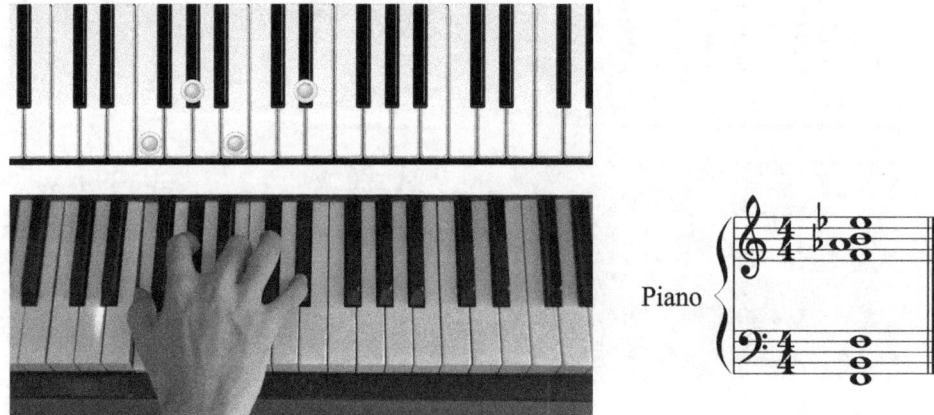

Dieser Akkord, der als »gefühlvoll« gilt, wird hauptsächlich als Durchgangsakkord verwendet und entspricht einer klassischen Herangehensweise an den Jazz.

Faug7 (+7, 7/#5, 7/5+)

Grundton: *F* – Terz: *A* – Quinte: *Cis* – Septime: *Es*

Diesen Akkord gibt es in keinem natürlichen Modus. Man verwendet ihn als Durchgangsakkord (alterierte Quinte).

F7sus4/9

Grundton: *F* – Terz: *A* – Quinte: *C* – Septime: *Es* – None: *G* – Quarte/Undezime: *B*

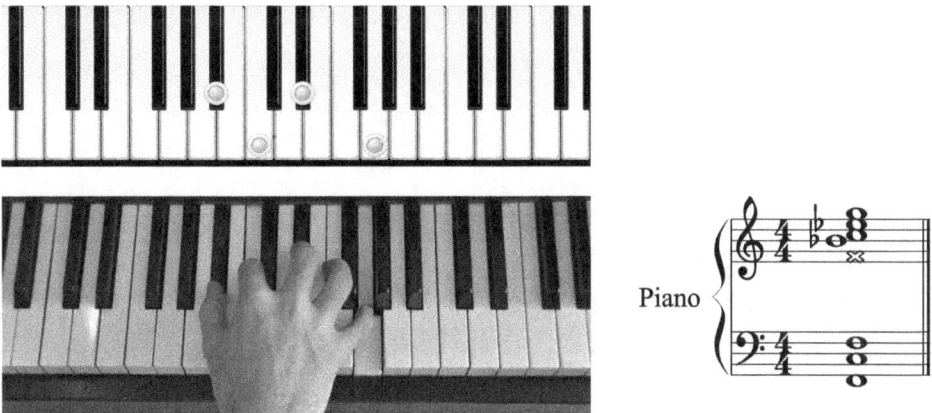

Für diesen Akkord spielen Sie einen 7/9-Akkord und erhöhen die Terz. Beachten Sie: Es handelt sich um eine Umkehrung des folgenden 7/9/11-Akkords.

F7/9/11

Grundton: *F* – Terz: *A* – Quinte: *C* – Septime: *Es* – None: *G* – Quarte/Undezime: *B*

Um diesen Akkord möglichst einfach zu spielen, spielen Sie einen Mollseptakkord, dessen Grundton die Quinte des Akkords ist, in unserem Fall also Cm7. Dann spielen Sie den Grundton mit der linken Hand oder lassen ihn von einem Kontrabass spielen.

F7/9/11/13

Grundton: *F* – Terz: *A* – Quinte: *C* – Septime: *Es* – None: *G* – Quarte/Undezime: *B* – Tredezime: *D*

Es handelt sich um die größte Erweiterung, die bei einem Akkord möglich ist. Wie schon bei den Akkorden 7/9 und 7/9/11 ist es am einfachsten, einen anderen Akkord einzusetzen und nur die letzten Töne des Akkords zu spielen. Die grundlegenden Noten werden von der linken Hand oder den anderen Instrumenten gespielt.

Teil VII
Die G♭- und F#-Akkorde

G♭ oder F♯ (Dur, maj, M, △)

Grundton: *Ges* oder *Fis* – Terz: *B* oder *Ais* – Quinte: *Des* oder *Cis*

G♭ oder F♯ (Dur, maj, M, △) – erste Umkehrung

Grundton: *Ges* oder *Fis* – Terz: *B* oder *Ais* – Quinte: *Des* oder *Cis*

Mehr zum Thema Umkehrungen finden Sie im Kapitel »Ein wenig Musiktheorie«.

G♭ oder F♯ (Dur, maj, M, ∆) – zweite Umkehrung

Grundton: *Ges* oder *Fis* – Terz: *B* oder *Ais* – Quinte: *Des* oder *Cis*

G♭m oder F♯m (g♭- oder f♯-Moll, min, -)

Grundton: *Ges* oder *Fis* – Terz: *A* – Quinte: *Des* oder *Cis*

214 TEIL VII Die G♭- und F♯-Akkorde

G♭m oder F♯m (g♭- oder f♯-Moll , min, -) – erste Umkehrung

Grundton: *Ges* oder *Fis* – Terz: *A* – Quinte: *Des* oder *Cis*

Piano

G♭m oder F♯m (g♭- oder f♯-Moll , min, -) – zweite Umkehrung

Grundton: *Ges* oder *Fis* – Terz: *A* – Quinte: *Des* oder *Cis*

Piano

G♭dim oder F#dim

Grundton: *Ges* oder *Fis* – Terz: *A* – Quinte: *C*

Es handelt sich um einen Durchgangsakkord. Er lässt sich häufig durch den Akkord D7 ersetzen, der die gleichen Noten und zusätzlich das D enthält.

G♭dim oder F#dim – erste Umkehrung

Grundton: *Ges* oder *Fis* – Terz: *A* – Quinte: *C*

G♭dim oder F#dim – zweite Umkehrung

Grundton: *Ges* oder *Fis* – Terz: *A* – Quinte: *C*

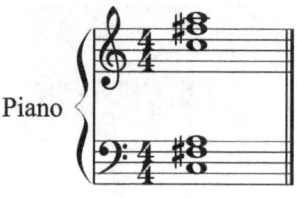

G♭7 oder F#7

Grundton: *Ges* oder *Fis* – Terz: *B* oder *Ais* – Quinte: *Des* oder *Cis* – Septime: *E*

Dieser Akkord wird in allen Musikstilen verwendet, vor allem im Blues und Jazz. Man bezeichnet ihn als *Dominantseptakkord*. Die dritte Umkehrung wird in der linken Hand gern als Durchgangsakkord bei »absteigenden Bässen« verwendet.

G♭7 oder F#7 – erste Umkehrung

Grundton: *Ges* oder *Fis* – Terz: *B* oder *Ais* – Quinte: *Des* oder *Cis* – Septime: *E*

Piano

G♭7 oder F#7 – zweite Umkehrung

Grundton: *Ges* oder *Fis* – Terz: *B* oder *Ais* – Quinte: *Des* oder *Cis* – Septime: *E*

Piano

G♭7 oder F♯7 – dritte Umkehrung

Grundton: *Ges* oder *Fis* – Terz: *B* oder *Ais* – Quinte: *Des* oder *Cis* – Septime: *E*

G♭m7 oder F♯m7 (min7, -7)

Grundton: *Ges* oder *Fis* – Terz: *A* – Quinte: *Des* oder *Cis* – Septime: *E*

G♭m7 oder F#m7 (min7, -7) – erste Umkehrung

Grundton: *Ges* oder *Fis* – Terz: *A* – Quinte: *Des* oder *Cis* – Septime: *E*

G♭m7 oder F#m7 (min7, -7) – zweite Umkehrung

Grundton: *Ges* oder *Fis* – Terz: *A* – Quinte: *Des* oder *Cis* – Septime: *E*

G♭m7 oder F#m7 (min7, -7) – dritte Umkehrung

Grundton: *Ges* oder *Fis* – Terz: *A* – Quinte: *Des* oder *Cis* – Septime: *E*

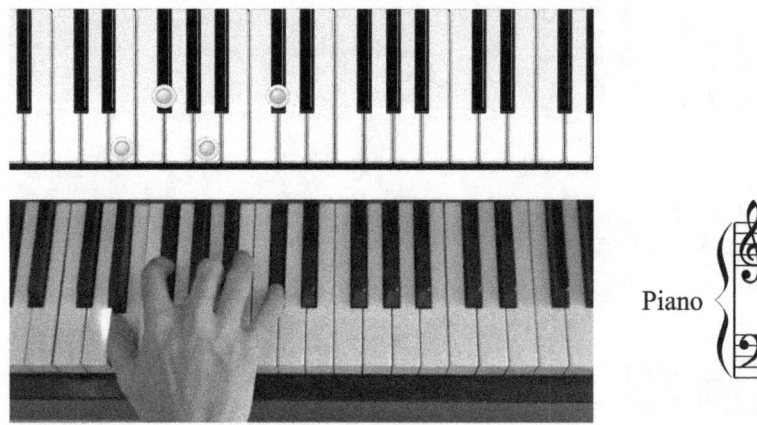
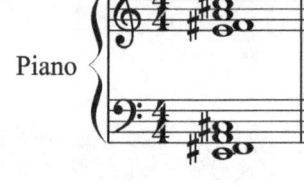

G♭maj7 oder F#maj7 (Δ7)

Grundton: *Ges* oder *Fis* – Terz: *B* oder *Ais* – Quinte: *Des* oder *Cis* – große Septime: *F*

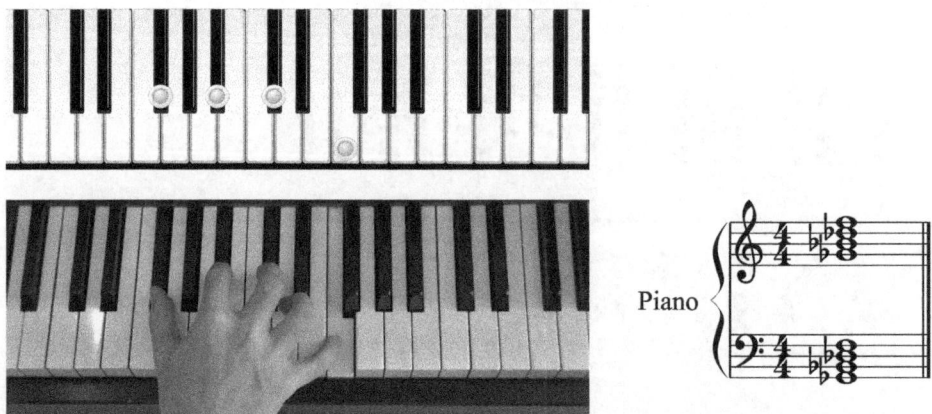

Dieser Akkord sorgt für eine Jazz/Bossa-Färbung, wird aber normalerweise nicht im Blues verwendet, wo man ihn lieber durch einen Septakkord ersetzt.

G♭maj7 oder F#maj7 (7M, △7) – erste Umkehrung

Grundton: *Ges* oder *Fis* – Terz: *B* oder *Ais* – Quinte: *Des* oder *Cis* – große Septime: *F*

Piano

G♭maj7 oder F#maj7 (7M, △7) – zweite Umkehrung

Grundton: *Ges* oder *Fis* – Terz: *B* oder *Ais* – Quinte: *Des* oder *Cis* – große Septime: *F*

Piano

G♭maj7 oder F#maj7 (7M, Δ7) – dritte Umkehrung

Grundton: *Ges* oder *Fis* – Terz: *B* oder *Ais* – Quinte: *Des* oder *Cis* – große Septime: *F*

Piano

G♭2 – G♭9 oder F#2 – F#9 (sus2, sus9)

In der Grundstellung meist als G♭2 oder F#2 notiert.

Grundton: *Ges* oder *Fis* – Sekunde/None: *As* oder *Gis* – Quinte: *Des* oder *Cis*

Piano

Dieser Akkord (ohne Terz gespielt) taucht häufig in der Rock- und Popmusik auf. Er ermöglicht es, dem Stück eine gewisse Färbung zu verleihen, ohne vom traditionellen Klang abzuweichen.

G♭2 – G♭9 oder F#2 – F#9 (sus2, sus9) – erste Umkehrung

Grundton: *Ges* oder *Fis* – Sekunde/None: *As* oder *Gis* – Quinte: *Des* oder *Cis*

G♭2 – G♭9 oder F#2 – F#9 (sus2, sus9) – zweite Umkehrung

Diese Umkehrung wird oft G♭9 oder F#9 notiert.

Grundton: *Ges* oder *Fis* – Sekunde/None: *As* oder *Gis* – Quinte: *Des* oder *Cis*

G♭4 oder F♯4 (sus4, 11)

In der Grundstellung oft als G♭4 oder F♯4 bezeichnet.

Grundton: *Ges* oder *Fis* – Quarte/Undezime: *H* – Quinte: *Des* oder *Cis*

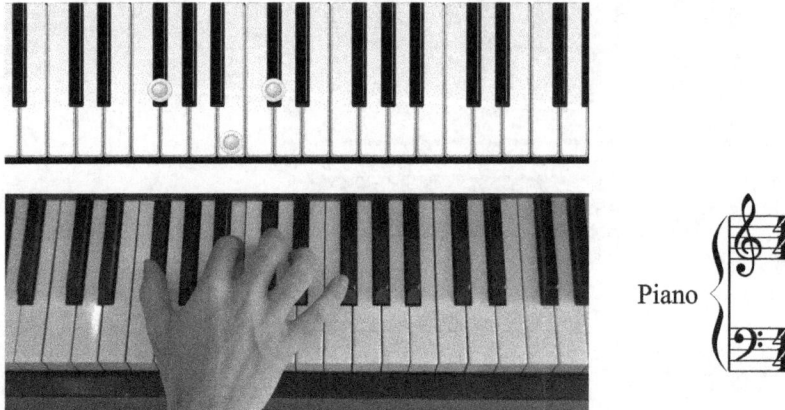

Bei diesem Akkord wird oft die Terz gegen die Quarte eingetauscht, denn wenn man die Terz umgeht, muss der Akkord nicht als Dur- oder Mollakkord festgelegt werden. Er kommt häufig in der Pop- und Rockmusik vor. Spielt man die Quarte eine Oktave höher, erhält man einen Undezimakkord.

G♭4 oder F♯4 (sus4, 11) – erste Umkehrung

Grundton: *Ges* oder *Fis* – Quarte/Undezime: *H* – Quinte: *Des* oder *Cis*

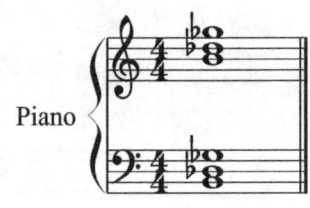

G♭4 oder F#4 (sus4, 11) – zweite Umkehrung

In dieser Umkehrung oft als G♭11 oder F#11 notiert.

Grundton: *Ges* oder *Fis* – Quarte/Undezime: *H* – Quinte: *Des* oder *Cis*

G♭6 oder F#6 (13)

Grundton: *Ges* oder *Fis* – Terz: *B* oder *Ais* – Sexte/Tredezime: *Es* oder *Dis*

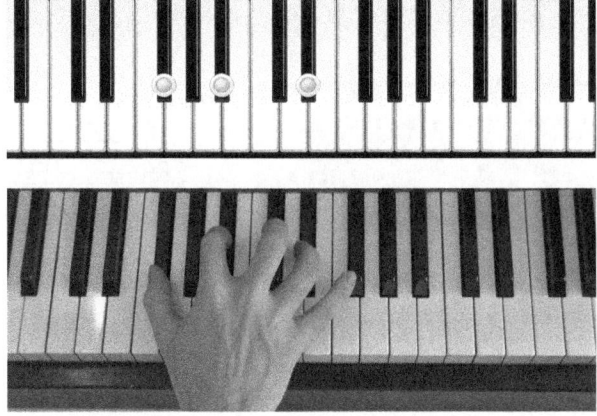

Dieser Akkord kommt häufig im Blues vor, oft in Kombination mit dem Septakkord. Ein Anwendungsbeispiel finden Sie im Kapitel »Ein wenig Musiktheorie«.

G♭6 oder F#6 (13) – erste Umkehrung

Grundton: *Ges* oder *Fis* – Terz: *B* oder *Ais* – Sexte/Tredezime: *Es* oder *Dis*

G♭6 oder F#6 (13) – zweite Umkehrung

Grundton: *Ges* oder *Fis* – Terz: *B* oder *Ais* – Sexte/Tredezime: *Es* oder *Dis*

G♭5 oder F#5

Grundton: *Ges* oder *Fis* – Quinte: *Des* oder *Cis*

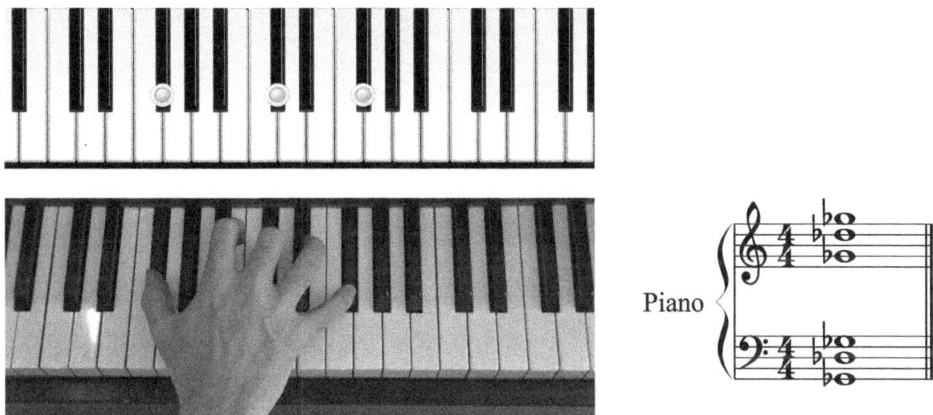

Dieser Akkord besteht nur aus zwei Tönen und lässt sich weder den Dur- noch den Mollakkorden zuordnen. Mit seiner kargen Harmonie wird er vor allem als Powerchord auf der verstärkten Gitarre verwendet, wo die Verstärkung von selbst Harmonien hinzufügt und den Gebrauch der Terz überflüssig macht.

G♭aug oder F#aug (#5, +, 5+)

Grundton *Ges* oder *Fis* – Terz: *B* oder *Ais* – übermäßige Quinte: *D*

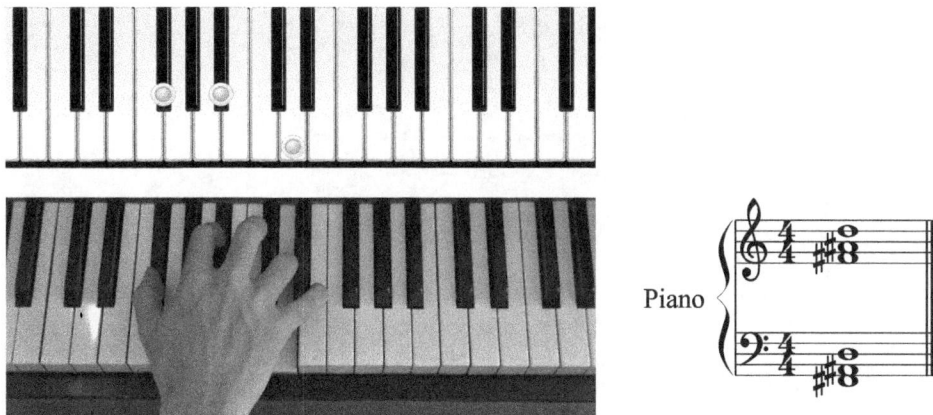

Dieser Akkord entspricht einem Modus, den man als »harmonisch Moll« bezeichnet. Bei natürlichen Tonleitern kommt er nicht vor. Wo er benutzt wird, sorgt er für einen »molligen« Klang.

G♭m6 oder F#m6 (min6, -6)

Grundton: *Ges* oder *Fis* – Terz: *A* – Sexte: *Es* oder *Dis*

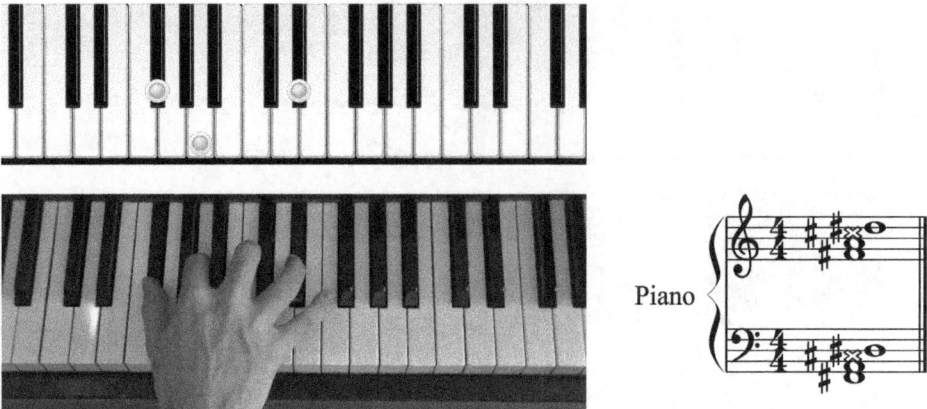

Diesem Akkord begegnet man oft in Jazznummern, er lässt sich als Umkehrung von E♭dim7 oder D#dim7 interpretieren.

G♭7/9 oder F#7/9

Grundton: *Ges* oder *Fis* – Terz: *B* oder *Ais* – Quinte: *Des* oder *Cis* – Septime: *E* – None: *As* oder *Gis*

Dieser Akkord kommt vor allem im Jazz und Bossa Nova vor. Um ihn möglichst einfach zu spielen, kann man den Grundton ignorieren und mit der Terz beginnen. Der Grundton kann mit der linken Hand gespielt werden, aber auch von einem anderen Instrument wie dem Kontrabass.

G♭7/♭9 oder F#7/♭9

Grundton: *Ges* oder *Fis* – Terz: *B* oder *Ais* – Quinte: *Des* oder *Cis* – Septime: *E* – None: *G*

Dieser Akkordtypus begegnet uns sehr oft im Jazz. Man kann ihn auf zwei Arten spielen: entweder, indem man die None um einen Halbton erniedrigt, oder indem man den Grundton eines Akkords mit einfacher Septime um einen Halbton erhöht.

G♭7/#9 oder F#7/#9 (7/9+, m7/♭11)

Grundton: *Ges* oder *Fis* – Terz: *B* oder *Ais* – Quinte: *Des* oder *Cis* – Septime: *E* – None: *A*

Dieser sehr ausgefallene Akkord enthält sowohl die große wie auch die kleine (9+) Terz und sorgt für einen bluestypischen Klang (Moll und Dur gemischt). Er wurde vor allem bekannt durch Jimi Hendrix' unverwechselbaren Bluesrock-Stil.

G♭maj7/9 oder F#maj7/9 (M7/9, ∆7/9)

Grundton: *Ges* oder *Fis* – Terz: *B* oder *Ais* – Quinte: *Des* oder *Cis* – Septime: *F* – None: *As* oder *Gis*

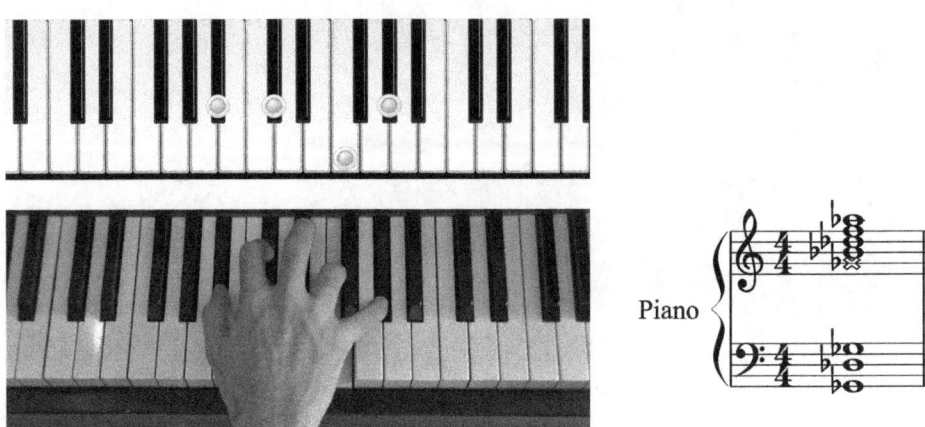

Dieser Akkord kommt vor allem beim Jazz und Bossa Nova vor. Um diesen Akkord möglichst einfach zu spielen, kann man den Grundton ignorieren und mit der Terz beginnen. Auf diese Weise erhält man einen Bm7-Akkord. Der Grundton kann mit der linken Hand gespielt werden, aber auch von einem anderen Instrument wie dem Kontrabass.

G♭m7/9 oder F#m7/9 (min 7/9, -7/9)

Grundton: *Ges* oder *Fis* – Terz: *A* – Quinte: *Des* oder *Cis* – Septime: *E* – None: *As* oder *Gis*

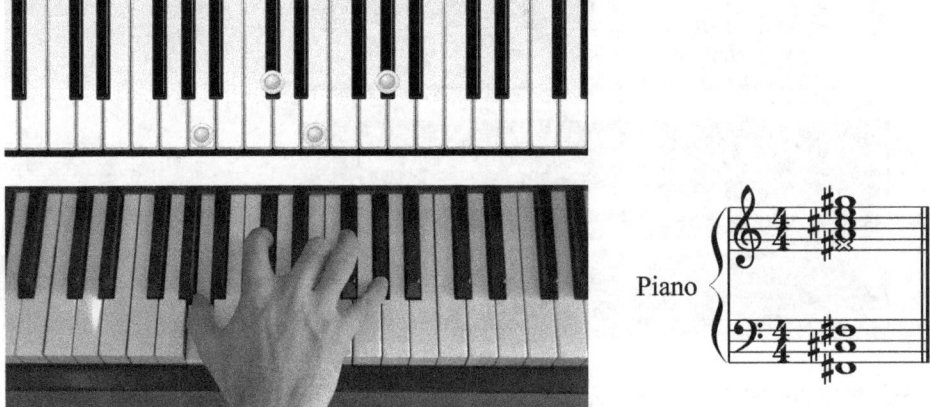

Kommt oft im Jazz und Bossa Nova vor und folgt den gleichen Prinzipien wie der 7/9-Akkord.

G♭7sus4 oder F#7sus4

Grundton: *Ges* oder *Fis* – Quarte/Undezime: *H* – Quinte: *Des* oder *Cis* – Septime: *E*

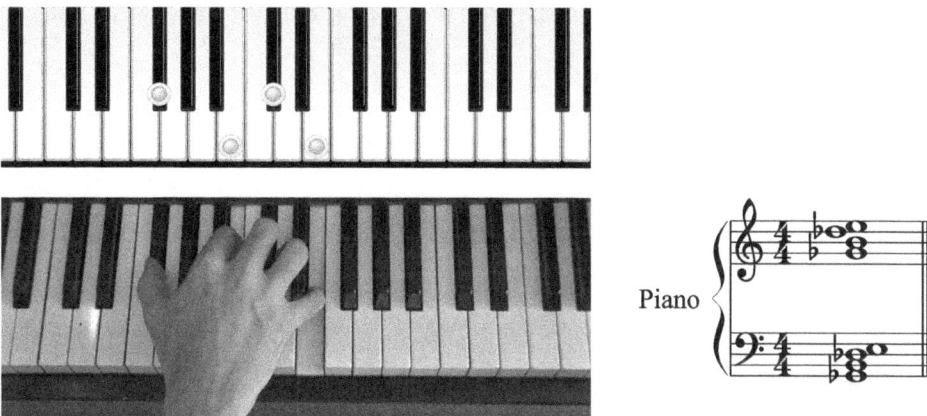

Um diesen Akkord zu spielen, spielen Sie einen Septakkord mit erhöhter Terz. Beachten Sie: Es handelt sich um eine Umkehrung des noch folgenden 7/11-Akkords.

G♭7/11 oder F#7/11

Grundton: *Ges* oder *Fis* – Quarte/Undezime: *H* – Quinte: *Des* oder *Cis* – Septime: *E*

Für diesen Akkord spielen Sie einen Septakkord in der zweiten Umkehrung mit erhöhter Terz. Beachten Sie: Die Undezime ist identisch mit der oktavierten Quarte. Man lässt häufig den Grundton weg, der mit der linken Hand oder auf einem Kontrabass gespielt werden kann.

G♭m7/11 oder F#m7/11 (min7/11, -7/11)

Grundton: *Ges* oder *Fis* – Terz: *A* – Quinte: *Des* oder *Cis* – Septime: *E* – Undezime: *H*

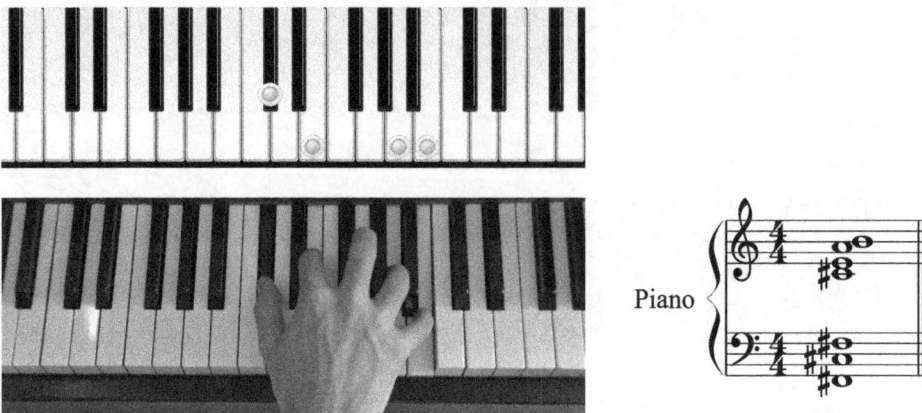

Es handelt sich um eine für den Jazz typische Akkorderweiterung. Wie beim Nonenakkord lässt man den Grundton weg, da er leicht auch von der linken Hand oder dem Kontrabassisten einer Jazz-Combo gespielt werden kann.

G♭7/#11 oder F#7/#11

Grundton: *Ges* oder *Fis* – Terz: *B* oder *Ais* – Quinte: *Des* oder *Cis* – Septime: *E* – Undezime: *C*

Die übermäßige Undezime entspricht der verminderten Quinte. Der Akkord entspringt keinem typischen Modus; man wird ihm also nur selten begegnen, außer als Durchgangsakkord.

G♭maj7/#11 oder F#maj7/#11 (M7/#11, △7/#11)

Grundton: *Ges* oder *Fis* – Terz: *B* oder *Ais* – Quinte: *Des* oder *Cis* – Septime: *F* – Undezime: *C*

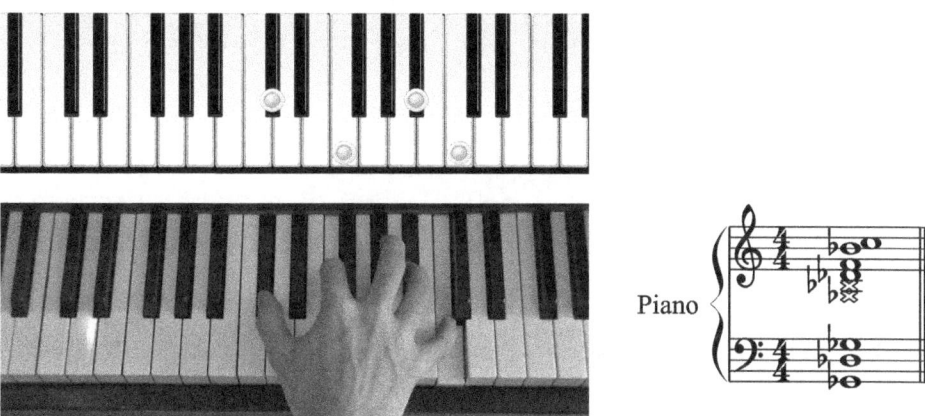

Die übermäßige Undezime entspricht der verminderten Quinte. Der Akkord entspringt keinem typischen Modus; man wird ihm also nur selten begegnen, außer als Durchgangsakkord.

G♭7/♭5 oder F#7/♭5

Grundton: *Ges* oder *Fis* – Terz: *B* oder *Ais* – Quinte: *C* – Septime: *E*

Für diesen Durchgangsakkord müssen Sie lediglich die Quinte eines normalen Septakkords alterieren. Verwechseln Sie ihn nicht mit den verminderten und halbverminderten Akkorden; die nämlich haben eine kleine Terz.

G♭o oder F#o (dim♭7)

Grundton: *Ges* oder *Fis* – Terz: *B* oder *Ais* – Quinte: *C* – Septime: *Es* oder *Dis*

Dieser sehr ausgefallene Akkord stützt sich auf einen Modus, den man als »harmonisch Moll« bezeichnet. Beachten Sie, dass die Notenabstände jeweils einem Anderthalbton entsprechen; es sind Mollschritte. Aufgrund seiner sehr symmetrischen Struktur ergibt jede Umkehrung dieses Akkords auch einen verminderten Akkord.

G♭ø oder F#ø – G♭m7/♭5 oder F#m7/♭5 (min7/♭5, -7/♭5)

Grundton: *Ges* oder *Fis* – Terz: *A* – Quinte: *C* – Septime: *E*

Dieser Akkord, der als »gefühlvoll« gilt, wird hauptsächlich als Durchgangsakkord verwendet und entspricht einer klassischen Herangehensweise an den Jazz.

G♭aug7 oder F#aug7 (#7, 7/#5, 7/5+)

Grundton: *Ges* oder *Fis* – Terz: *B* oder *Ais* – Quinte: *D* – Septime: *E*

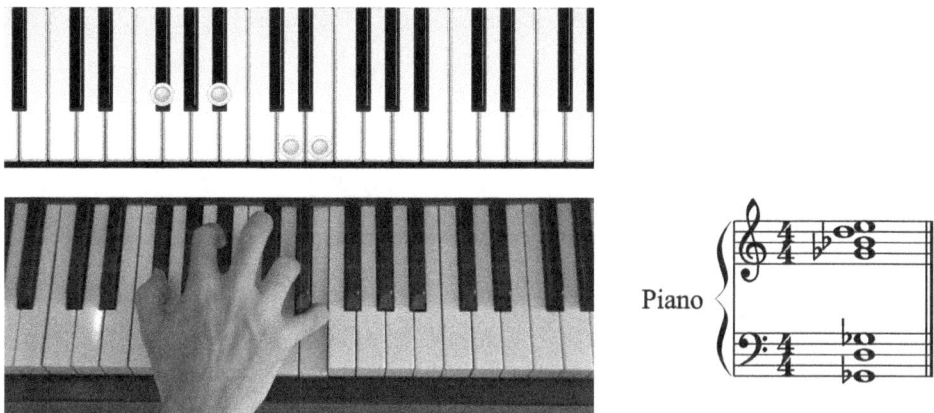

Diesen Akkord gibt es in keinem natürlichen Modus. Man verwendet ihn als Durchgangsakkord (alterierte Quinte).

G♭7sus4/9 oder F#7sus4/9

Grundton: *Ges* oder *Fis* – Terz: *B* oder *Ais* – Quinte: *Des* oder *Cis* – Septime: *E* – None: *As* oder *Gis* – Quarte/Undezime: *H*

Für diesen Akkord spielen Sie einen 7/9-Akkord und erhöhen die Terz. Beachten Sie: Es handelt sich um eine Umkehrung des folgenden 7/9/11-Akkords.

G♭7/9/11 oder F#7/9/11

Grundton: *Ges* oder *Fis* – Terz: *B* oder *Ais* – Quinte: *Des* oder *Cis* – Septime: *E* – None: *As* oder *Gis* – Quarte/Undezime: *H*

Um diesen Akkord möglichst einfach zu spielen, spielen Sie einen Mollseptakkord, dessen Grundton die Quinte des Akkords ist, in unserem Fall also D♭m7 oder C#m7. Dann spielen Sie den Grundton mit der linken Hand oder lassen ihn von einem Kontrabass spielen.

G♭7/9/11/13 oder F#7/9/11/13

Grundton: *Ges* oder *Fis* – Terz: *B* oder *Ais* – Quinte: *Des* oder *Cis* – Septime: *E* – None: *As* oder *Gis* – Quarte/Undezime: *H* – Tredezime: *Es* oder *Dis*

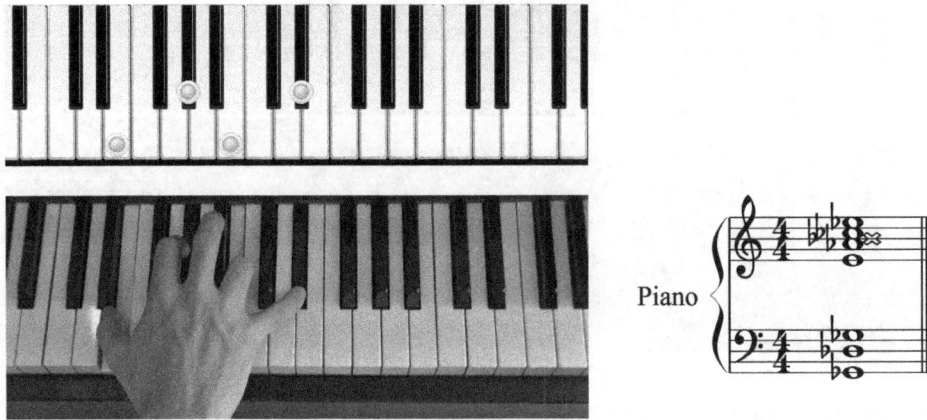

Es handelt sich um die größte Erweiterung, die bei einem Akkord möglich ist. Wie schon bei den Akkorden 7/9 und 7/9/11 ist es am einfachsten, einen anderen Akkord einzusetzen und nur die letzten Töne des Akkords zu spielen. Die grundlegenden Noten werden von der linken Hand oder den anderen Instrumenten gespielt.

Teil VIII
Die G-Akkorde

G (Dur, maj, M, △)

Grundton: *G* – Terz: *H* – Quinte: *D*

Piano

G (Dur, maj, M, △) – erste Umkehrung

Grundton: *G* – Terz: *H* – Quinte: *D*

Piano

Weitere Informationen zum Thema Akkordumkehrungen finden Sie im Kapitel »Ein wenig Musiktheorie«.

G (Dur, maj, M, △) – zweite Umkehrung

Grundton: *G* – Terz: *H* – Quinte: *D*

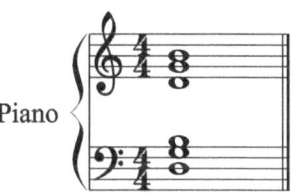

Piano

Gm (g-Moll, min, -)

Grundton: *G* – Terz: *B* – Quinte: *D*

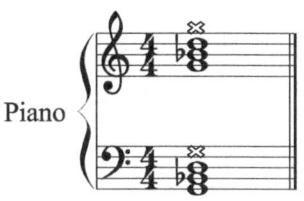

Piano

Gm (g-Moll, min, -) – erste Umkehrung

Grundton: *G* – Terz: *B* – Quinte: *D*

Piano

Gm (g-Moll, min, -) – zweite Umkehrung

Grundton: *G* – Terz: *B* – Quinte: *D*

Piano

Gdim

Grundton: *G* – Terz: *B* – Quinte: *Des*

Hierbei handelt es sich um einen Durchgangsakkord. Er lässt sich häufig durch den Akkord E♭7 ersetzen, der die gleichen Noten mit einem zusätzlichen Es enthält.

Gdim – erste Umkehrung

Grundton: *G* – Terz: *B* – Quinte: *Des*

Gdim – zweite Umkehrung

Grundton: *G* – Terz: *B* – Quinte: *Des*

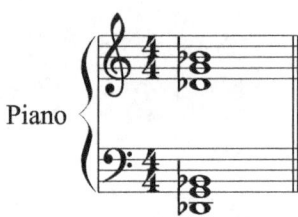

G7

Grundton: *G* – Terz: *H* – Quinte: *D* – Septime: *F*

Dieser Akkord kommt in allen Musikstilen vor, vor allem im Blues und Jazz. Man bezeichnet ihn als *Dominantseptakkord*. Da es sich um einen Vierklang handelt, gibt es natürlich auch vier mögliche Umkehrungen (einschließlich Grundform). Die dritte Umkehrung wird in der linken Hand gern als Durchgangsakkord bei »absteigenden Bässen« verwendet.

G7 – erste Umkehrung

Grundton: *G* – Terz: *H* – Quinte: *D* – Septime: *F*

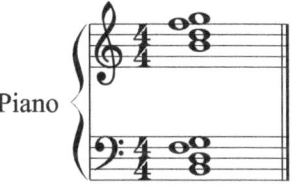

G7 – zweite Umkehrung

Grundton: *G* – Terz: *H* – Quinte: *D* – Septime: *F*

G7 – dritte Umkehrung

Grundton: *G* – Terz: *H* – Quinte: *D* – Septime: *F*

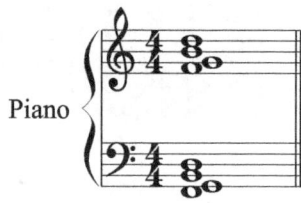

Gm7 (min7, -7)

Grundton: *G* – Terz: *B* – Quinte: *D* – Septime: *F*

Gm7 (min7, -7) – erste Umkehrung

Grundton: *G* – Terz: *B* – Quinte: *D* – Septime: *F*

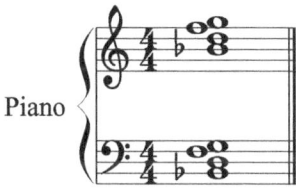

Piano

Gm7 (min7, -7) – zweite Umkehrung

Grundton: *G* – Terz: *B* – Quinte: *D* – Septime: *F*

Piano

Gm7 (min7, -7) – dritte Umkehrung

Grundton: *G* – Terz: *B* – Quinte: *D* – Septime: *F*

Piano

Gmaj7 (7M, ∆7)

Grundton: *G* – Terz: *H* – Quinte: *D* – große Septime: *Fis*

Piano

Dieser Akkord sorgt für eine Jazz/Bossa-Färbung, wird aber normalerweise nicht im Blues verwendet, wo man ihn lieber durch einen Septakkord ersetzt.

Gmaj7 (7M, ∆7) – erste Umkehrung

Grundton: *G* – Terz: *H* – Quinte: *D* – große Septime: *Fis*

Gmaj7 (7M, ∆7) – zweite Umkehrung

Grundton: *G* – Terz: *H* – Quinte: *D* – große Septime: *Fis*

Gmaj7 (7M, ∆7) – dritte Umkehrung

Grundton: *G* – Terz: *H* – Quinte: *D* – große Septime: *Fis*

G2 – G9 (sus2, sus9)

In der Grundstellung meist als G2 notiert.

Grundton: *G* – Sekunde/None: *A* – Quinte: *D*

Dieser Akkord (ohne Terz gespielt) taucht häufig in der Rock- und Popmusik auf. Er ermöglicht es, dem Stück eine bestimmte Färbung zu verleihen, ohne vom traditionellen Klang abzuweichen.

G2 – G9 (sus2, sus9) – erste Umkehrung

Grundton: *G* – Sekunde/None: *A* – Quinte: *D*

G2 – G9 (sus2, sus9) – zweite Umkehrung

In dieser Umkehrung oft als G9 notiert.

Grundton: *G* – Sekunde/None: *A* – Quinte: *D*

G4 (sus4, 11)

In der Grundstellung oft als G4 bezeichnet.

Grundton: *G* – Quarte/Undezime: *C* – Quinte: *D*

Bei diesem Akkord wird oft die Terz gegen die Quarte eingetauscht, denn wenn man die Terz umgeht, muss der Akkord nicht als Dur- oder Mollakkord festgelegt werden. Er kommt häufig in der Pop- und Rockmusik vor. Spielt man die Quarte eine Oktave höher, erhält man einen Undezimakkord.

G4 (sus4, 11) – erste Umkehrung

Grundton: *G* – Quarte/Undezime: *C* – Quinte: *D*

G4 (sus4, 11) – zweite Umkehrung

In dieser Umkehrung oft als G11 notiert.

Grundton: *G* – Quarte/Undezime: *C* – Quinte: *D*

G6 (13)

Grundton: *G* – Terz: *H* – Sexte/Tredezime: *E*

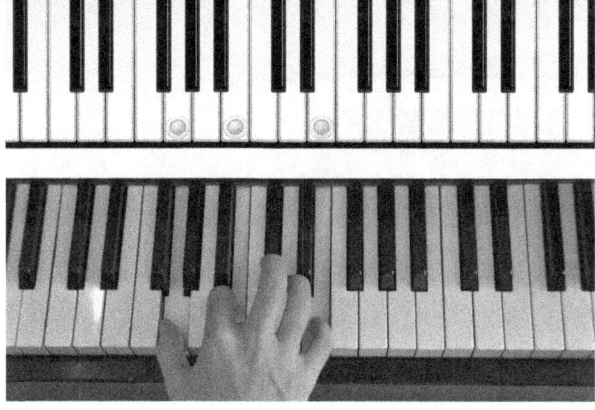

Dieser Akkord kommt häufig im Blues vor, oft in Kombination mit dem Septakkord. Ein Anwendungsbeispiel finden Sie im Kapitel »Ein wenig Musiktheorie«.

G6 (13) – erste Umkehrung

Grundton: *G* – Terz: *H* – Sexte/Tredezime: *E*

G6 (13) – zweite Umkehrung

Grundton: *G* – Terz: *H* – Sexte/Tredezime: *E*

G5

Grundton: *G* – Quinte: *D*

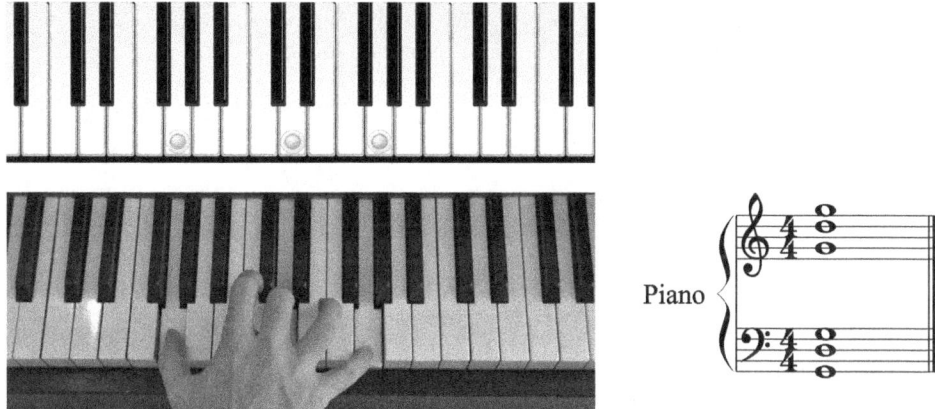

Dieser Akkord besteht nur aus zwei Tönen und lässt sich weder den Dur- noch den Mollakkorden zuordnen. Mit seiner kargen Harmonie wird er vor allem als Powerchord auf der verstärkten Gitarre verwendet, wo die Verstärkung von selbst Harmonien hinzufügt und den Gebrauch der Terz überflüssig macht.

Gaug (#5, +, 5+)

Grundton: *G* – Terz: *H* – übermäßige Quinte: *Dis*

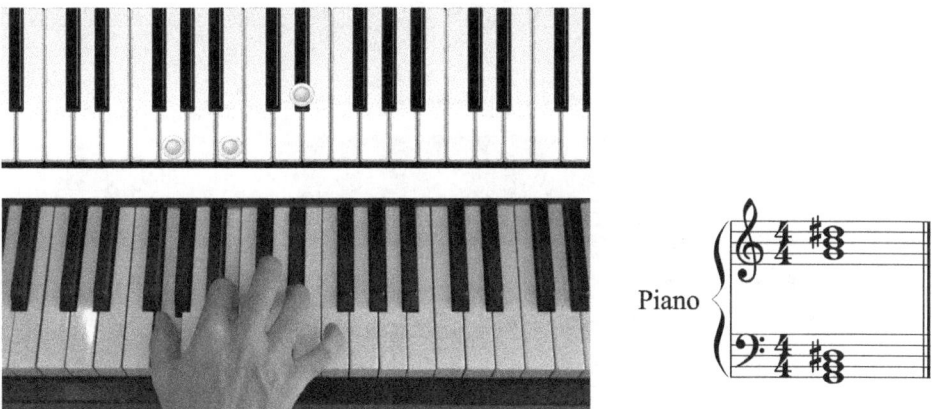

Dieser Akkord entspricht einem Modus, den man als »harmonisch Moll« bezeichnet. Bei natürlichen Tonleitern kommt er nicht vor. Wo er benutzt wird, sorgt er für einen »molligen« Klang.

Gm6 (min6, -6)

Grundton: *G* – Terz: *B* – Sexte: *E*

Diesem Akkord begegnet man oft in Jazznummern, er lässt sich als Umkehrung von Edim7 interpretieren.

G7/9

Grundton: *G* – Terz: *H* – Quinte: *D* – Septime: *F* – None: *A*

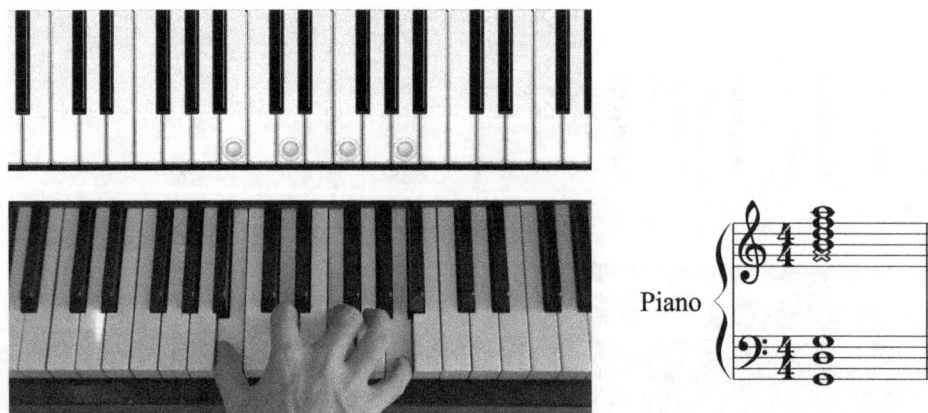

Dieser Akkord kommt vor allem im Jazz und Bossa Nova vor. Um ihn möglichst einfach zu spielen, kann man den Grundton ignorieren und mit der Terz beginnen. Der Grundton kann mit der linken Hand gespielt werden, aber auch von einem anderen Instrument wie dem Kontrabass.

G7/♭9

Grundton: *G* – Terz: *H* – Quinte: *D* – Septime: *F* – None: *As*

Dieser Akkordtypus begegnet uns sehr oft im Jazz. Man kann ihn auf zwei Arten spielen: entweder, indem man die None um einen Halbton erniedrigt, oder indem man den Grundton eines Akkords mit einfacher Septime um einen Halbton erhöht.

G7/♯9 (7/9+, m7/♭11)

Grundton: *G* – Terz: *H* – Quinte: *D* – Septime: *F* – None: *Ais*

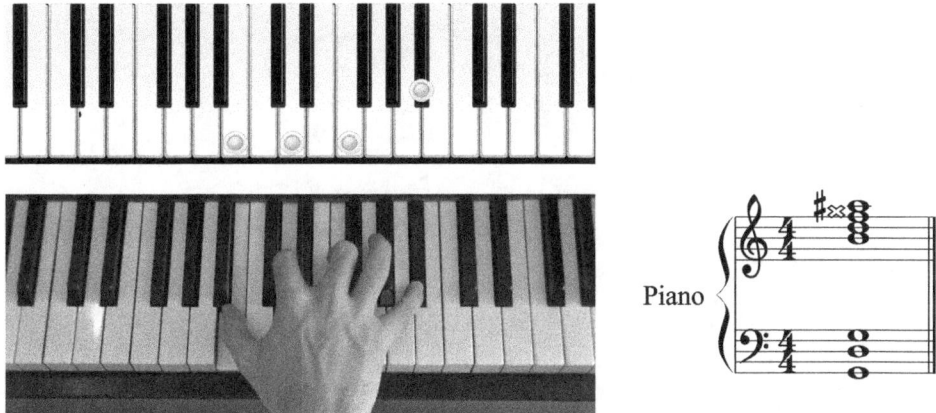

Dieser sehr ausgefallene Akkord enthält sowohl die große wie auch die kleine (9+) Terz und sorgt für einen bluestypischen Klang (Moll und Dur gemischt). Er wurde vor allem bekannt durch Jimi Hendrix' unverwechselbaren Bluesrock-Stil.

Gmaj7/9 (M7/9, ∆7/9)

Grundton: *G* – Terz: *H* – Quinte: *D* – Septime: *Fis* – None: *A*

Dieser Akkord kommt vor allem beim Jazz und Bossa Nova vor. Um diesen Akkord möglichst einfach zu spielen, kann man den Grundton ignorieren und mit der Terz beginnen. Auf diese Weise erhält man einen Hm7-Akkord. Der Grundton kann mit der linken Hand gespielt werden, aber auch von einem anderen Instrument wie dem Kontrabass.

Gm7/9 (min7/9, -7/9)

Grundton: *G* – Terz: *B* – Quinte: *D* – Septime: *F* – None: *A*

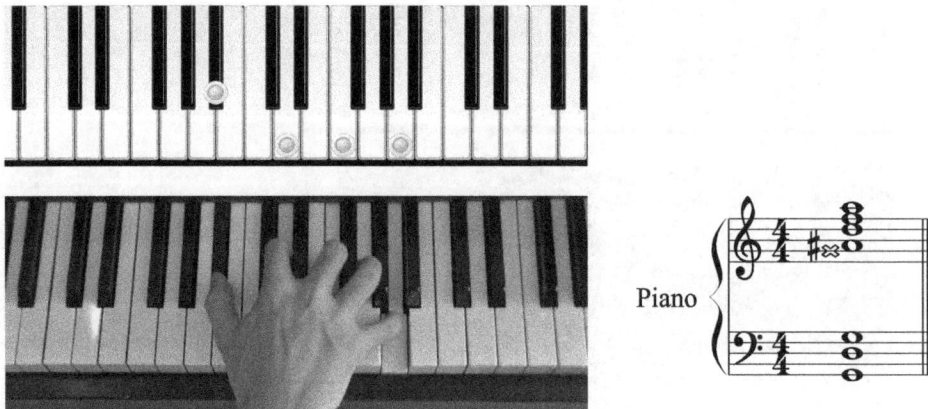

Kommt oft im Jazz und Bossa Nova vor und folgt den gleichen Prinzipien wie der 7/9-Akkord.

G7sus4

Grundton: *G* – Quarte/Undezime: *C* – Quinte: *D* – Septime: *F*

Um diesen Akkord zu spielen, spielen Sie einen Septakkord mit erhöhter Terz. Beachten Sie: Es handelt sich um eine Umkehrung des nachfolgenden 7/11-Akkords.

G7/11

Grundton: *G* – Quarte/Undezime: *C* – Quinte: *D* – Septime: *F*

Für diesen Akkord spielen Sie einen Septakkord in der zweiten Umkehrung mit erhöhter Terz. Beachten Sie: Die Undezime ist identisch mit der oktavierten Quarte. Man lässt häufig den Grundton weg, der mit der linken Hand oder auf einem Kontrabass gespielt werden kann.

Gm7/11 (min7/11, -7/11)

Grundton: *G* – Terz: *B* – Quinte: *D* – Septime: *F* – Undezime: *C*

Es handelt sich um eine für den Jazz typische Akkorderweiterung. Wie beim Nonenakkord lässt man den Grundton weg, da er leicht auch von der linken Hand oder dem Kontrabassisten einer Jazz-Combo gespielt werden kann.

G7/#11

Grundton: *G* – Terz: *H* – Quinte: *D* – Septime: *F* – Undezime: *Cis*

Die übermäßige Undezime entspricht der verminderten Quinte. Der Akkord entspringt keinem typischen Modus; man wird ihm also nur selten begegnen, außer als Durchgangsakkord.

Gmaj7/#11 (M7/#11, Δ7/#11)

Grundton: *G* – Terz: *H* – Quinte: *D* – Septime: *Fis* – Undezime: *Cis*

Die übermäßige Undezime entspricht der verminderten Quinte. Der Akkord entspringt keinem typischen Modus; man wird ihm also nur selten begegnen, außer als Durchgangsakkord.

G7/♭5

Grundton: *G* – Terz: *H* – Quinte: *Des* – Septime: *F*

Für diesen Durchgangsakkord müssen Sie lediglich die Quinte eines normalen Septakkords alterieren. Verwechseln Sie ihn nicht mit den verminderten und halbverminderten Akkorden; die nämlich haben eine kleine Terz.

Go (dim♭7)

Grundton: *G* – Terz: *B* – Quinte: *Des* – Septime: *E*

Dieser sehr ausgefallene Akkord stützt sich auf einen Modus, den man als »harmonisch Moll« bezeichnet. Beachten Sie, dass die Notenabstände jeweils einem Anderthalbton entsprechen; es sind Mollschritte. Aufgrund seiner sehr symmetrischen Struktur ergibt jede Umkehrung dieses Akkords auch einen verminderten Akkord.

Gø (dim7) – Gm7/♭5 (min7/♭5, -7/♭5)

Grundton: *G* – Terz: *B* – Quinte: *Des* – Septime: *F*

Dieser Akkord, der als »gefühlvoll« gilt, wird hauptsächlich als Durchgangsakkord verwendet und entspricht einer klassischen Herangehensweise an den Jazz.

Gaug7 (+7, 7/#5, 7/5+)

Grundton: *G* – Terz: *H* – Quinte: *Dis* – Septime: *F*

Diesen Akkord gibt es in keinem natürlichen Modus. Man verwendet ihn als Durchgangsakkord (alterierte Quinte).

G7sus4/9

Grundton: *G* – Terz: *H* – Quinte: *D* – Septime: *F* – None: *A* – Quarte/Undezime: *C*

Für diesen Akkord spielen Sie einen 7/9-Akkord und erhöhen die Terz. Beachten Sie: Es handelt sich um eine Umkehrung des folgenden 7/9/11-Akkords.

G7/9/11

Grundton: *G* – Terz: *H* – Quinte: *D* – Septime: *F* – None: *A* – Quarte/Undezime: *C*

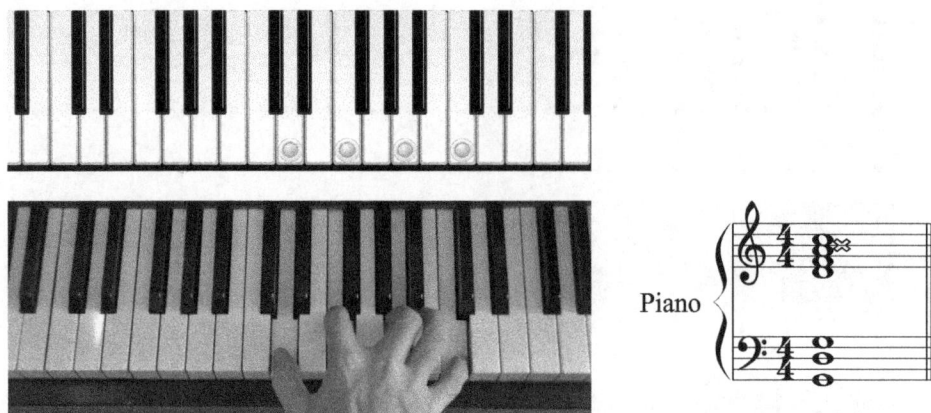

Um diesen Akkord möglichst einfach zu spielen, spielen Sie einen Mollseptakkord, dessen Grundton die Quinte des Akkords ist, in unserem Fall also Dm7. Dann spielen Sie den Grundton mit der linken Hand oder lassen ihn von einem Kontrabass spielen.

G7/9/11/13

Grundton: *G* – Terz: *H* – Quinte: *D* – Septime: *F* – None: *A* – Quarte/Undezime: *C* – Tredezime: *E*

Es handelt sich um die größte Erweiterung, die bei einem Akkord möglich ist. Wie schon bei den Akkorden 7/9 und 7/9/11 ist es am einfachsten, einen anderen Akkord einzusetzen und nur die letzten Töne des Akkords zu spielen. Die grundlegenden Noten werden von der linken Hand oder den anderen Instrumenten gespielt.

Teil IX
Die A♭- und G#-Akkorde

A♭ oder G♯ (Dur, maj, M, △)

Grundton: *As* oder *Gis* – Terz: *C* – Quinte: *Es* oder *Dis*

A♭ oder G♯ (Dur, maj, M, △) – erste Umkehrung

Grundton: *As* oder *Gis* – Terz: *C* – Quinte: *Es* oder *Dis*

Mehr zum Thema Umkehrungen finden Sie im Kapitel »Ein wenig Musiktheorie«.

A♭ oder G♯ (Dur, maj, M, △) – zweite Umkehrung

Grundton: *As* oder *Gis* – Terz: *C* – Quinte: *Es* oder *Dis*

Piano

A♭m oder G♯m (a♭- oder g♯-Moll, min, -)

Grundton: *As* oder *Gis* – Terz: *H* – Quinte: *Es* oder *Dis*

Piano

A♭m oder G♯m (a♭- oder g♯-Moll, min, -) – erste Umkehrung

Grundton: *As* oder *Gis* – Terz: *H* – Quinte: *Es* oder *Dis*

A♭m oder G♯m (a♭- oder g♯-Moll, min, -) – zweite Umkehrung

Grundton: *As* oder *Gis* – Terz: *H* – Quinte: *Es* oder *Dis*

A♭dim oder G♯dim

Grundton: *As* oder *Gis* – Terz: *H* – Quinte: *D*

Es handelt sich um einen Durchgangsakkord. Er lässt sich häufig durch den Akkord E7 ersetzen, der die gleichen Noten und zusätzlich das E enthält.

A♭dim oder G♯dim – erste Umkehrung

Grundton: *As* oder *Gis* – Terz: *H* – Quinte: *D*

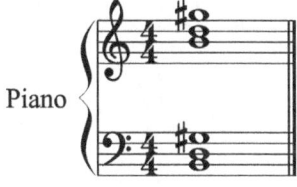

A♭dim oder G♯dim – zweite Umkehrung

Grundton: *As* oder *Gis* – Terz: *H* – Quinte: *D*

A♭7 oder G♯7

Grundton: *As* oder *Gis* – Terz: *C* – Quinte: *Es* oder *Dis* – Septime: *Ges* oder *Fis*

Dieser Akkord wird in allen Musikstilen verwendet, vor allem im Blues und Jazz. Man bezeichnet ihn als *Dominantseptakkord*. Die dritte Umkehrung wird in der linken Hand gern als Durchgangsakkord bei »absteigenden Bässen« verwendet.

A♭7 oder G#7 – erste Umkehrung

Grundton: *As* oder *Gis* – Terz: *C* – Quinte: *Es* oder *Dis* – Septime: *Ges* oder *Fis*

A♭7 oder G#7 – zweite Umkehrung

Grundton: *As* oder *Gis* – Terz: *C* – Quinte: *Es* oder *Dis* – Septime: *Ges* oder *Fis*

A♭7 oder G#7 – dritte Umkehrung

Grundton: *As* oder *Gis* – Terz: *C* – Quinte: *Es* oder *Dis* – Septime: *Ges* oder *Fis*

A♭m7 oder G#m7 (min7, -7)

Grundton: *As* oder *Gis* – Terz: *H* – Quinte: *Es* oder *Dis* – Septime: *Ges* oder *Fis*

A♭m7 oder G♯m7 (min7, -7) – erste Umkehrung

Grundton: *As* oder *Gis* – Terz: *H* – Quinte: *Es* oder *Dis* – Septime: *Ges* oder *Fis*

A♭m7 oder G♯m7 (min7, -7) – zweite Umkehrung

Grundton: *As* oder *Gis* – Terz: *H* – Quinte: *Es* oder *Dis* – Septime: *Ges* oder *Fis*

A♭m7 oder G♯m7 (min7, -7) – dritte Umkehrung

Grundton: *As* oder *Gis* – Terz: *H* – Quinte: *Es* oder *Dis* – Septime: *Ges* oder *Fis*

A♭maj7 oder G♯maj7 (7M, Δ7)

Grundton: *As* oder *Gis* – Terz: *C* – Quinte: *Es* oder *Dis* – große Septime: *G*

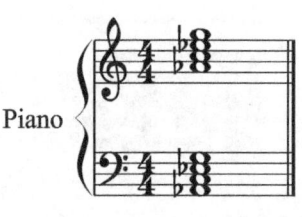

Dieser Akkord sorgt für eine Jazz/Bossa-Färbung, wird aber normalerweise nicht im Blues verwendet, wo man ihn lieber durch einen Septakkord ersetzt.

A♭maj7 oder G#maj7 (7M, △7) – erste Umkehrung

Grundton: *As* oder *Gis* – Terz: *C* – Quinte: *Es* oder *Dis* – große Septime: *G*

A♭maj7 oder G#maj7 (7M, △7) – zweite Umkehrung

Grundton: *As* oder *Gis* – Terz: *C* – Quinte: *Es* oder *Dis* – große Septime: *G*

A♭maj7 oder G♯maj7 (7M, ∆7) – dritte Umkehrung

Grundton: *As* oder *Gis* – Terz: *C* – Quinte: *Es* oder *Dis* – große Septime: *G*

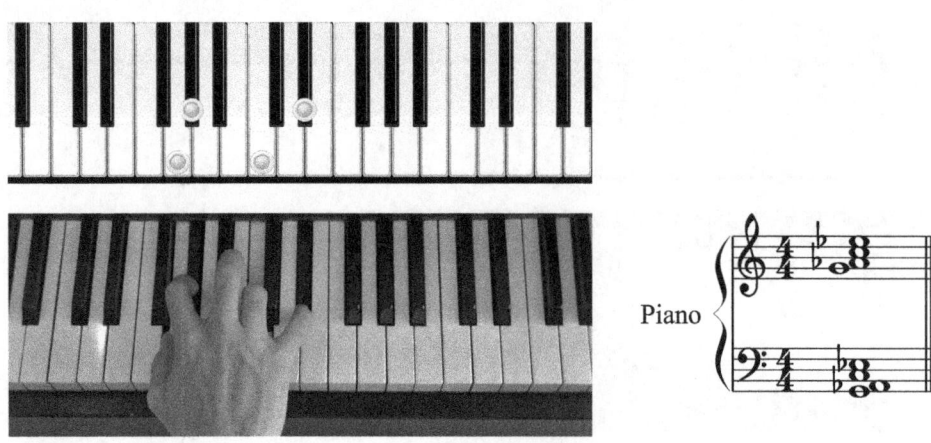

A♭2 – A♭9 oder G♯2 – G♯9 (sus2, sus9)

In der Grundstellung meist als A♭2 oder G♯2 notiert.

Grundton: *As* oder *Gis* – Sekunde/None: *B* oder *Ais* – Quinte: *Es* oder *Dis*

Dieser Akkord (ohne Terz gespielt) taucht häufig in der Rock- und Popmusik auf. Er ermöglicht es, dem Stück eine gewisse Färbung zu verleihen, ohne vom traditionellen Klang abzuweichen.

A♭2 – A♭9 oder G#2 – G#9 (sus2, sus9) – erste Umkehrung

Grundton: *As* oder *Gis* – Sekunde/None: *B* oder *Ais* – Quinte: *Es* oder *Dis*

A♭2 – A♭9 oder G#2 – G#9 (sus2, sus9) – zweite Umkehrung

Diese Umkehrung wird oft als A♭9 oder G#9 notiert.

Grundton: *As* oder *Gis* – Sekunde/None: *B* oder *Ais* – Quinte: *Es* oder *Dis*

A♭4 oder G#4 (sus4, 11)

In der Grundstellung oft als A♭4 oder G#4 bezeichnet.

Grundton: *As* oder *Gis* – Quarte/Undezime: *Des* oder *Cis* – Quinte: *Es* oder *Dis*

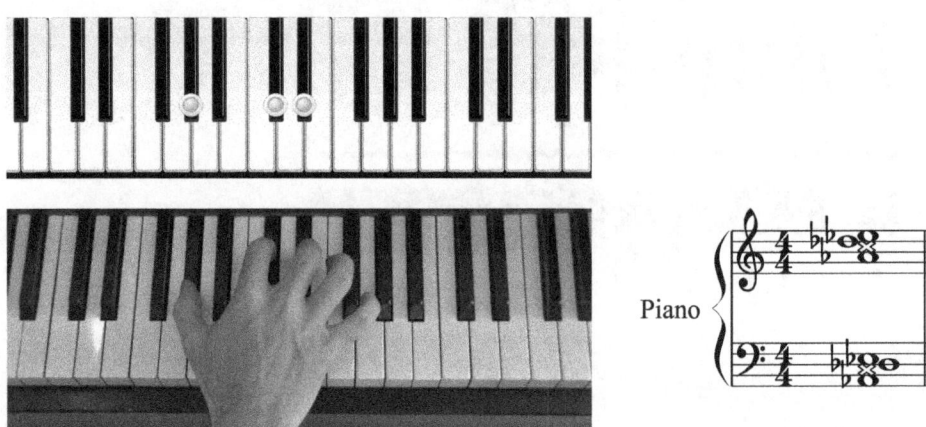

Bei diesem Akkord wird oft die Terz gegen die Quarte eingetauscht, denn wenn man die Terz umgeht, muss der Akkord nicht als Dur- oder Mollakkord festgelegt werden. Er kommt häufig in der Pop- und Rockmusik vor. Spielt man die Quarte eine Oktave höher, erhält man einen Undezimakkord.

A♭4 oder G#4 (sus4, 11) – erste Umkehrung

Grundton: *As* oder *Gis* – Quarte/Undezime: *Des* oder *Cis* – Quinte: *Es* oder *Dis*

A♭4 oder G#4 (sus4, 11) – zweite Umkehrung

In dieser Umkehrung oft als A♭11 oder G#11 notiert.

Grundton: *As* oder *Gis* – Quarte/Undezime: *Des* oder *Cis* – Quinte: *Es* oder *Dis*

A♭6 oder G#6 (13)

Grundton: *As* oder *Gis* – Terz: *C* – Sexte/Tredezime: *F*

Dieser Akkord kommt häufig im Blues vor, oft in Kombination mit dem Septakkord. Ein Anwendungsbeispiel finden Sie im Kapitel »Ein wenig Musiktheorie«.

A♭6 oder G♯6 (13) – erste Umkehrung

Grundton: *As* oder *Gis* – Terz: *C* – Sexte/Tredezime: *F*

Piano

A♭6 oder G♯6 (13) – zweite Umkehrung

Grundton: *As* oder *Gis* – Terz: *C* – Sexte/Tredezime: *F*

Piano

A♭5 oder G♯5

Grundton: *As* oder *Gis* – Quinte: *Es* oder *Dis*

Dieser Akkord besteht nur aus zwei Tönen und lässt sich weder den Dur- noch den Mollakkorden zuordnen. Mit seiner kargen Harmonie wird er vor allem als Powerchord auf der verstärkten Gitarre verwendet, wo die Verstärkung von selbst Harmonien hinzufügt und den Gebrauch der Terz überflüssig macht.

A♭aug oder G♯aug (♯5, +, 5+)

Grundton *As* oder *Gis* – Terz: *C* – übermäßige Quinte: *E*

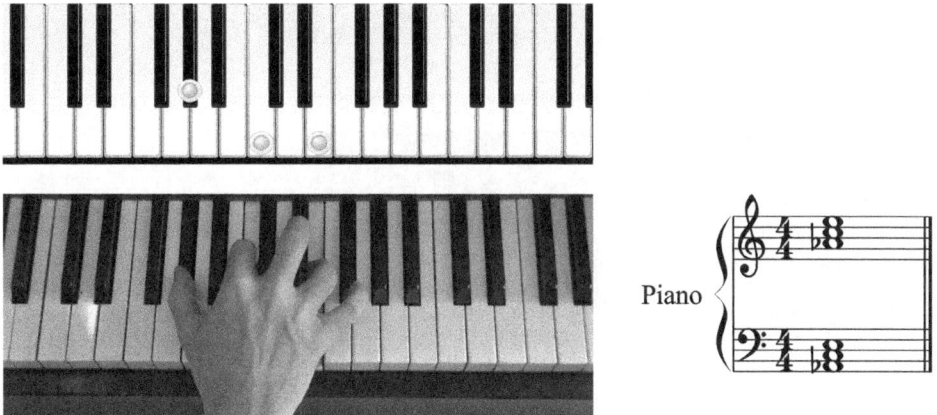

Dieser Akkord entspricht einem Modus, den man als »harmonisch Moll« bezeichnet. Bei natürlichen Tonleitern kommt er nicht vor. Wo er benutzt wird, sorgt er für einen »molligen« Klang.

A♭m6 oder G#m6 (min6, -6)

Grundton: *As* oder *Gis* – Terz: *H* – Sexte: *F*

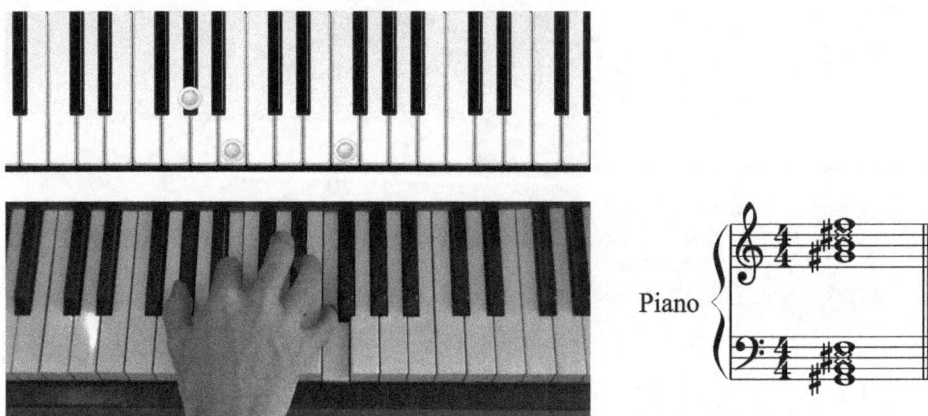

Diesem Akkord begegnet man oft in Jazznummern, er lässt sich als Umkehrung von Fdim7.

A♭7/9 oder G#7/9

Grundton: *As* oder *Gis* – Terz: *C* – Quinte: *Es* oder *Dis* – Septime: *Ges* oder *Fis* – None: *B* oder *Ais*

Dieser Akkord kommt vor allem im Jazz und Bossa Nova vor. Um ihn möglichst einfach zu spielen, kann man den Grundton ignorieren und mit der Terz beginnen. Der Grundton kann mit der linken Hand gespielt werden, aber auch von einem anderen Instrument wie dem Kontrabass.

A♭7/♭9 oder G♯7/♭9

Grundton: *As* oder *Gis* – Terz: *C* – Quinte: *Es* oder *Dis* – Septime: *Ges* oder *Fis* – None: *A*

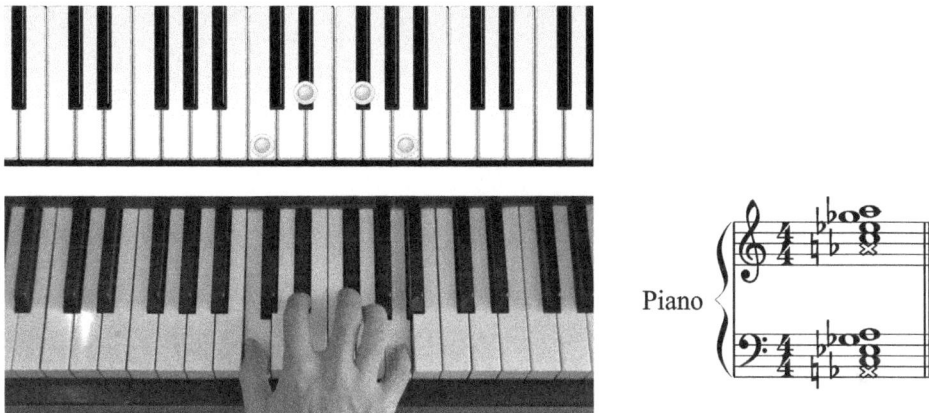

Dieser Akkordtypus begegnet uns sehr oft im Jazz. Man kann ihn auf zwei Arten spielen: entweder, indem man die None um einen Halbton erniedrigt, oder indem man den Grundton eines Akkords mit einfacher Septime um einen Halbton erhöht.

A♭7/♯9 oder G♯7/♯9 (7/9+, m7/♭11)

Grundton: *As* oder *Gis* – Terz: *C* – Quinte: *Es* oder *Dis* – Septime: *Ges* oder *Fis* – None: *H*

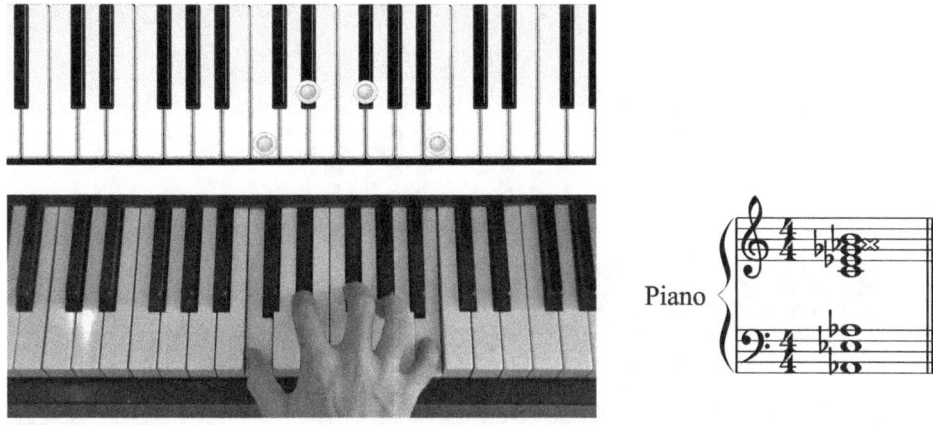

Dieser sehr ausgefallene Akkord enthält sowohl die große wie auch die kleine (9+) Terz und sorgt für einen bluestypischen Klang (Moll und Dur gemischt). Er wurde vor allem bekannt durch Jimi Hendrix' unverwechselbaren Bluesrock-Stil.

A♭maj7/9 oder G#maj7/9 (M7/9, ∆7/9)

Grundton: *As* oder *Gis* – Terz: *C* – Quinte: *Es* oder *Dis* – Septime: *G* – None: *B* oder *Ais*

Dieser Akkord kommt vor allem beim Jazz und Bossa Nova vor. Um diesen Akkord möglichst einfach zu spielen, kann man den Grundton ignorieren und mit der Terz beginnen. Auf diese Weise erhält man einen Cm7-Akkord. Der Grundton kann mit der linken Hand gespielt werden, aber auch von einem anderen Instrument wie dem Kontrabass.

A♭m7/9 oder G#m7/9 (min 7/9, -7/9)

Grundton: *As* oder *Gis* – Terz: *H* – Quinte: *Es* oder *Dis* – Septime: *Ges* oder *Fis* – None: *B* oder *Ais*

Kommt oft im Jazz und Bossa Nova vor und folgt den gleichen Prinzipien wie der 7/9-Akkord.

A♭7sus4 oder G#7sus4

Grundton: *As* oder *Gis* – Terz: *C* – Quarte/Undezime: *Des* oder *Cis* – Quinte: *Es* oder *Dis* – Septime: *Ges* oder *Fis*

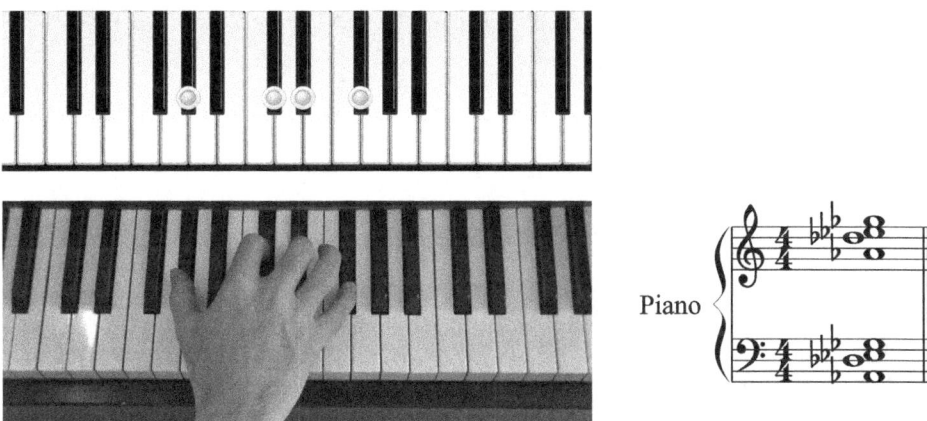

Um diesen Akkord zu spielen, spielen Sie einen Septakkord mit erhöhter Terz. Beachten Sie: Es handelt sich um eine Umkehrung des noch folgenden 7/11-Akkords.

A♭7/11 oder G#7/11

Grundton: *As* oder *Gis* – Terz: *C* – Quarte/Undezime: *Des* oder *Cis* – Quinte: *Es* oder *Dis* – Septime: *Ges* oder *Fis*

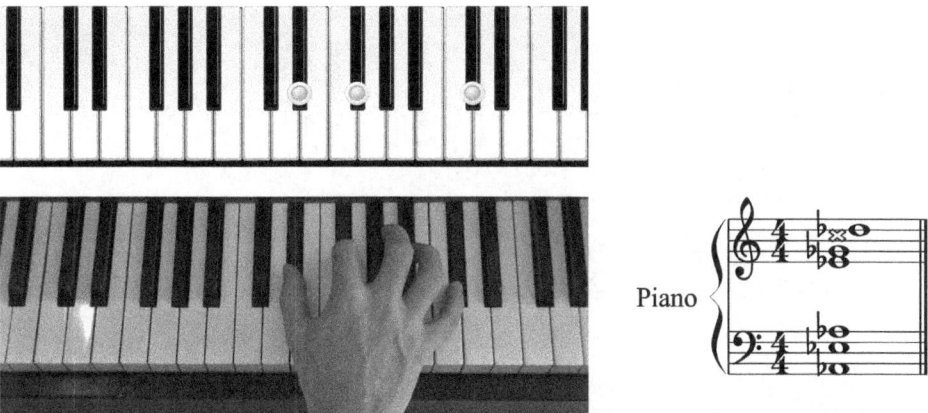

Für diesen Akkord spielen Sie einen Septakkord in der zweiten Umkehrung mit erhöhter Terz. Beachten Sie: Die Undezime ist identisch mit der oktavierten Quarte. Man lässt häufig den Grundton weg, der mit der linken Hand oder auf einem Kontrabass gespielt werden kann.

A♭m7/11 oder G♯m7/11 (min7/11, -7/11)

Grundton: *As* oder *Gis* – Terz: *H* – Quinte: *Es* oder *Dis* – Septime: *Ges* oder *Fis* – Undezime: *Des* oder *Cis*

Es handelt sich um eine für den Jazz typische Akkorderweiterung. Wie beim Nonenakkord lässt man den Grundton weg, da er leicht auch von der linken Hand oder dem Kontrabassisten einer Jazz-Combo gespielt werden kann.

A♭7/♯11 oder G♯7/♯11

Grundton: *As* oder *Gis* – Terz: *C* – Quinte: *Es* oder *Dis* – Septime: *Ges* oder *Fis* – Undezime: *D*

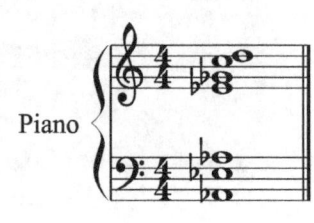

Die übermäßige Undezime entspricht der verminderten Quinte. Der Akkord entspringt keinem typischen Modus; man wird ihm also nur selten begegnen, außer als Durchgangsakkord.

A♭maj7/#11 oder G#maj7/#11
(M7/#11, Δ7/#11)

Grundton: *As* oder *Gis* – Terz: *C* – Quinte: *Es* oder *Dis* – Septime: *G* – Undezime: *D*

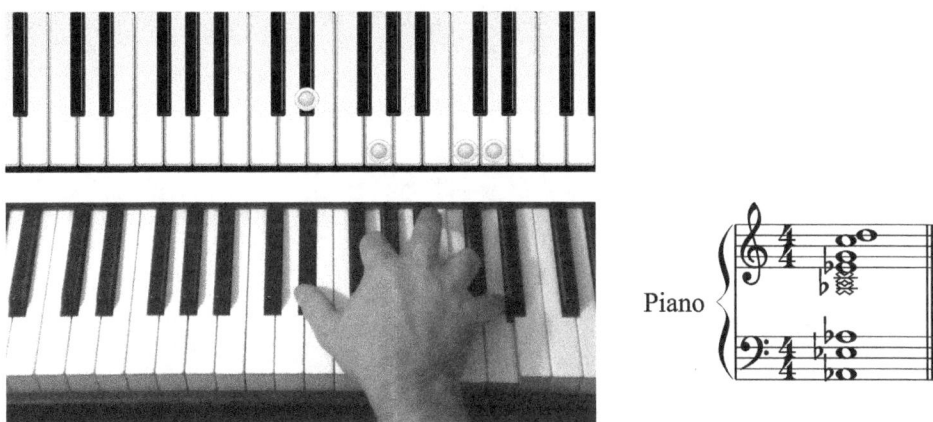

Die übermäßige Undezime entspricht der verminderten Quinte. Der Akkord entspringt keinem typischen Modus; man wird ihm also nur selten begegnen, außer als Durchgangsakkord.

A♭7/♭5 oder G#7/♭5

Grundton: *As* oder *Gis* – Terz: *C* – Quinte: *D* – Septime: *Ges* oder *Fis*

Für diesen Durchgangsakkord müssen Sie lediglich die Quinte eines normalen Septakkords alterieren. Verwechseln Sie ihn nicht mit den verminderten und halbverminderten Akkorden; die nämlich haben eine kleine Terz.

A♭o oder G#o (dim♭7)

Grundton: *As* oder *Gis* – Terz: *H* – Quinte: *D* – Septime: *F*

Dieser sehr ausgefallene Akkord stützt sich auf einen Modus, den man als »harmonisch Moll« bezeichnet. Beachten Sie, dass die Notenabstände jeweils einem Anderthalbton entsprechen; es sind Mollschritte. Aufgrund seiner sehr symmetrischen Struktur ergibt jede Umkehrung dieses Akkords auch einen verminderten Akkord.

A♭ø oder G#ø – A♭m7♭5 oder G#m7♭5 (min7♭5, -7♭5)

Grundton: *As* oder *Gis* – Terz: *H* – Quinte: *D* – Septime: *Ges* oder *Fis*

Dieser Akkord, der als »gefühlvoll« gilt, wird hauptsächlich als Durchgangsakkord verwendet und entspricht einer klassischen Herangehensweise an den Jazz.

A♭aug7 oder G#aug7 (+7, 7/#5, 7/5+)

Grundton: *As* oder *Gis* – Terz: *C* – Quinte: *E* – Septime: *Ges* oder *Fis*

Diesen Akkord gibt es in keinem natürlichen Modus. Man verwendet ihn als Durchgangsakkord (alterierte Quinte).

A♭7sus4/9 oder G#7sus4/9

Grundton: *As* oder *Gis* – Terz: *C* – Quinte: *Es* oder *Dis* – Septime: *Ges* oder *Fis* – None: *B* oder *Ais* – Quarte/Undezime: *Des* oder *Cis*

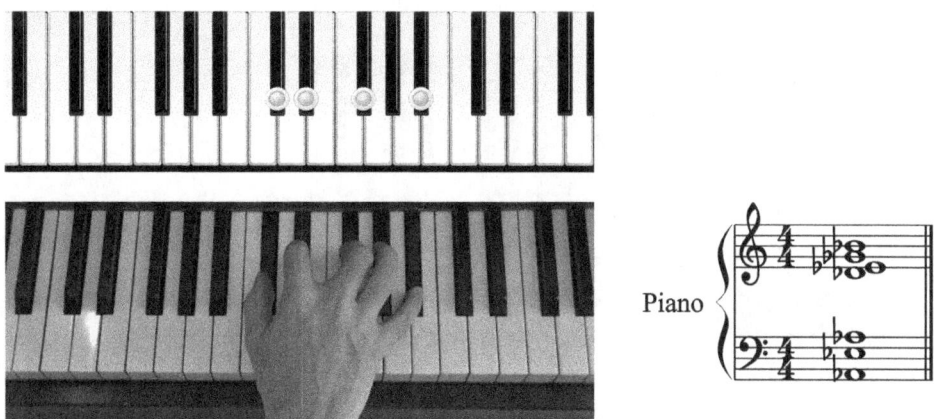

Für diesen Akkord spielen Sie einen 7/9-Akkord und erhöhen die Terz. Beachten Sie: Es handelt sich um eine Umkehrung des folgenden 7/9/11-Akkords.

A♭7/9/11 oder G#7/9/11

Grundton: *As* oder *Gis* – Terz: *C* – Quinte: *Es* oder *Dis* – Septime: *Ges* oder *Fis* – None: *B* oder *Ais* – Quarte/Undezime: *Des* oder *Cis*

Um diesen Akkord möglichst einfach zu spielen, spielen Sie einen Mollseptakkord, dessen Grundton die Quinte des Akkords ist, in unserem Fall also E♭m7 oder D#m7. Dann spielen Sie den Grundton mit der linken Hand oder lassen ihn von einem Kontrabass spielen.

A♭7/9/11/13 oder G#7/9/11/13

Grundton: *As* oder *Gis* – Terz: *C* – Quinte: *Es* oder *Dis* – Septime: *Ges* oder *Fis* – None: *B* oder *Ais* – Quarte/Undezime: *Des* oder *Cis* – Tredezime: *F*

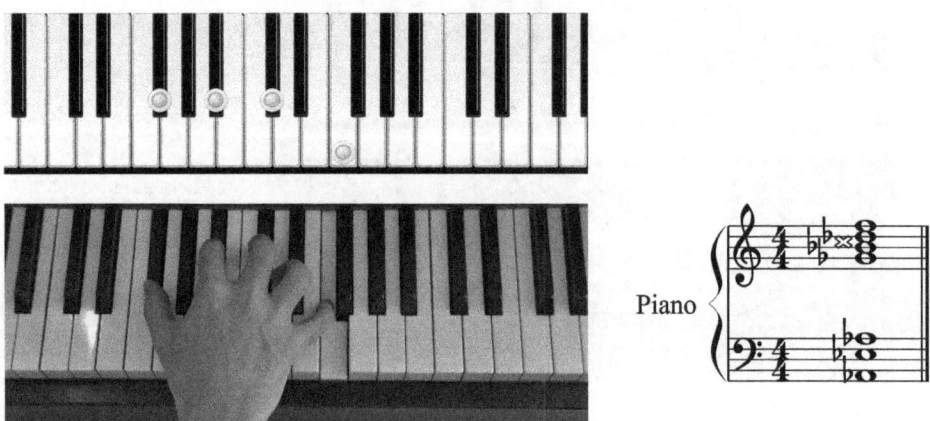

Es handelt sich um die größte Erweiterung, die bei einem Akkord möglich ist. Wie schon bei den Akkorden 7/9 und 7/9/11 ist es am einfachsten, einen anderen Akkord einzusetzen und nur die letzten Töne des Akkords zu spielen. Die grundlegenden Noten werden von der linken Hand oder den anderen Instrumenten gespielt.

Teil X
Die A-Akkorde

A (Dur, maj, M, Δ)

Grundton: *A* – Terz: *Cis* – Quinte: *E*

A (Dur, maj, M, Δ) – erste Umkehrung

Grundton: *A* – Terz: *Cis* – Quinte: *E*

Weitere Informationen zum Thema Akkordumkehrungen finden Sie im Kapitel »Ein wenig Musiktheorie«.

A (Dur, maj, M, △) – zweite Umkehrung

Grundton: *A* – Terz: *Cis* – Quinte: *E*

Am (a-Moll, min, -)

Grundton: *A* – Terz: *C* – Quinte: *E*

Am (a-Moll, min, -) – erste Umkehrung

Grundton: *A* – Terz: *C* – Quinte: *E*

Am (a-Moll, min, -) – zweite Umkehrung

Grundton: *A* – Terz: *C* – Quinte: *E*

Adim

Grundton: *A* – Terz: *C* – Quinte: *Es*

Hierbei handelt es sich um einen Durchgangsakkord. Er lässt sich häufig durch den Akkord F7 ersetzen, der die gleichen Noten mit einem zusätzlichen F enthält.

Adim – erste Umkehrung

Grundton: *A* – Terz: *C* – Quinte: *Es*

Adim – zweite Umkehrung

Grundton: *A* – Terz: *C* – Quinte: *Es*

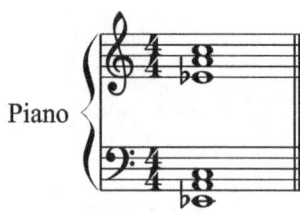

Piano

A7

Grundton: *A* – Terz: *Cis* – Quinte: *E* – Septime: *G*

Piano

Dieser Akkord kommt in allen Musikstilen vor, vor allem im Blues und Jazz. Man bezeichnet ihn als *Dominantseptakkord*. Da es sich um einen Vierklang handelt, gibt es natürlich auch vier mögliche Umkehrungen (einschließlich Grundform). Die dritte Umkehrung wird in der linken Hand gern als Durchgangsakkord bei »absteigenden Bässen« verwendet.

A7 – erste Umkehrung

Grundton: *A* – Terz: *Cis* – Quinte: *E* – Septime: *G*

Piano

A7 – zweite Umkehrung

Grundton: *A* – Terz: *Cis* – Quinte: *E* – Septime: *G*

Piano

A7 – dritte Umkehrung

Grundton: *A* – Terz: *Cis* – Quinte: *E* – Septime: *G*

Am7 (min7, -7)

Grundton: *A* – Terz: *C* – Quinte: *E* – Septime: *G*

Am7 (min7, -7) – erste Umkehrung

Grundton: *A* – Terz: *C* – Quinte: *E* – Septime: *G*

Am7 (min7, -7) – zweite Umkehrung

Grundton: *A* – Terz: *C* – Quinte: *E* – Septime: *G*

Am7 (min7, -7) – dritte Umkehrung

Grundton: *A* – Terz: *C* – Quinte: *E* – Septime: *G*

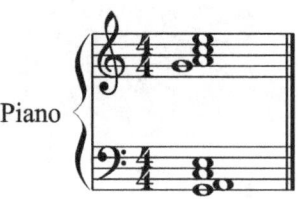

Amaj7 (7M, Δ7)

Grundton: *A* – Terz: *Cis* – Quinte: *E* – große Septime: *Gis*

Dieser Akkord sorgt für eine Jazz/Bossa-Färbung, wird aber normalerweise nicht im Blues verwendet, wo man ihn lieber durch einen Septakkord ersetzt.

Amaj7 (7M, ∆7) – erste Umkehrung

Grundton: *A* – Terz: *Cis* – Quinte: *E* – große Septime: *Gis*

Amaj7 (7M, ∆7) – zweite Umkehrung

Grundton: *A* – Terz: *Cis* – Quinte: *E* – große Septime: *Gis*

Amaj7 (7M, Δ7) – dritte Umkehrung

Grundton: *A* – Terz: *Cis* – Quinte: *E* – große Septime: *Gis*

A2 – A9 (sus2, sus9)

In der Grundstellung meist als A2 notiert.

Grundton: *A* – Sekunde/None: *H* – Quinte: *E*

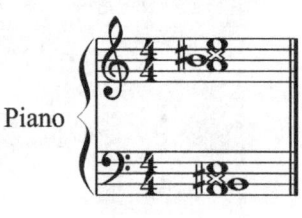

Dieser Akkord (ohne Terz gespielt) taucht häufig in der Rock- und Popmusik auf. Er ermöglicht es, dem Stück eine bestimmte Färbung zu verleihen, ohne vom traditionellen Klang abzuweichen.

A2 – A9 (sus2, sus9) – erste Umkehrung

Grundton: *A* – Sekunde/None: *H* – Quinte: *E*

A2 – A9 (sus2, sus9) – zweite Umkehrung

Diese Umkehrung wird oft als A9 notiert.

Grundton: *A* – Sekunde/None: *H* – Quinte: *E*

A4 (sus4, 11)

In der Grundstellung oft als A4 bezeichnet.

Grundton: *A* – Quarte/Undezime: *D* – Quinte: *E*

Bei diesem Akkord wird oft die Terz gegen die Quarte eingetauscht, denn wenn man die Terz umgeht, muss der Akkord nicht als Dur- oder Mollakkord festgelegt werden. Er kommt häufig in der Pop- und Rockmusik vor. Spielt man die Quarte eine Oktave höher, erhält man einen Undezimakkord.

A4 (sus4, 11) – erste Umkehrung

Grundton: *A* – Quarte/Undezime: *D* – Quinte: *E*

A4 (sus4, 11) – zweite Umkehrung

In dieser Umkehrung oft als A11 notiert.

Grundton: *A* – Quarte/Undezime: *D* – Quinte: *E*

A6 (13)

Grundton: *A* – Terz: *Cis* – Sexte/Tredezime: *Fis*

Dieser Akkord kommt häufig im Blues vor, oft in Kombination mit dem Septakkord. Ein Anwendungsbeispiel finden Sie im Kapitel »Ein wenig Musiktheorie«.

A6 (13) – erste Umkehrung

Grundton: *A* – Terz: *Cis* – Sexte/Tredezime: *Fis*

A6 (13) – zweite Umkehrung

Grundton: *A* – Terz: *Cis* – Sexte/Tredezime: *Fis*

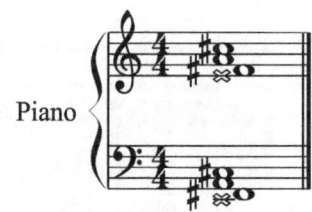

A5

Grundton: *A* – Quinte: *E*

Dieser Akkord besteht nur aus zwei Tönen und lässt sich weder den Dur- noch den Mollakkorden zuordnen. Mit seiner kargen Harmonie wird er vor allem als Powerchord auf der verstärkten Gitarre verwendet, wo die Verstärkung von selbst Harmonien hinzufügt und den Gebrauch der Terz überflüssig macht.

Aaug (#5, +, 5+)

Grundton: *A* – Terz: *Cis* – übermäßige Quinte: *F*

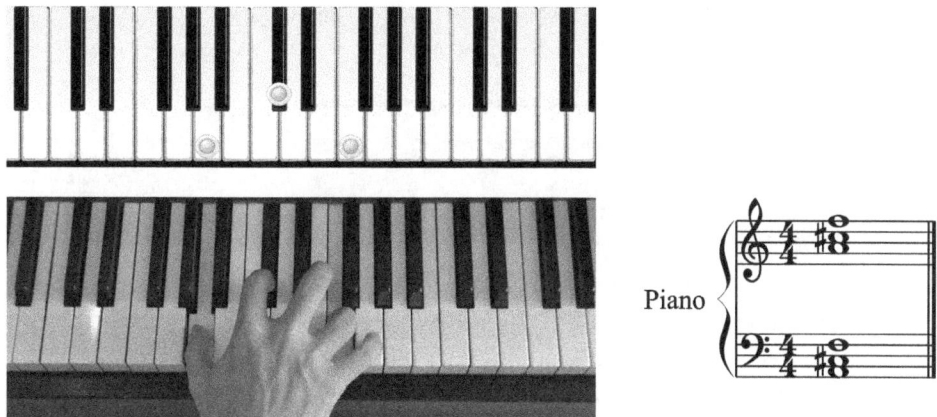

Dieser Akkord entspricht einem Modus, den man als »harmonisch Moll« bezeichnet. Bei natürlichen Tonleitern kommt er nicht vor. Wo er benutzt wird, sorgt er für einen »molligen« Klang.

Am6 (min6, -6)

Grundton: *A* – Terz: *C* – Sexte: *Fis*

Diesem Akkord begegnet man oft in Jazznummern, da er sich als Umkehrung von F#dim7 interpretieren lässt.

A7/9

Grundton: *A* – Terz: *Cis* – Quinte: *E* – Septime: *G* – None: *H*

Dieser Akkord kommt vor allem im Jazz und Bossa Nova vor. Um ihn möglichst einfach zu spielen, kann man den Grundton ignorieren und mit der Terz beginnen. Der Grundton kann mit der linken Hand gespielt werden, aber auch von einem anderen Instrument wie dem Kontrabass.

A7/♭9

Grundton: *A* – Terz: *Cis* – Quinte: *E* – Septime: *G* – None: *B*

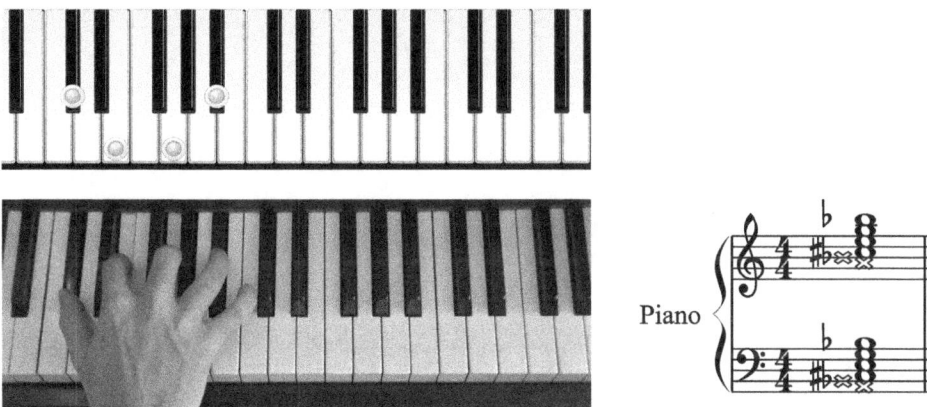

Dieser Akkordtypus begegnet uns sehr oft im Jazz. Man kann ihn auf zwei Arten spielen: entweder, indem man die None um einen Halbton erniedrigt, oder indem man den Grundton eines Akkords mit einfacher Septime um einen Halbton erhöht.

A7/#9 (7/9+, m7/♭11)

Grundton: *A* – Terz: *Cis* – Quinte: *E* – Septime: *G* – None: *C*

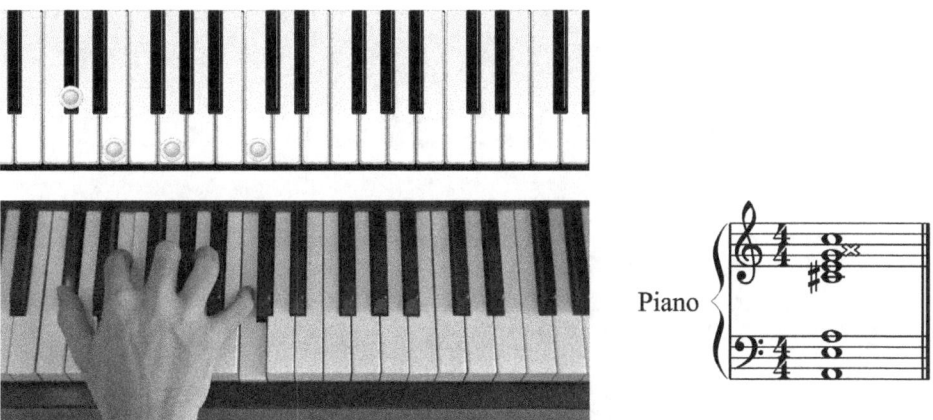

Dieser sehr ausgefallene Akkord enthält sowohl die große wie auch die kleine (9+) Terz und sorgt für einen bluestypischen Klang (Moll und Dur gemischt). Er wurde vor allem bekannt durch Jimi Hendrix' unverwechselbaren Bluesrock-Stil.

Amaj7/9 (M7/9, ∆7/9)

Grundton: *A* – Terz: *Cis* – Quinte: *E* – Septime: *Gis* – None: *H*

Dieser Akkord kommt vor allem beim Jazz und Bossa Nova vor. Um diesen Akkord möglichst einfach zu spielen, kann man den Grundton ignorieren und mit der Terz beginnen. Auf diese Weise erhält man einen C#m7-Akkord. Der Grundton kann mit der linken Hand gespielt werden, aber auch von einem anderen Instrument wie dem Kontrabass.

Am7/9 (min7/9, -7/9)

Grundton: *A* – Terz: *C* – Quinte: *E* – Septime: *G* – None: *H*

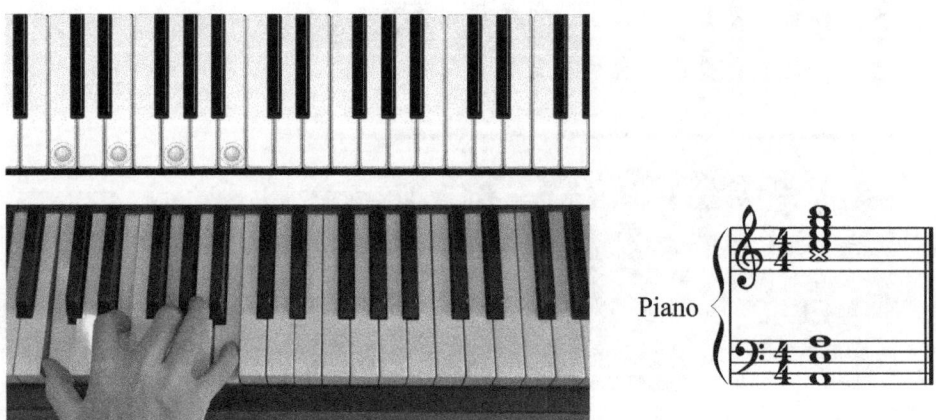

Kommt oft im Jazz und Bossa Nova vor und folgt den gleichen Prinzipien wie der 7/9-Akkord.

A7sus4

Grundton: *A* – Quarte/Undezime: *D* – Quinte: *E* – Septime: *G*

Um diesen Akkord zu spielen, spielen Sie einen Septakkord mit erhöhter Terz. Beachten Sie: Es handelt sich um eine Umkehrung des nachfolgenden 7/11-Akkords.

A7/11

Grundton: *A* – Quarte/Undezime: *D* – Quinte: *E* – Septime: *G*

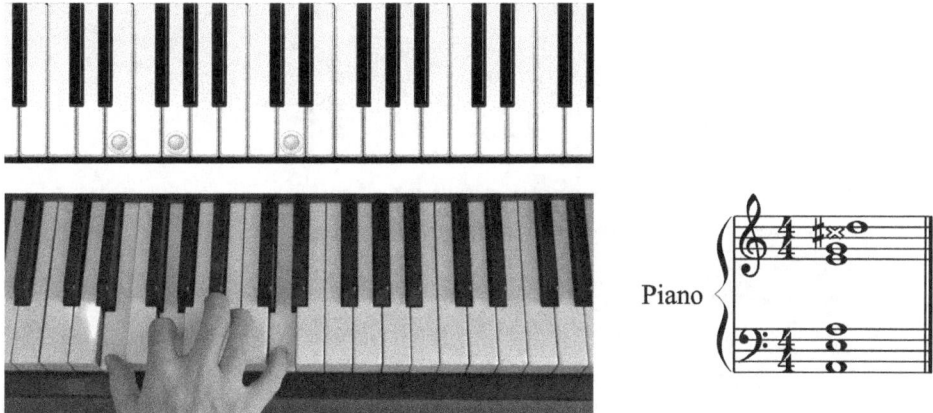

Für diesen Akkord spielen Sie einen Septakkord in der zweiten Umkehrung mit erhöhter Terz. Beachten Sie: Die Undezime ist identisch mit der oktavierten Quarte. Man lässt häufig den Grundton weg, der mit der linken Hand oder auf einem Kontrabass gespielt werden kann.

Am7/11 (min7/11, -7/11)

Grundton: *G* – Terz: *C* – Quinte: *E* – Septime: *G* – Undezime: *D*

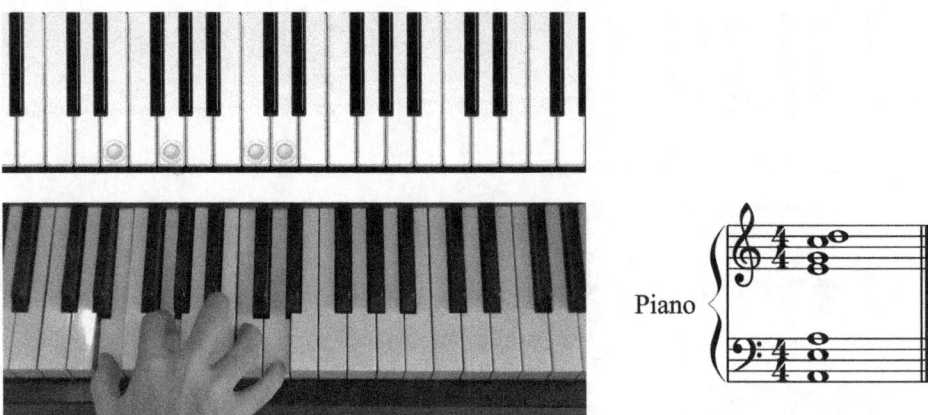

Es handelt sich um eine für den Jazz typische Akkorderweiterung. Wie beim Nonenakkord lässt man den Grundton weg, da er leicht auch von der linken Hand oder dem Kontrabassisten einer Jazz-Combo gespielt werden kann.

A7/♯11

Grundton: *A* – Terz: *Cis* – Quinte: *E* – Septime: *G* – Undezime: *Dis*

Die übermäßige Undezime entspricht der verminderten Quinte. Der Akkord entspringt keinem typischen Modus; man wird ihm also nur selten begegnen, außer als Durchgangsakkord.

Amaj7/#11 (M7/#11, △7/#11)

Grundton: *A* – Terz: *Cis* – Quinte: *E* – Septime: *Gis* – Undezime: *Dis*

Die übermäßige Undezime entspricht der verminderten Quinte. Der Akkord entspringt keinem typischen Modus; man wird ihm also nur selten begegnen, außer als Durchgangsakkord.

A7/♭5

Grundton: *A* – Terz: *Cis* – Quinte: *Es* – Septime: *G*

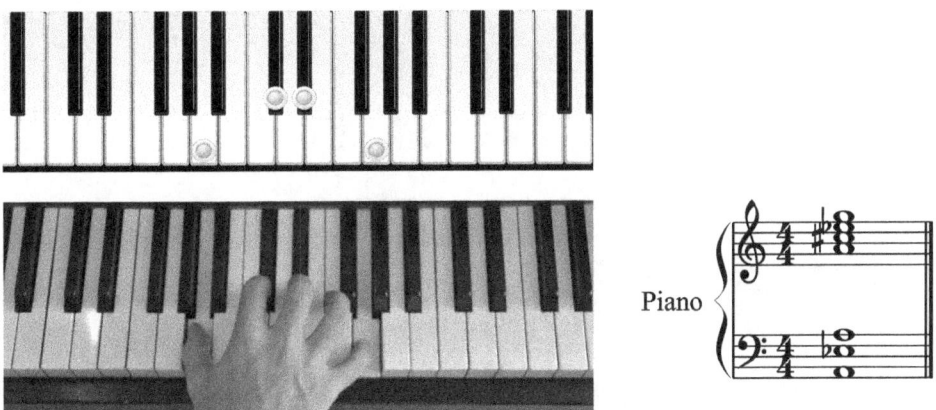

Für diesen Durchgangsakkord müssen Sie lediglich die Quinte eines normalen Septakkords alterieren. Verwechseln Sie ihn nicht mit den verminderten und halbverminderten Akkorden; die nämlich haben eine kleine Terz.

Ao (dim♭7)

Grundton: *A* – Terz: *C* – Quinte: *Es* – Septime: *Ges*

Dieser sehr ausgefallene Akkord stützt sich auf einen Modus, den man als »harmonisch Moll« bezeichnet. Beachten Sie, dass die Notenabstände jeweils einem Anderthalbton entsprechen; es sind Mollschritte. Aufgrund seiner sehr symmetrischen Struktur ergibt jede Umkehrung dieses Akkords auch einen verminderten Akkord.

Aø (dim7) – Am7/♭5 (min7/♭5, -7/♭5)

Grundton: *A* – Terz: *C* – Quinte: *Es* – Septime: *G*

Dieser Akkord, der als »gefühlvoll« gilt, wird hauptsächlich als Durchgangsakkord verwendet und entspricht einer klassischen Herangehensweise an den Jazz.

Aaug7 (+7, 7/#5, 7/5+)

Grundton: *A* – Terz: *Cis* – Quinte: *F* – Septime: *G*

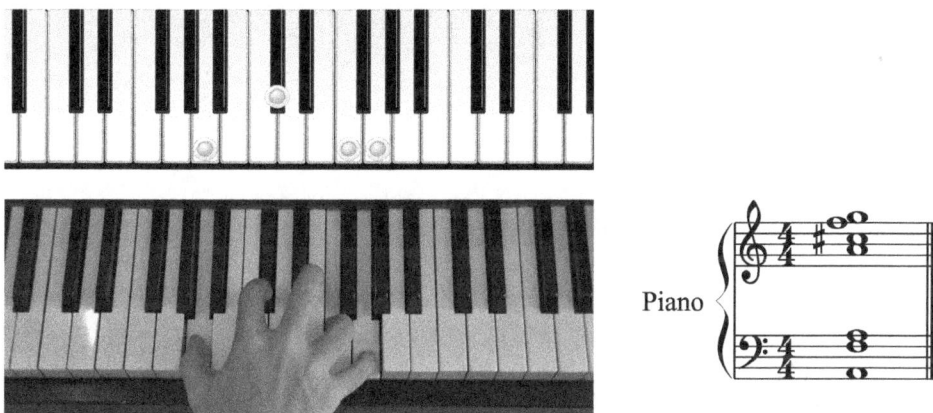

Diesen Akkord gibt es in keinem natürlichen Modus. Man verwendet ihn als Durchgangsakkord (alterierte Quinte).

A7sus4/9

Grundton: *A* – Terz: *Cis* – Quinte: *E* – Septime: *G* – None: *H* – Quarte/Undezime: *D*

Für diesen Akkord spielen Sie einen 7/9-Akkord und erhöhen die Terz. Beachten Sie: Es handelt sich um eine Umkehrung des folgenden 7/9/11-Akkords.

A7/9/11

Grundton: *A* – Terz: *Cis* – Quinte: *E* – Septime: *G* – None: *H* – Quarte/Undezime: *D*

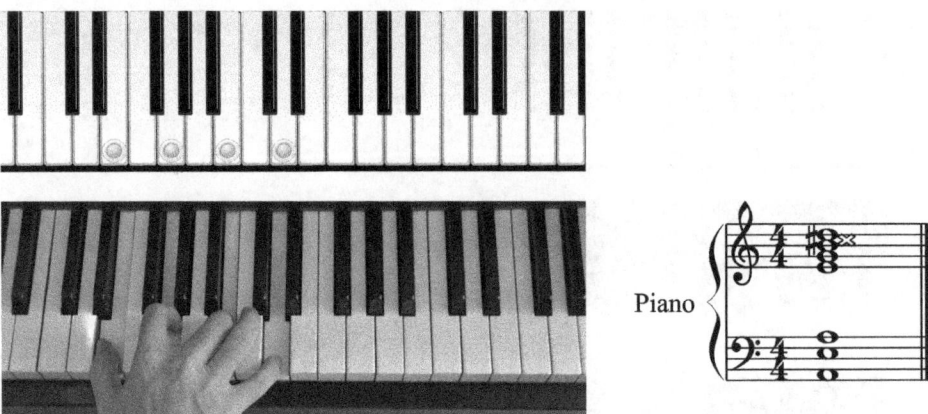

Um diesen Akkord möglichst einfach zu spielen, spielen Sie einen Mollseptakkord, dessen Grundton die Quinte des Akkords ist, in unserem Fall also Em7. Dann spielen Sie den Grundton mit der linken Hand oder lassen ihn von einem Kontrabass spielen.

A7/9/11/13

Grundton: *A* – Terz: *Cis* – Quinte: *E* – Septime: *G* – None: *H* – Quarte/Undezime: *D* – Tredezime: *Fis*

Es handelt sich um die größte Erweiterung, die bei einem Akkord möglich ist. Wie schon bei den Akkorden 7/9 und 7/9/11 ist es am einfachsten, einen anderen Akkord einzusetzen und nur die letzten Töne des Akkords zu spielen. Die grundlegenden Noten werden von der linken Hand oder den anderen Instrumenten gespielt.

Teil XI
Die B- und A#-Akkorde

B oder A♯ (Dur, maj, M, △)

Grundton: *B* oder *Ais* – Terz: *D* – Quinte: *F*

B oder A♯ (Dur, maj, M, △) – erste Umkehrung

Grundton: *B* oder *Ais* – Terz: *D* – Quinte: *F*

Weitere Informationen zum Thema Akkordumkehrungen finden Sie im Kapitel »Ein wenig Musiktheorie«.

B oder A♯ (Dur, maj, M, △) – zweite Umkehrung

Grundton: *B* oder *Ais* – Terz: *D* – Quinte: *F*

Piano

Bm oder A♯m (b- oder a♯-Moll, min, -)

Grundton: *B* oder *Ais* – Terz: *Des* oder *Cis* – Quinte: *F*

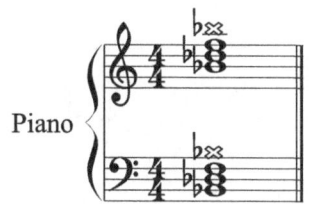

Piano

Bm oder A#m (b- oder a#-Moll, min, -) – erste Umkehrung

Grundton: *B* oder *Ais* – Terz: *Des* oder *Cis* – Quinte: *F*

Bm oder A#m (b- oder a#-Moll, min, -) – zweite Umkehrung

Grundton: *B* oder *Ais* – Terz: *Des* oder *Cis* – Quinte: *F*

Bdim oder A#dim

Grundton: *B* oder *Ais* – Terz: *Des* oder *Cis* – Quinte: *E*

Hierbei handelt es sich um einen Durchgangsakkord. Er lässt sich häufig durch den Akkord G♭7 oder F#7 ersetzen, der die gleichen Noten mit einem zusätzlichen Ges bzw. Fis enthält.

Bdim oder A#dim – erste Umkehrung

Grundton: *B* oder *Ais* – Terz: *Des* oder *Cis* – Quinte: *E*

Bdim oder A♯dim – zweite Umkehrung

Grundton: *B* oder *Ais* – Terz: *Des* oder *Cis* – Quinte: *E*

B7 oder A♯7

Grundton: *B* oder *Ais* – Terz: *D* – Quinte: *F* – Septime: *As* oder *Gis*

Dieser Akkord kommt in allen Musikstilen vor, vor allem im Blues und Jazz. Man bezeichnet ihn als *Dominantseptakkord*. Da es sich um einen Vierklang handelt, gibt es natürlich auch vier mögliche Umkehrungen (einschließlich Grundform). Die dritte Umkehrung wird in der linken Hand gern als Durchgangsakkord bei »absteigenden Bässen« verwendet.

B7 oder A#7 – erste Umkehrung

Grundton: *B* oder *Ais* – Terz: *D* – Quinte: *F* – Septime: *As* oder *Gis*

B7 oder A#7 – zweite Umkehrung

Grundton: *B* oder *Ais* – Terz: *D* – Quinte: *F* – Septime: *As* oder *Gis*

B7 oder A♯7 – dritte Umkehrung

Grundton: *B* oder *Ais* – Terz: *D* – Quinte: *F* – Septime: *As* oder *Gis*

Bm7 oder A♯m7 (min7, -7)

Grundton: *B* oder *Ais* – Terz: *Des* oder *Cis* – Quinte: *F* – Septime: *As* oder *Gis*

Bm7 oder A#m7 (min7, -7) – erste Umkehrung

Grundton: *B* oder *Ais* – Terz: *Des* oder *Cis* – Quinte: *F* – Septime: *As* oder *Gis*

Bm7 oder A#m7 (min7, -7) – zweite Umkehrung

Grundton: *B* oder *Ais* – Terz: *Des* oder *Cis* – Quinte: *F* – Septime: *As* oder *Gis*

Bm oder A#m7 (min7, -7) – dritte Umkehrung

Grundton: *B* oder *Ais* – Terz: *Des* oder *Cis* – Quinte: *F* – Septime: *As* oder *Gis*

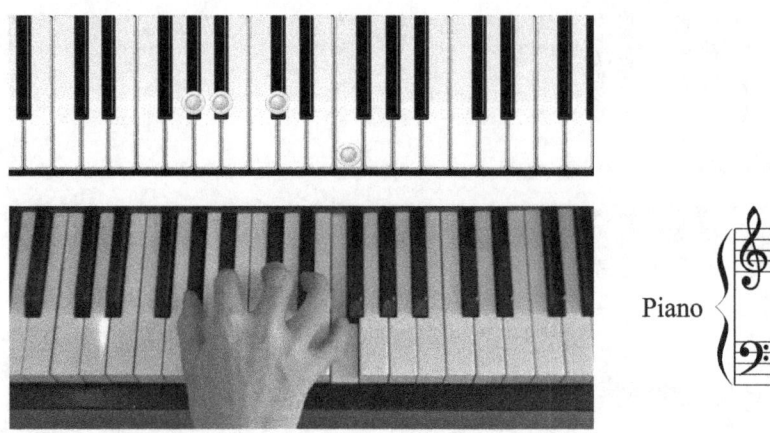
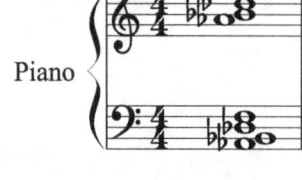

Bmaj7 oder A#maj7 (7M, ∆7)

Grundton: *B* oder *Ais* – Terz: *D* – Quinte: *F* – große Septime: *A*

Dieser Akkord sorgt für eine Jazz/Bossa-Färbung, wird aber normalerweise nicht im Blues verwendet, wo man ihn lieber durch einen Septakkord ersetzt.

Bmaj7 oder A♯maj7 (7M, △7) – erste Umkehrung

Grundton: *B* oder *Ais* – Terz: *D* – Quinte: *F* – große Septime: *A*

Bmaj7 oder A♯maj7 (7M, △7) – zweite Umkehrung

Grundton: *B* oder *Ais* – Terz: *D* – Quinte: *F* – große Septime: *A*

Bmaj7 oder A#maj7 (7M, ∆7) – dritte Umkehrung

Grundton: *B* oder *Ais* – Terz: *D* – Quinte: *F* – große Septime: *A*

B2 – B9 oder A#2 – A#9 (sus2, sus9)

In der Grundstellung meist als B2 oder A#2 notiert.

Grundton: *B* oder *Ais* – Sekunde/None: *C* – Quinte: *F*

Dieser Akkord (ohne Terz gespielt) taucht häufig in der Rock- und Popmusik auf. Er ermöglicht es, dem Stück eine bestimmte Färbung zu verleihen, ohne vom traditionellen Klang abzuweichen.

B2 – B9 oder A#2 – A#9 (sus2, sus9) – erste Umkehrung

Grundton: *B* oder *Ais* – Sekunde/None: *C* – Quinte: *F*

B2 – B9 oder A#2 – A#9 (sus2, sus9) – zweite Umkehrung

Diese Umkehrung wird oft als B9 oder A#9 notiert.

Grundton: *B* oder *Ais* – Sekunde/None: *C* – Quinte: *F*

B4 oder A#4 (sus4, 11)

In der Grundstellung oft als B4 oder A#11 bezeichnet.

Grundton: *B* oder *Ais* – Quarte/Undezime: *Es* oder *Dis* – Quinte: *F*

Bei diesem Akkord wird oft die Terz gegen die Quarte eingetauscht, denn wenn man die Terz umgeht, muss der Akkord nicht als Dur- oder Mollakkord festgelegt werden. Er kommt häufig in der Pop- und Rockmusik vor. Spielt man die Quarte eine Oktave höher, erhält man einen Undezimakkord.

B4 oder A#4 (sus4, 11) – erste Umkehrung

Grundton: *B* oder *Ais* – Quarte/Undezime: *Es* oder *Dis* – Quinte: *F*

B4 oder A♯4 (sus4, 11) – zweite Umkehrung

In dieser Umkehrung oft als B11 oder A♯11 notiert.

Grundton: *B* oder *Ais* – Quarte/Undezime: *Es* oder *Dis* – Quinte: *F*

B6 oder A♯6 (13)

Grundton: *B* oder *Ais* – Terz: *D* – Sexte/Tredezime: *G*

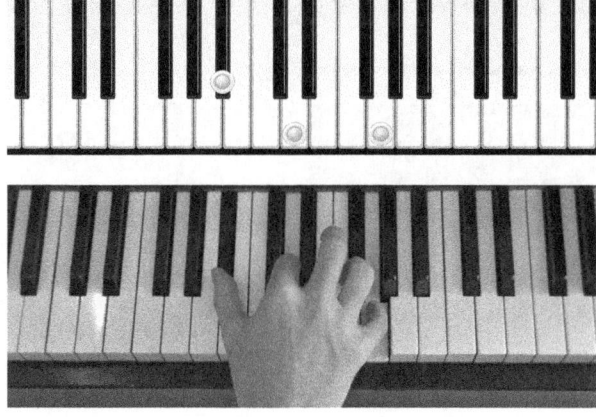

Dieser Akkord kommt häufig im Blues vor, oft in Kombination mit dem Septakkord. Ein Anwendungsbeispiel finden Sie im Kapitel »Ein wenig Musiktheorie«.

B6 oder A#6 (13) – erste Umkehrung

Grundton: *B* oder *Ais* – Terz: *D* – Sexte/Tredezime: *G*

B6 oder A#6 (13) – zweite Umkehrung

Grundton: *B* oder *Ais* – Terz: *D* – Sexte/Tredezime: *G*

B5 oder A#5

Grundton: *B* oder *Ais* – Quinte: *F*

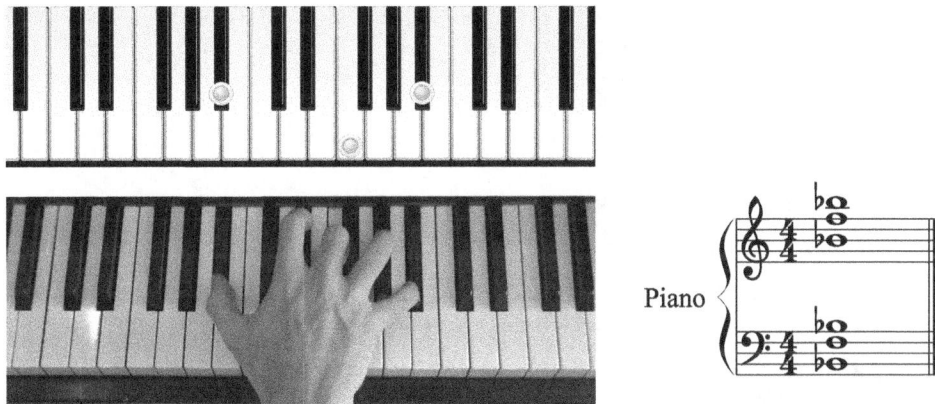

Dieser Akkord besteht nur aus zwei Tönen und lässt sich weder den Dur- noch den Mollakkorden zuordnen. Mit seiner kargen Harmonie wird er vor allem als Powerchord auf der verstärkten Gitarre verwendet, wo die Verstärkung von selbst Harmonien hinzufügt und den Gebrauch der Terz überflüssig macht.

Baug oder A#aug (#5, +, 5+)

Grundton: *B* oder *Ais* – Terz: *D* – Quinte: *Ges* oder *Fis*

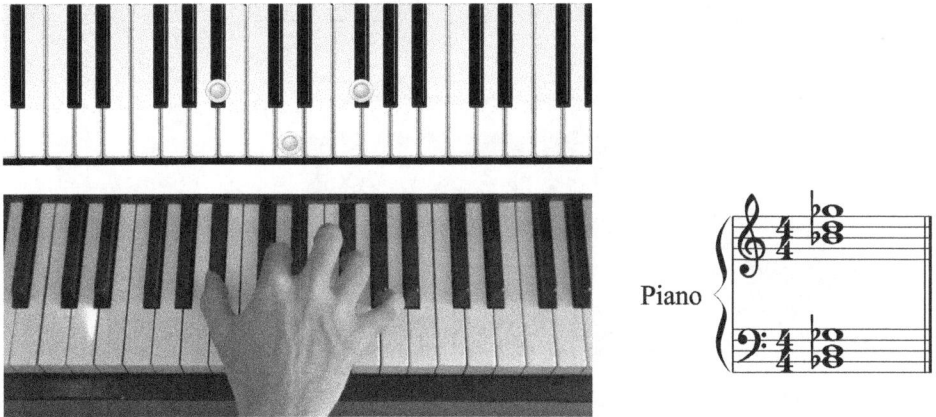

Dieser Akkord entspricht einem Modus, den man als »harmonisch Moll« bezeichnet. Bei natürlichen Tonleitern kommt er nicht vor. Wo er benutzt wird, sorgt er für einen »molligen« Klang.

Bm6 oder A#m6

Grundton: *B* oder *Ais* – Terz: *Des* oder *Cis* – Sexte: *G*

Diesem Akkord begegnet man oft in Jazznummern, da er sich als Umkehrung von Gdim7 interpretieren lässt.

B7/9 oder A#7/9

Grundton: *B* oder *Ais* – Terz: *D* – Quinte: *F* – Septime: *As* oder *Gis* – None: *C*

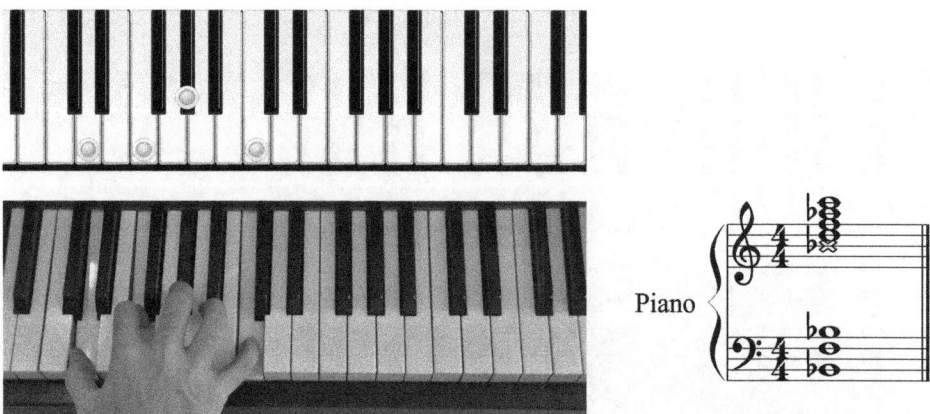

Dieser Akkord kommt vor allem im Jazz und Bossa Nova vor. Um ihn möglichst einfach zu spielen, kann man den Grundton ignorieren und mit der Terz beginnen. Der Grundton kann mit der linken Hand gespielt werden, aber auch von einem anderen Instrument wie dem Kontrabass.

B7/♭9 oder A#7/♭9

Grundton: *B* oder *Ais* – Terz: *D* – Quinte: *F* – Septime: *As* oder *Gis* – None: *H*

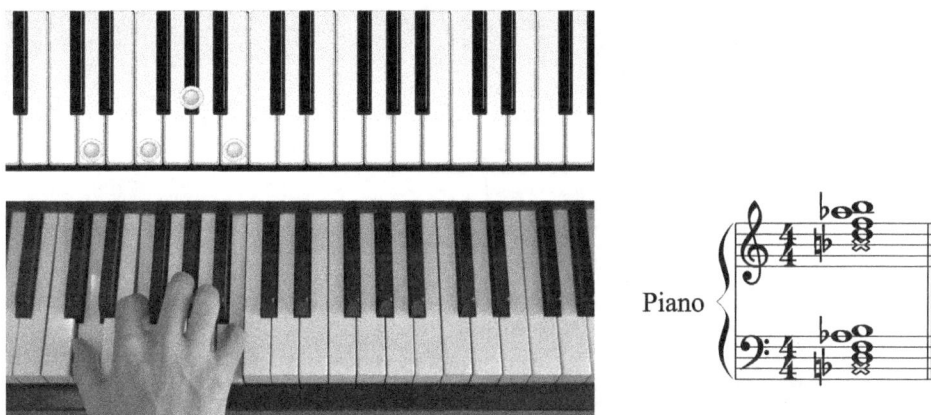

Dieser Akkordtypus begegnet uns sehr oft im Jazz. Man kann ihn auf zwei Arten spielen: entweder, indem man die None um einen Halbton erniedrigt, oder indem man den Grundton eines Akkords mit einfacher Septime um einen Halbton erhöht.

B7/#9 oder A#7/#9 (7/9+, m7/♭11)

Grundton: *B* oder *Ais* – Terz: *D* – Quinte: *F* – Septime: *As* oder *Gis* – None: *Des* oder *Cis*

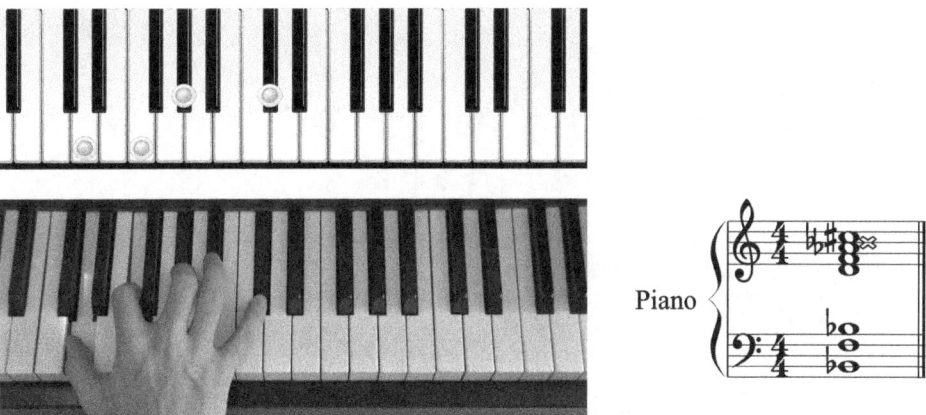

Dieser sehr ausgefallene Akkord enthält sowohl die große wie auch die kleine (9+) Terz und sorgt für einen bluestypischen Klang (Moll und Dur gemischt). Er wurde vor allem bekannt durch Jimi Hendrix' unverwechselbaren Bluesrock-Stil.

Bmaj7/9 oder A#maj7/9 (M7/9, ∆7/9)

Grundton: *B* oder *Ais* – Terz: *D* – Quinte: *F* – Septime: *A* – None: *C*

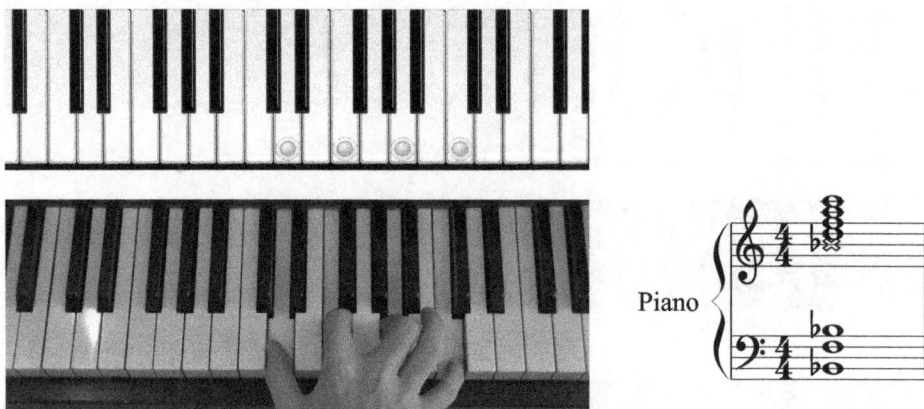

Dieser Akkord kommt vor allem beim Jazz und Bossa Nova vor. Um diesen Akkord möglichst einfach zu spielen, kann man den Grundton ignorieren und mit der Terz beginnen. Auf diese Weise erhält man einen Dm7-Akkord. Der Grundton kann mit der linken Hand gespielt werden, aber auch von einem anderen Instrument wie dem Kontrabass.

Bm7/9 oder A#m7/9 (min7/9, -7/9)

Grundton: *B* oder *Ais* – Terz: *Des* oder *Cis* – Quinte: *F* – Septime: *As* oder *Gis* – None: *C*

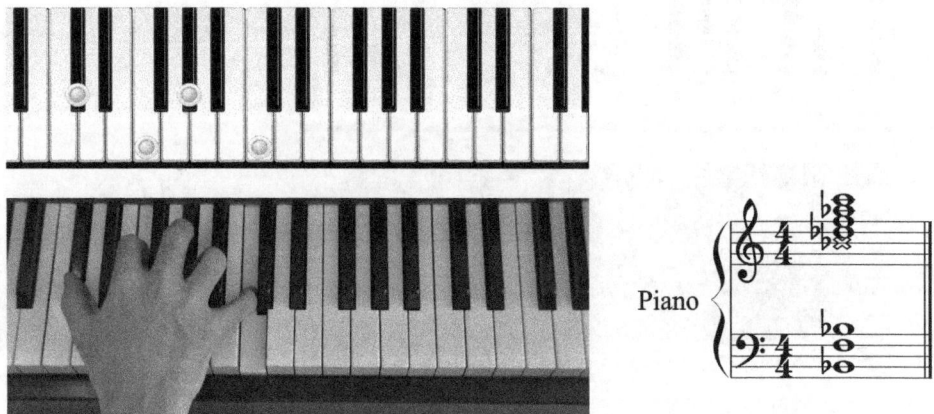

Kommt oft im Jazz und Bossa Nova vor und folgt den gleichen Prinzipien wie der 7/9-Akkord.

B7sus4 oder A#7sus4

Grundton: *B* oder *Ais* – Quarte/Undezime: *Es* oder *Dis* – Quinte: *F* – Septime: *As* oder *Gis*

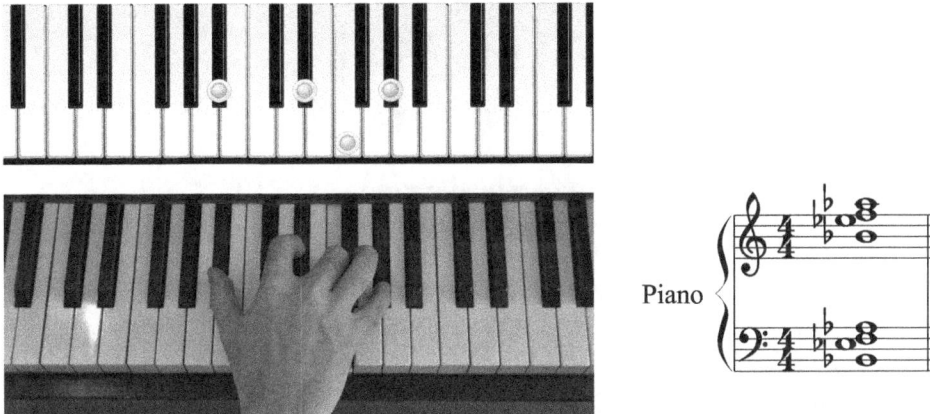

Um diesen Akkord zu spielen, spielen Sie einen Septakkord mit erhöhter Terz. Beachten Sie: Es handelt sich um eine Umkehrung des nachfolgenden 7/11-Akkords.

B7/11 oder A#7/11

Grundton: *B* oder *Ais* – Quarte/Undezime: *Es* oder *Dis* – Quinte: *F* – Septime: *As* oder *Gis*

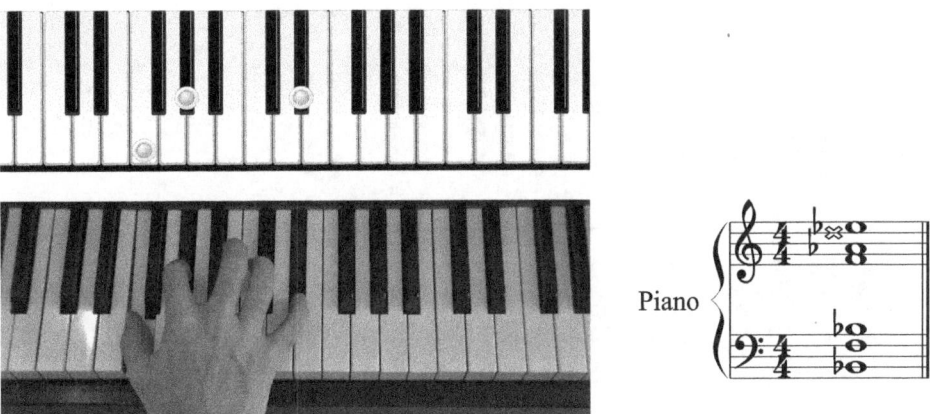

Für diesen Akkord spielen Sie einen Septakkord in der zweiten Umkehrung mit erhöhter Terz. Beachten Sie: Die Undezime ist identisch mit der oktavierten Quarte. Man lässt häufig den Grundton weg, der mit der linken Hand oder auf einem Kontrabass gespielt werden kann.

Bm7/11 oder A#m7/11 (min7/11, -7/11)

Grundton: *B* oder *Ais* – Terz: *Des* oder *Cis* – Quinte: *F* – Septime: *As* oder *Gis* – Undezime: *Es* oder *Dis*

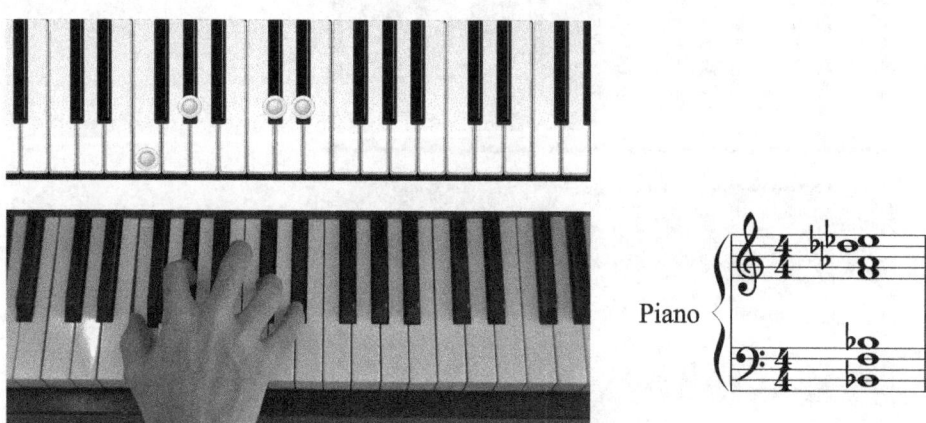

Es handelt sich um eine für den Jazz typische Akkorderweiterung. Wie beim Nonenakkord lässt man den Grundton weg, da er leicht auch von der linken Hand oder dem Kontrabassisten einer Jazz-Combo gespielt werden kann.

B7/#11oder A#7/#11

Grundton: *B* oder *Ais* – Terz: *D* – Quinte: *F* – Septime: *As* oder *Gis* – Undezime: *E*

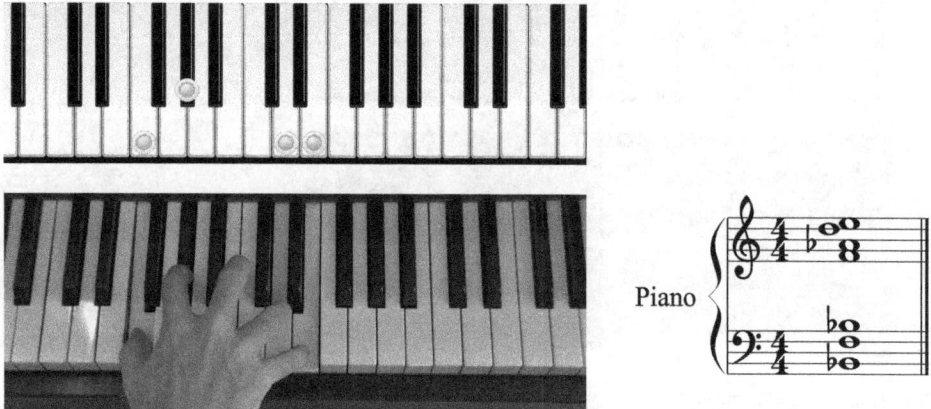

Die übermäßige Undezime entspricht der verminderten Quinte. Der Akkord entspringt keinem typischen Modus; man wird ihm also nur selten begegnen, außer als Durchgangsakkord.

Bmaj7/#11 oder A#maj7/#11
(M7/#11, △7/#11)

Grundton: *B* oder *Ais* – Terz: *D* – Quinte: *F* – Septime: *A* – Undezime: *E*

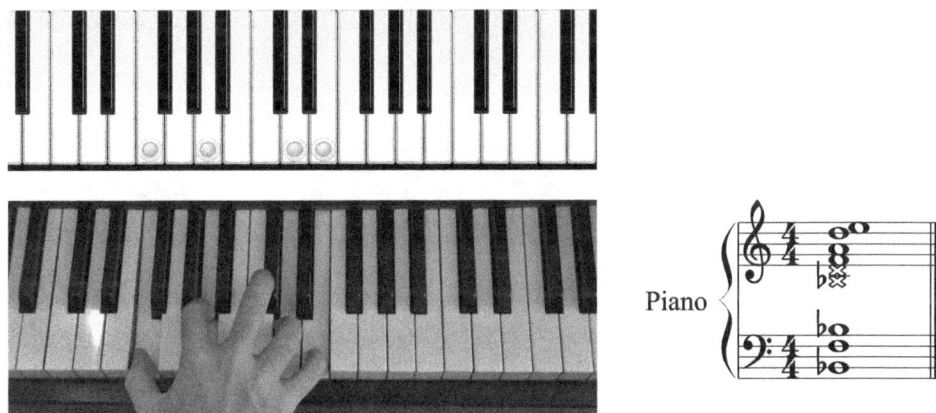

Die übermäßige Undezime entspricht der verminderten Quinte. Der Akkord entspringt keinem typischen Modus; man wird ihm also nur selten begegnen, außer als Durchgangsakkord.

B7/♭5 oder A#7/♭5

Grundton: *B* oder *Ais* – Terz: *D* – Quinte: *E* – Septime: *As* oder *Gis*

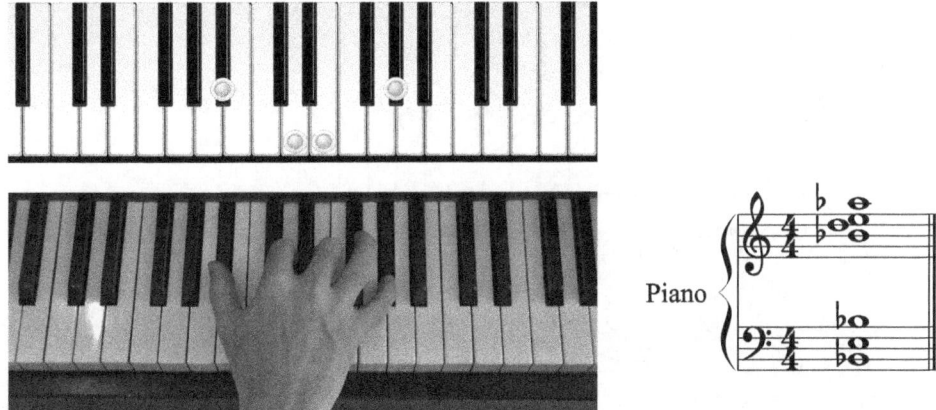

Für diesen Durchgangsakkord müssen Sie lediglich die Quinte eines normalen Septakkords alterieren. Verwechseln Sie ihn nicht mit den verminderten und halbverminderten Akkorden; die nämlich haben eine kleine Terz.

Bo oder A#o (dim♭7)

Grundton: *B* oder *Ais* – Terz: *Des* oder *Cis* – Quinte: *E* – Septime: *G*

Dieser sehr ausgefallene Akkord stützt sich auf einen Modus, den man als »harmonisch Moll« bezeichnet. Beachten Sie, dass die Notenabstände jeweils einem Anderthalbton entsprechen; es sind Mollschritte. Aufgrund seiner sehr symmetrischen Struktur ergibt jede Umkehrung dieses Akkords auch einen verminderten Akkord.

Bø oder A#ø (dim7) – Bm7/♭5 oder A#m7/♭5 (min7/♭5, -7/♭5)

Grundton: *B* oder *Ais* – Terz: *Des* oder *Cis* – Quinte: *E* – Septime: *As* oder *Gis*

Dieser Akkord, der als »gefühlvoll« gilt, wird hauptsächlich als Durchgangsakkord verwendet und entspricht einer klassischen Herangehensweise an den Jazz.

Baug7 oder A#aug7 (+7, 7/#5, 7/5+)

Grundton: *B* oder *Ais* – Terz: *D* – Quinte: *Ges* oder *Fis* – Septime: *As* oder *Gis*

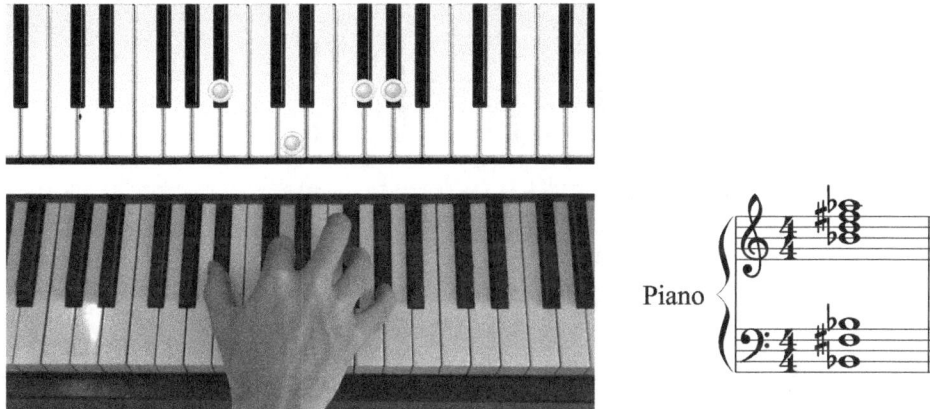

Diesen Akkord gibt es in keinem natürlichen Modus. Man verwendet ihn als Durchgangsakkord (alterierte Quinte).

B7sus4/9 oder A#7sus4/9

Grundton: *B* oder *Ais* – Terz: *D* – Quinte: *F* – Septime: *As* oder *Gis* – None: *C* – Quarte/Undezime: *Es* oder *Dis*

Für diesen Akkord spielen Sie einen 7/9-Akkord und erhöhen die Terz. Beachten Sie: Es handelt sich um eine Umkehrung des folgenden 7/9/11-Akkords.

B7/9/11 oder A#7/9/11

Grundton: *B* oder *Ais* – Terz: *D* – Quinte: *F* – Septime: *As* oder *Gis* – None: *C* – Quarte/Undezime: *Es* oder *Dis*

Um diesen Akkord möglichst einfach zu spielen, spielen Sie einen Mollseptakkord, dessen Grundton die Quinte des Akkords ist, in unserem Fall also Fm7. Dann spielen Sie den Grundton mit der linken Hand oder lassen ihn von einem Kontrabass spielen.

B7/9/11/13 oder A#7/9/11/13

Grundton: *B* oder *Ais* – Terz: *D* – Quinte: *F* – Septime: *As* oder *Gis* – None: *C* – Quarte/Undezime: *Es* oder *Dis* – Tredezime: *G*

Es handelt sich um die größte Erweiterung, die bei einem Akkord möglich ist. Wie schon bei den Akkorden 7/9 und 7/9/11 ist es am einfachsten, einen anderen Akkord einzusetzen und nur die letzten Töne des Akkords zu spielen. Die grundlegenden Noten werden von der linken Hand oder den anderen Instrumenten gespielt.

Teil XII
Die H-Akkorde

H (Dur, maj, M, Δ)

Grundton: *H* – Terz: *Dis* – Quinte: *Fis*

Piano

H (Dur, maj, M, Δ) – erste Umkehrung

Grundton: *H* – Terz: *Dis* – Quinte: *Fis*

Piano

Weitere Informationen zum Thema Akkordumkehrungen finden Sie im Kapitel »Ein wenig Musiktheorie«.

H (Dur, maj, M, △) – zweite Umkehrung

Grundton: *H* – Terz: *Dis* – Quinte: *Fis*

Piano

Hm (h-Moll, min, -)

Grundton: *H* – Terz: *D* – Quinte: *Fis*

Piano

Hm (h-Moll, min, -) – erste Umkehrung

Grundton: *H* – Terz: *D* – Quinte: *Fis*

Hm (h-Moll, min, -) – zweite Umkehrung

Grundton: *H* – Terz: *D* – Quinte: *Fis*

Hdim

Grundton: *H* – Terz: *D* – Quinte: *F*

Hierbei handelt es sich um einen Durchgangsakkord. Er lässt sich häufig durch den Akkord G7 ersetzen, der die gleichen Noten mit einem zusätzlichen G enthält.

Hdim – erste Umkehrung

Grundton: *H* – Terz: *D* – Quinte: *F*

Hdim – zweite Umkehrung

Grundton: *H* – Terz: *D* – Quinte: *F*

H7

Grundton: *H* – Terz: *Dis* – Quinte: *Fis* – Septime: *A*

Dieser Akkord kommt in allen Musikstilen vor, vor allem im Blues und Jazz. Man bezeichnet ihn als *Dominantseptakkord*. Da es sich um einen Vierklang handelt, gibt es natürlich auch vier mögliche Umkehrungen (einschließlich Grundform). Die dritte Umkehrung wird in der linken Hand gern als Durchgangsakkord bei »absteigenden Bässen« verwendet.

H7 – erste Umkehrung

Grundton: *H* – Terz: *Dis* – Quinte: *Fis* – Septime: *A*

H7 – zweite Umkehrung

Grundton: *H* – Terz: *Dis* – Quinte: *Fis* – Septime: *A*

H7 – dritte Umkehrung

Grundton: *H* – Terz: *Dis* – Quinte: *Fis* – Septime: *A*

Hm7 (min7, -7)

Grundton: *H* – Terz: *D* – Quinte: *Fis* – Septime: *A*

Hm7 (min7, -7) – erste Umkehrung

Grundton: *H* – Terz: *D* – Quinte: *Fis* – Septime: *A*

Hm7 (min7, -7) – zweite Umkehrung

Grundton: *H* – Terz: *D* – Quinte: *Fis* – Septime: *A*

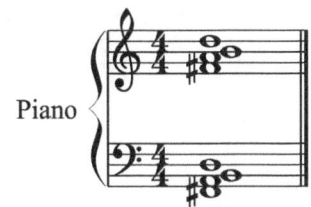

Hm7 (min7, -7) – dritte Umkehrung

Grundton: *H* – Terz: *D* – Quinte: *Fis* – Septime: *A*

Hmaj7 (7M, ∆7)

Grundton: *A* – Terz: *Dis* – Quinte: *Fis* – große Septime: *Ais*

Dieser Akkord sorgt für eine Jazz/Bossa-Färbung, wird aber normalerweise nicht im Blues verwendet, wo man ihn lieber durch einen Septakkord ersetzt.

Hmaj7 (7M, ∆7) – erste Umkehrung

Grundton: *A* – Terz: *Dis* – Quinte: *Fis* – große Septime: *Ais*

Piano

Hmaj7 (7M, ∆7) – zweite Umkehrung

Grundton: *A* – Terz: *Dis* – Quinte: *Fis* – große Septime: *Ais*

Piano

Hmaj7 (7M, ∆7) – dritte Umkehrung

Grundton: *A* – Terz: *Dis* – Quinte: *Fis* – große Septime: *Ais*

H2 – H9 (sus2, sus9)

In der Grundstellung meist als H2 notiert.

Grundton: *H* – Sekunde/None: *Cis* – Quinte: *Fis*

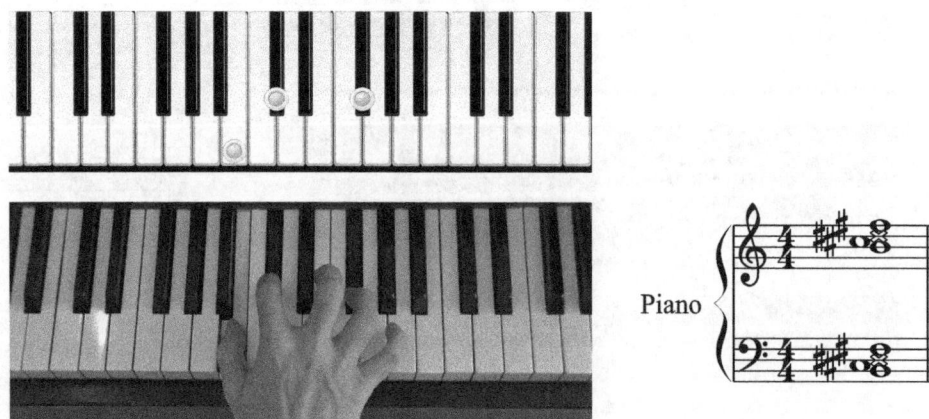

Dieser Akkord (ohne Terz gespielt) taucht häufig in der Rock- und Popmusik auf. Er ermöglicht es, dem Stück eine bestimmte Färbung zu verleihen, ohne vom traditionellen Klang abzuweichen.

H2 – H9 (sus2, sus9) – erste Umkehrung

Grundton: *H* – Sekunde/None: *Cis* – Quinte: *Fis*

H2 – H9 (sus2, sus9) – zweite Umkehrung

In dieser Umkehrung oft als H9 notiert.

Grundton: *H* – Sekunde/None: *Cis* – Quinte: *Fis*

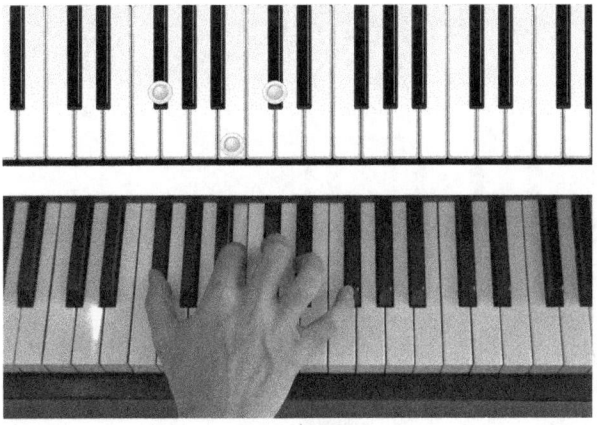

H4 (sus4, 11)

In der Grundstellung oft als H4 bezeichnet.

Grundton: *H* – Quarte/Undezime: *E* – Quinte: *Fis*

Bei diesem Akkord wird oft die Terz gegen die Quarte eingetauscht, denn wenn man die Terz umgeht, muss der Akkord nicht als Dur- oder Mollakkord festgelegt werden. Er kommt häufig in der Pop- und Rockmusik vor. Spielt man die Quarte eine Oktave höher, erhält man einen Undezimakkord.

H4 (sus4, 11) – erste Umkehrung

Grundton: *H* – Quarte/Undezime: *E* – Quinte: *Fis*

H4 (sus4, 11) – zweite Umkehrung

In dieser Umkehrung oft als H11 notiert.

Grundton: *H* – Quarte/Undezime: *E* – Quinte: *Fis*

H6 (13)

Grundton: *H* – Terz: *Dis* – Sexte/Tredezime: *Gis*

Dieser Akkord kommt häufig im Blues vor, oft in Kombination mit dem Septakkord. Ein Anwendungsbeispiel finden Sie im Kapitel »Ein wenig Musiktheorie«.

H6 (13) – erste Umkehrung

Grundton: *H* – Terz: *Dis* – Sexte/Tredezime: *Gis*

H6 (13) – zweite Umkehrung

Grundton: *H* – Terz: *Dis* – Sexte/Tredezime: *Gis*

H5

Grundton: *H* – Quinte: *Fis*

Dieser Akkord besteht nur aus zwei Tönen und lässt sich weder den Dur- noch den Mollakkorden zuordnen. Mit seiner kargen Harmonie wird er vor allem als Powerchord auf der verstärkten Gitarre verwendet, wo die Verstärkung von selbst Harmonien hinzufügt und den Gebrauch der Terz überflüssig macht.

Haug (#5, +, 5+)

Grundton: *H* – Terz: *Dis* – Quinte: *G*

Dieser Akkord entspricht einem Modus, den man als »harmonisch Moll« bezeichnet. Bei natürlichen Tonleitern kommt er nicht vor. Wo er benutzt wird, sorgt er für einen »molligen« Klang.

Hm6 (min6, -6)

Grundton: *H* – Terz: *D* – Sexte: *Gis*

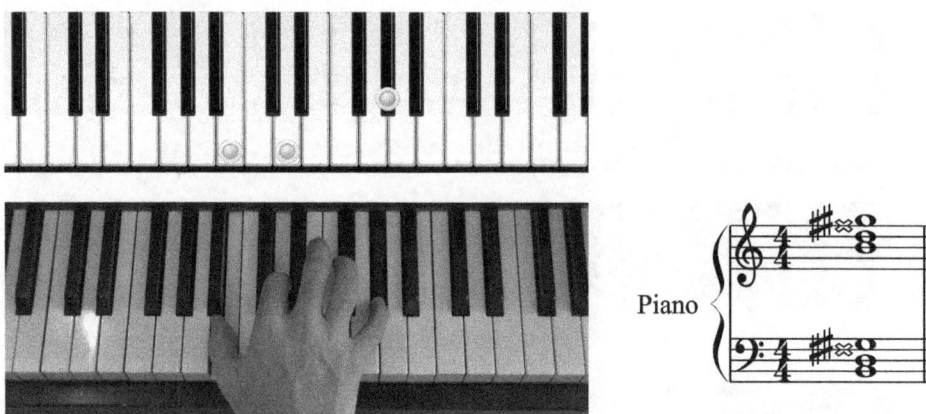

Diesem Akkord begegnet man oft in Jazznummern, er lässt sich als Umkehrung von G#dim7 interpretieren.

H7/9

Grundton: *H* – Terz: *Dis* – Quinte: *Fis* – Septime: *A* – None: *Cis*

Dieser Akkord kommt vor allem im Jazz und Bossa Nova vor. Um ihn möglichst einfach zu spielen, kann man den Grundton ignorieren und mit der Terz beginnen. Der Grundton kann mit der linken Hand gespielt werden, aber auch von einem anderen Instrument wie dem Kontrabass.

H7/♭9

Grundton: *H* – Terz: *Dis* – Quinte: *Fis* – Septime: *A* – None: *C*

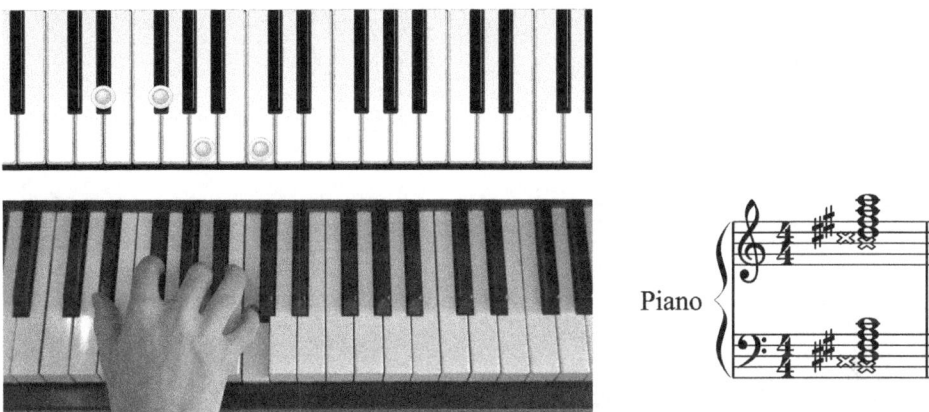

Dieser Akkordtypus begegnet uns sehr oft im Jazz. Man kann ihn auf zwei Arten spielen: entweder, indem man die None um einen Halbton erniedrigt, oder indem man den Grundton eines Akkords mit einfacher Septime um einen Halbton erhöht.

H7/#9 (7/9+, m7/♭11)

Grundton: *H* – Terz: *Dis* – Quinte: *Fis* – Septime: *A* – None: *D*

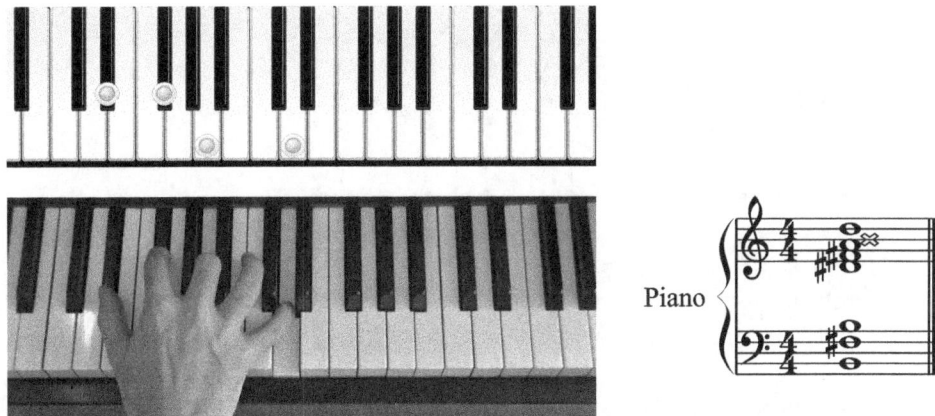

Dieser sehr ausgefallene Akkord enthält sowohl die große wie auch die kleine (9+) Terz und sorgt für einen bluestypischen Klang (Moll und Dur gemischt). Er wurde vor allem bekannt durch Jimi Hendrix' unverwechselbaren Bluesrock-Stil.

Hmaj7/9 (M7/9, ∆7/9)

Grundton: *H* – Terz: *Dis* – Quinte: *Fis* – Septime: *Ais* – None: *Cis*

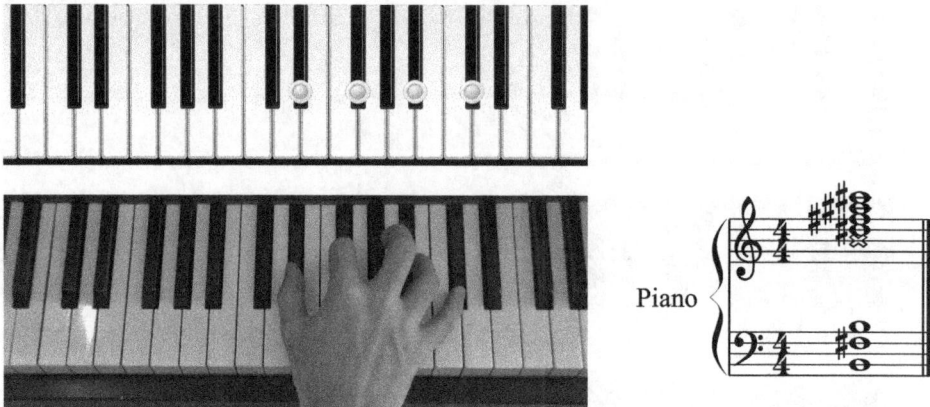

Dieser Akkord kommt vor allem beim Jazz und Bossa Nova vor. Um diesen Akkord möglichst einfach zu spielen, kann man den Grundton ignorieren und mit der Terz beginnen. Auf diese Weise erhält man einen D#m7-Akkord. Der Grundton kann mit der linken Hand gespielt werden, aber auch von einem anderen Instrument wie dem Kontrabass.

Hm7/9 (min7/9, -7/9)

Grundton: *H* – Terz: *D* – Quinte: *Fis* – Septime: *A* – None: *Cis*

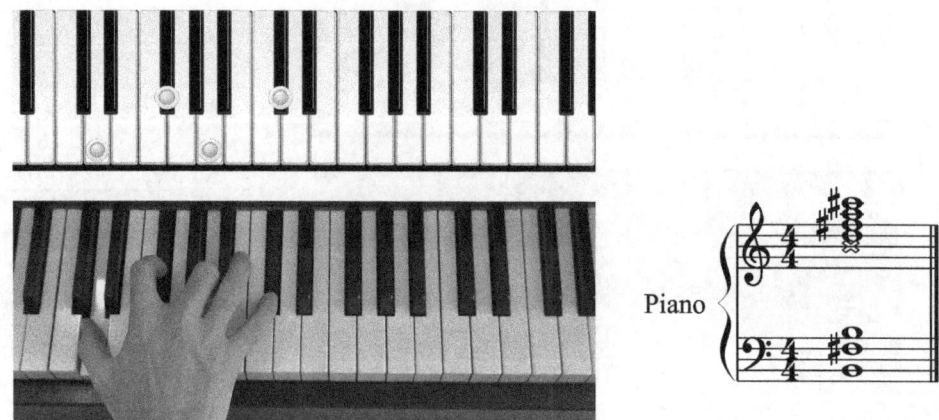

Kommt oft im Jazz und Bossa Nova vor und folgt den gleichen Prinzipien wie der 7/9-Akkord.

H7sus4

Grundton: *H* – Quarte/Undezime: *E* – Quinte: *Fis* – Septime: *A*

Um diesen Akkord zu spielen, spielen Sie einen Septakkord mit erhöhter Terz. Beachten Sie: Es handelt sich um eine Umkehrung des nachfolgenden 7/11-Akkords.

H7/11

Grundton: *H* – Quarte/Undezime: *E* – Quinte: *Fis* – Septime: *A*

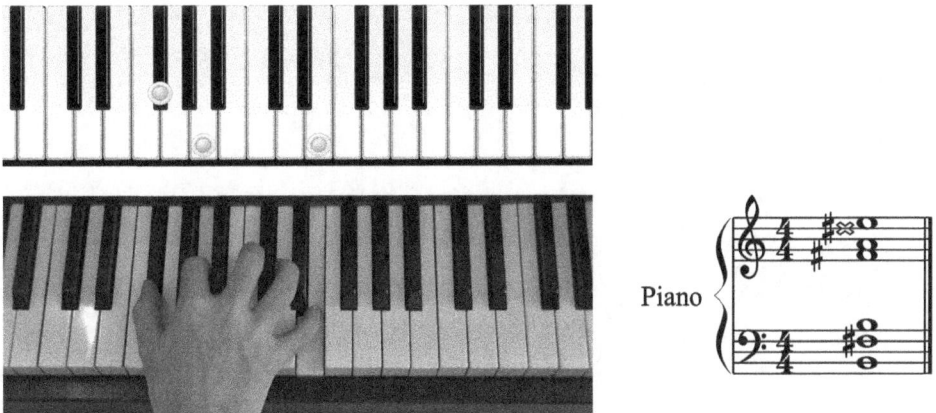

Für diesen Akkord spielen Sie einen Septakkord in der zweiten Umkehrung mit erhöhter Terz. Beachten Sie: Die Undezime ist identisch mit der oktavierten Quarte. Man lässt häufig den Grundton weg, der mit der linken Hand oder auf einem Kontrabass gespielt werden kann.

Hm7/11 (min7/11, -7/11)

Grundton: *H* – Terz: *D* – Quinte: *Fis* – Septime: *A* – Undezime: *E*

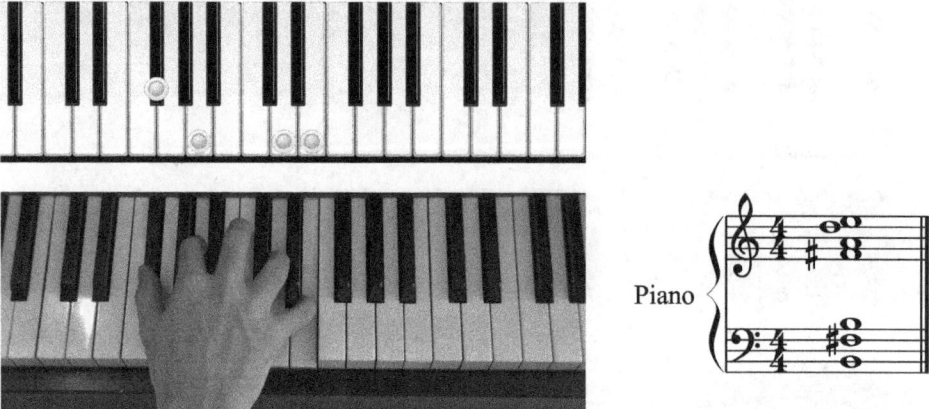

Es handelt sich um eine für den Jazz typische Akkorderweiterung. Wie beim Nonenakkord lässt man den Grundton weg, da er leicht auch von der linken Hand oder dem Kontrabassisten einer Jazz-Combo gespielt werden kann.

H7/#11

Grundton: *H* – Terz: *Dis* – Quinte: *Fis* – Septime: *A* – Undezime: *F*

Die übermäßige Undezime entspricht der verminderten Quinte. Der Akkord entspringt keinem typischen Modus; man wird ihm also nur selten begegnen, außer als Durchgangsakkord.

Hmaj7/#11 (M7/#11, △7/#11)

Grundton: *H* – Terz: *Dis* – Quinte: *Fis* – Septime: *Ais* – Undezime: *F*

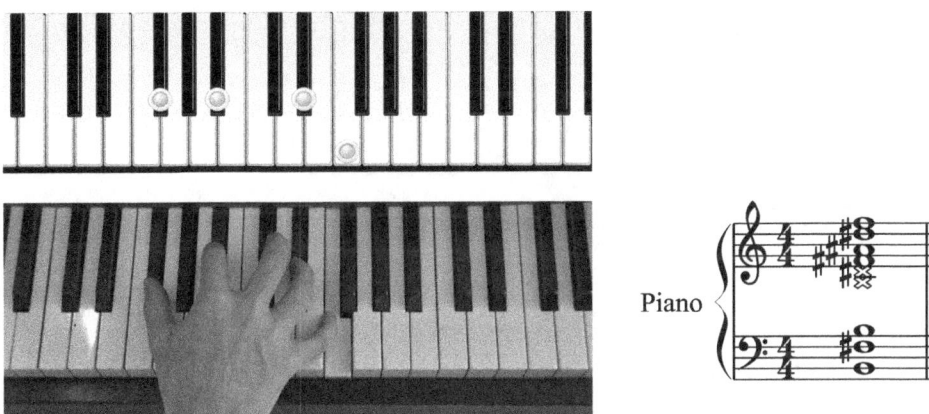

Die übermäßige Undezime entspricht der verminderten Quinte. Der Akkord entspringt keinem typischen Modus; man wird ihm also nur selten begegnen, außer als Durchgangsakkord.

H7/♭5

Grundton: *H* – Terz: *Dis* – Quinte: *F* – Septime: *A*

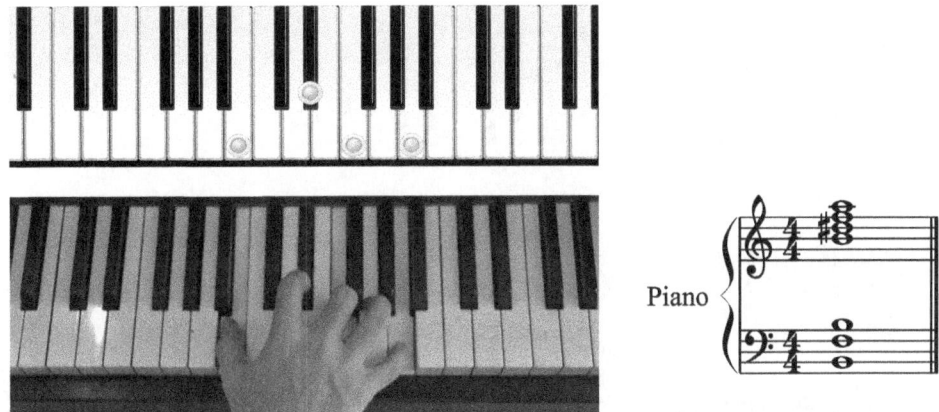

Für diesen Durchgangsakkord müssen Sie lediglich die Quinte eines normalen Septakkords alterieren. Verwechseln Sie ihn nicht mit den verminderten und halbverminderten Akkorden; die nämlich haben eine kleine Terz.

Ho (dim♭7)

Grundton: *H* – Terz: *D* – Quinte: *F* – Septime: *As*

Dieser sehr ausgefallene Akkord stützt sich auf einen Modus, den man als »harmonisch Moll« bezeichnet. Beachten Sie, dass die Notenabstände jeweils einem Anderthalbton entsprechen; es sind Mollschritte. Aufgrund seiner sehr symmetrischen Struktur ergibt jede Umkehrung dieses Akkords auch einen verminderten Akkord.

Hø (dim7) – Hm7/♭5 (min7/♭5, -7/♭5)

Grundton: *H* – Terz: *D* – Quinte: *F* – Septime: *A*

Dieser Akkord, der als »gefühlvoll« gilt, wird hauptsächlich als Durchgangsakkord verwendet und entspricht einer klassischen Herangehensweise an den Jazz.

Haug7 (+7, 7/#5, 7/5+)

Grundton: *H* – Terz: *Dis* – Quinte: *G* – Septime: *A*

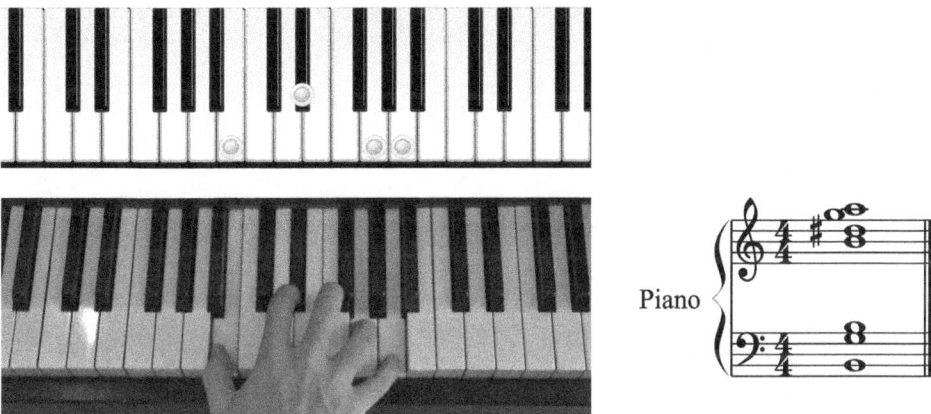

Diesen Akkord gibt es in keinem natürlichen Modus. Man verwendet ihn als Durchgangsakkord (alterierte Quinte).

H7sus4/9

Grundton: *H* – Terz: *Dis* – Quinte: *Fis* – Septime: *A* – None: *Cis* – Quarte/Undezime: *E*

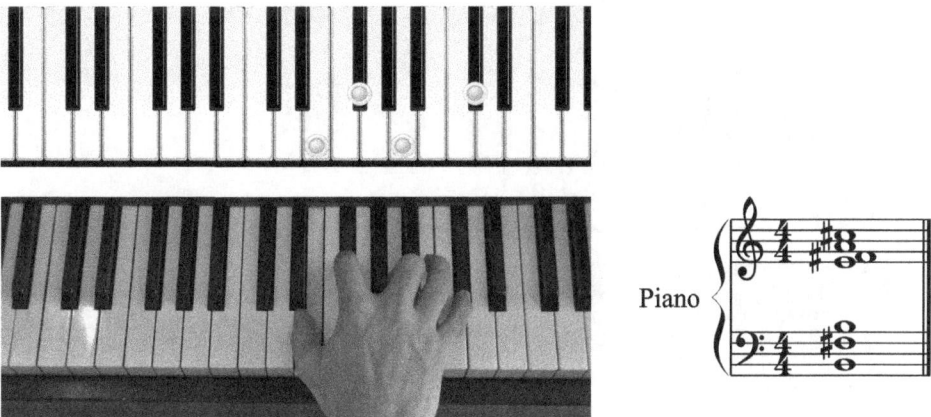

Für diesen Akkord spielen Sie einen 7/9-Akkord und erhöhen die Terz. Beachten Sie: Es handelt sich um eine Umkehrung des folgenden 7/9/11-Akkords.

H7/9/11

Grundton: *H* – Terz: *Dis* – Quinte: *Fis* – Septime: *A* – None: *Cis* – Quarte/Undezime: *E*

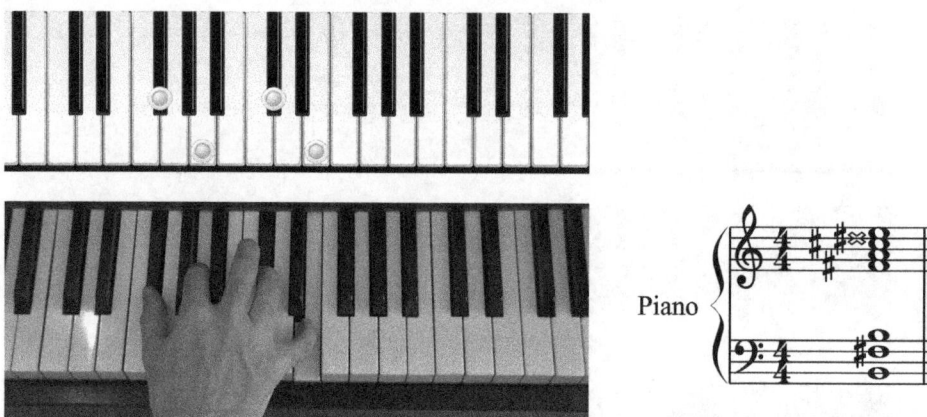

Um diesen Akkord möglichst einfach zu spielen, spielen Sie einen Mollseptakkord, dessen Grundton die Quinte des Akkords ist, in unserem Fall also F#m7. Dann spielen Sie den Grundton mit der linken Hand oder lassen ihn von einem Kontrabass spielen.

H7/9/11/13

Grundton: *H* – Terz: *Dis* – Quinte: *Fis* – Septime: *A* – None: *Cis* – Quarte/Undezime: *E* – Tredezime: *Gis*

Es handelt sich um die größte Erweiterung, die bei einem Akkord möglich ist. Wie schon bei den Akkorden 7/9 und 7/9/11 ist es am einfachsten, einen anderen Akkord einzusetzen und nur die letzten Töne des Akkords zu spielen. Die grundlegenden Noten werden von der linken Hand oder den anderen Instrumenten gespielt.

Stichwortverzeichnis

A

Abstände 28
Akkorddiagramm 21
Akkorde 19
  abgewandelte 31
  dissonante 33
Akkorderweiterungen
  21, 31, 33, 35, 47
Akkordmethode 20
Akkordschema
  Quadranten 43
  Rechtecke 43
  Unterquadranten 44
Akkordumkehrung 21, 42
  Anwendungen 39
alterierte Töne 27

B

Balladenstil 46
Barpiano-Stil 50
Basslauf 41
Bassnote 41
Bassvariationen 41
Begleitung spielen 42
Blues
  Akkordfolge 52

D

Dreiklang 41
Durakkorde 28
Durchgangsakkorde 33

F

Fingersatz C-Dur
  linke Hand 31
  rechte Hand 30
Fortepedal 44

G

Grundton 28

H

Haltepedal 44
  Benutzung 45

I

Intervalle 28

J

Jazz
  Akkordfolge 53

K

Klassisches Piano 47
  Fingersätze 48

M

maj-Akkorde 34
Mollakkorde 28
Musiktheorie 25

N

None 33–34
Notenblatt
  entziffern 42

O

Oktave 27
Oktavlage 38

P

Partitur
  lesen 43
Pop- und Rockmusik 45

Q

Quarte 33
Quinte 28

R

Rock 'n' Roll 52

S

Sekunde 33
Septime 33
Sexte 33
Solmisation 25
Stammtonleiter 25
sus-Akkorde 34

T

Terz 28
Terzlage 38
Tonika 28
Tredezime 33–34

U

Undezime 33–34

V

Versetzungszeichen 26
Vierklang 41

W

Walking Bass 41

Diese Bücher könnten Sie auch interessieren

J. Peterik, D. Austin und C. Lynn

Songwriting für Dummies

1. Auflage 2013   **ISBN:** 978-3-527-70977-9
408 Seiten

Format: 176 mm x 240 mm
Ladenpreis: 19,99 €*

Grammy-Gewinner Jim Peterik und seine Co-Autoren helfen Ihnen mit vielen Beispielen und Übungen bei der Konzeption Ihrer Songs, den Lyrics sowie der passenden Auswahl von z. B. Reim und Rhythmus und beraten Sie zu wichtigen Themen wie Vertrag, Online Marketing und Urheberrecht.

S. Jarrett und H. Day

Komponieren für Dummies

1. Auflage 2013   **ISBN:** 978-3-527-70979-3
303 Seiten

Format: 176 mm x 240 mm
Ladenpreis: 22,- €*

Vom Song für die eigene Band über Filmmusik bis zum imposanten Orchesterstück: Lernen Sie von erfahrenen Musikern alles über den perfekten Aufbau, den richtigen Einsatz von Harmonien, Melodien und Instrumenten und wie Sie mit Ihrer Musik Gefühle wecken und Stimmung erzeugen.

M. Pilhofer, H. Day und O. Fehn

Notenlesen für Dummies Pocketbuch

2., aktualisierte Auflage 2017   **ISBN:** 978-3-527-71271-7
125 Seiten

Format: 105 mm x 165 mm
Ladenpreis: 6,99 €*

Verstehen Sie bei einem Blick auf ein Notenblatt nur Bahnhof? Mit diesem Buch können Sie etwas dagegen tun und spielend leicht Noten lesen lernen, um Ihr musikalisches Potenzial enorm zu erhöhen. Jetzt mit praktischen Übungen!

*Der €-Preis gilt nur für Deutschland. Preisänderungen und Irrtümer vorbehalten.